The Birth of Okinawan Leaders
The Practice of the Ethnoculturalism

海外ウチナーンチュ活動家の誕生

民族文化主義の実践

白 水 繁 彦
Shigehiko Shiramizu

御茶の水書房

はじめに

　2018年は筆者がハワイのウチナーンチュと知り合ってからちょうど40年の、いわば節目の年である。ウチナーンチュとは「沖縄のひと」という沖縄語で、英語圏ではオキナワンともいわれ、沖縄県出身者やその子孫を指すことばである。これまで筆者は執筆や講演等でたびたびハワイやアメリカ本土のウチナーンチュについて言及してきた。この節目の時を捉えて、それらをまとめ、ひとまず研究の区切りとしたい。

　1978年3月に初めてハワイを訪問した時はいわゆる観光目的であった。アメリカでの約1年間の研究の帰りに、太平洋の楽園といわれる「日本人憧れの」ハワイに立ち寄ってみるか、おそらく一生に一度だろうし、という程度の軽い気持ちであった。その後、40年にもおよぶ付き合いになろうとは、その時、夢にも思わなかった。

　ハワイ通いのきっかけを与え、ずっと筆者を世話し、モチベーションを与え、啓発し続けてくれたのは、本書にたびたび登場する沖縄系二世のアキラ・サキマ氏（Akira Sakima 佐喜真彰：1918-2007）であり、夫人のジェーン・サキマ（Jane Sakima）である（本書第Ⅱ部、第6章に詳述）。

　ある夏、そのサキマ夫妻がトマススクエアというホノルル中心部にある公園に連れて行ってくれた。そこで筆者は驚愕の光景に出会ったのである。巨大なお祭りが催されていたのだ。人混み、音量、熱気……それは異様としかいいようがないほどで、筆者はじっさい眩暈がした。それが筆者のオキナワン・フェスティバルとの出会いである。1985年のことだ（第4回オキナワン・フェスティバル）。その喧噪のなかで、筆者は、だれが、どのような意図でこの巨大イベントを仕掛けたのだろう、ひとつ調べてみるか、と思った。それほどのインパクトがあったのだ。これが、筆者が本格的にハワイのウチナーンチュ研究に取り組むそもそものきっかけである。ハワイのオキナワン・フェスティバルはその後も拡大を続け、トマススクエアでは手狭になり、1990年、広大なクイーン・カピオラニ公園へと会場を移すのだが、そのころにはすでにハワイ最大の民族

祭（エスニック・イベント）のひとつといわれるようになっていた。

　ハワイのウチナーンチュが、日系社会内部はいうに及ばずハワイ全土で著しくその存在感(プレゼンス)を増大させていくのを目の当たりにして、筆者はほかの地域のウチナーンチュはどうしているのか気になり始めた。そしてようやく1990年代に入って、時間と研究費の折り合いが付き、まず米本土は西海岸のロサンジェルスの沖縄県人会（北米沖縄県人会OAA）を、次いでブラジルのサンパウロの沖縄県人会やアルゼンチンのコルドバやブエノスアイレスのウチナーンチュ・コミュニティを訪ねることができた。やはり、どこへ行っても活動が目立っていた。多くの年中行事を持ち、その集客数も他の「日系」諸団体をはるかに凌駕しているのだ。なかでもロサンジェルスの活動は2000年代に入ると年を追うごとにイベントの数を増し、目が離せなくなった。そんなわけでOAAには何回か通ううちに会員にしていただき、幹部のかたがたとも懇意になった。

　こうして、ロサンジェルスやハワイのウチナーンチュの活動を観察し、人びとと文字通り「懇談」するにつれ、少しずつ論考を公表するようになった。その後、リーダー層とのインタビューも進み、学生を連れての実習的調査も行うことができた。その聞書きや調査結果は膨大な量にのぼる。今回、そうした論考やインタビュー記録のなかから、比較的まとまりのあるものを選び出した。さらに、これまで発表したものの中から、絶版された本や専門雑誌等に発表されたために手に入りにくいものを選び、新事実等を加え改訂を施して本書に収めることとした（したがって『ハワイにおけるアイデンティティ表象』2015年や『多文化社会ハワイのリアリティ』2011年〈いずれも御茶の水書房刊〉に所収の拙稿は本書に収めていない）。

　まだ、海外や沖縄のウチナーンチュとの付き合いは続きそうである。本書のなかでたびたび言及した「ウチナー文化主義」のゆくえも見届けたい。

　なお、懇意にしていただいているロサンジェルスの比嘉朝儀氏から推薦のお言葉をいただいた。おそれ多いことであるが、せっかくのご厚意なので、ここに掲げさせていただく次第である。

白水繁彦著「海外ウチナーンチュ活動家の誕生」の出版に寄せて

比嘉朝儀　北米沖縄県人会元会長・現顧問

　白水繁彦先生と初めて会ったのは、今から 25 年以上も前のことであったと私の記憶にある。その日以来、親友としてお付き合いをさせていただいています。先生は、幕末から明治維新にかけて人材が輩出した佐賀県出身で、非常に教育に熱心な方です。特に海外ウチナーンチュの活動の研究には、生涯をかけて全力を傾注しておられます。沖縄で 5 年に一度開催される、「世界のウチナーンチュ大会」に毎回参加され、海外のウチナーンチュと親交を深められております。毎年、ハワイ沖縄連合会の主催で労働祭の週末に催される沖縄祭りには、サーターアンダーギー（砂糖油揚げ）ブースで献身的にボランティアとして奉仕しておられます。また、2009 年に行われた北米沖縄県人会の 100 周年記念祝賀会にも祝福に駆けつけて下さいました。さらには、ハワイの宜野湾市人会とロサンゼルスの北米沖縄県人会の会員でもあります。このように、白水先生は自分の生涯をかけて、海外のウチナーンチュの活動状況を研究されてこられました。『琉球新報』に〝持ちつ持たれつ〟のタイトルで連載記事としてハワイの沖縄連合会の歴史やウチナーンチュの活動を細々鮮明に執筆されました。他にも数多くの書物が出版されております。

　今回、出版されます、「海外ウチナーンチュ活動家の誕生」は、先生のこれまでのリサーチの集大成であり、特にウチナーンチュの読者に〝心の糧〟として、親しまれ、愛され、永遠に心の中に生きつづけることを願ってやみません。

　白水先生ほど海外のウチナーンチュの活動の研究に海外で奔走された研究者はいません。彼はウチナーンチュ以上のウチナーンチュであり、私は、今回の本の出版に際して、先生に賞讃を贈るとともに敬意を表します。

〈比嘉氏は、北米沖縄県人会元会長のほか、ウチナーグチ講師、新ウチナー（沖縄）

民間大使、南加県人会協議会（加盟県人会41）元会長・現顧問、日系パイオニアセンター副会長・理事。南加日系商工会議所・理事、元ラジオ・パーソナリティなどを歴任〉

ハワイのウチナーンチュからのサプライズ

　2013年9月5日は筆者にとって、まことに佳い日であった。おとなになって初めて賞状を戴いたのである。その日の午後、当時の宜野湾市人会会長のエレンから「パーティをやるからハワイ・オキナワセンターへ来るように」とのメッセージが届いた。それが筆者へのサプライズの賞状授与式だったのである。当時のハワイ沖縄連合会会長のジョージ・バーテルJr.がわざわざ手渡してくれた。文面によれば、その年に書いたハワイ・オキナワンの活動に関する英文の拙著とハワイのオキナワンとの35年以上におよぶ友誼とを評価してくださった由。ハワイのオキナワンの「チムグクル」に深く感じ入り、お礼のスピーチもしどろもどろであった。畏れながら下に掲げさせていただく次第である。

目　次

はじめに

総論　本書のテーマと構成 ……………………………………… 1

第Ⅰ部　概説 ………………………………………………… 13

第1章　ハワイ沖縄社会と母県・沖縄――切っても切れない関係――　14
第2章　ウチナーンチュ・アイデンティティの覚醒運動
　　　　――だれが、どのようにしてエスニシティを創出したか――　30
第3章　オキナワン・フードをめぐる変容エージェントの戦略　54
第4章　ハワイ沖縄連合会歴代会長の標語（Theme）
　　　　――価値を付与する人たち――　76
第5章　ウチナーンチュ・ネットワークのゆくえ
　　　　―― WUB：エスニシティで繋がるビジネス世界――　82

第Ⅱ部　リーダー群像――評伝・インタビュー―― ………… 95

第6章　アキラ・サキマ　Akira Sakima
　　　　――オキナワン・ルネサンスの種をまいた男――　96
　　　　付記　ジェーン・サキマ Jane Sakima、エレン・ヒガ Ellen Higa
第7章　エド・クバ　Edward Kuba
　　　　――ザ・火の玉リーダー――　114
第8章　ヘンリー・イサラ　Henry Isara
　　　　――ボランティア・ビデオジャーナリスト――　126
第9章　ジョイス・チネン　Joyce Chinen
　　　　――沖縄研究センター初代所長――　157

第10章　カーリーン・チネン　Karleen Chinen
　　　──エスニック・ジャーナリスト──　162
第11章　ロドニー　コハグラ　Rodney Kohagura
　　　──エスニック・エージェント──　177
第12章　マイク・ホンド　Mike Hondo
　　　──マウイ沖縄県人会元会長──　181
第13章　シャーリー・タマシロ　Shari Tamashiro
　　　──四世の知性派活動家─　196

第Ⅲ部　アメリカ南加地域の沖縄系社会の活動家　……… 205

第14章　北米沖縄県人会の概略　206
第15章　比嘉朝儀氏　Chogi Higa
　　　──アイディアと行動のエスニック・リーダー──　211
第16章　当銘貞夫氏　Sadao Tome
　　　──生涯現役エスニック・ジャーナリスト──　222
第17章　國吉信義氏　Shingi Kuniyoshi
　　　──科学者エスニック・リーダー──　225
　　　特別収録『五大洲』編集長　金城武男氏への謝辞

おわりに　235

謝辞 Acknowledgements　239

索引（人名・事項）243

総　論

本書のテーマと構成

1．本書の問題意識

　本書に収められた論考を貫く問題意識は、大きくふたつの相から成っている。第1の相は、ウチナーンチュ活動家と目される人びととはどういう人物で、なにを目指し、実際どのような働きをしているのか、ということである。第2の相は、人は、そうした活動家にどのようにしてなるのかということである。

　章によって、それぞれ取り組んでいる相が異なるが、いずれの相も筆者が永く頭にとどめ続けた問題意識である。

2．ふたつの主要概念

（1）変容エージェント

　本書の主題は「海外ウチナーンチュ活動家の誕生」であり、副題は「民族文化主義の実践」である。これら本書のテーマであるウチナーンチュ活動家と民族文化主義について説明しておきたい。

　ウチナーンチュ活動家のウチナーンチュとはおきなわのひと（ウチナーンチュ）という意味の沖縄語（ウチナーグチ）である。したがって沖縄は沖縄語ではウチナーとなる。ここでいう海外ウチナーンチュ活動家は、ハワイならハワイという自分の居住地におけるウチナーンチュやその大社会であるハワイの人びととの意識や行動に何らかの変化をもたらすべく働きかけをしている人たちのことである。このように文化の変容を促す人びとを筆者は「変容エージェント」と呼ぶ。

　変容エージェント（transformative agent）はある特定の集団や社会の文化変容にかかわる広い概念である。**文化変容**（cultural transformation）とは、ある特定の集団（たとえばハワイでいえば日系人というエスニック・グループ＝民族集団）や社会（ハワイでいえば各種集団を内包するハワイという地域社会）の人びとの価値観や行動様式が変化することである。したがって、**変容エージェント**とはある特定の集団や社会の人びとの意識や行動様式の変容を促す主体（アクター）である。なお、エージェントとは他者に影響を及ぼすべく自覚的に行動する人間である。エージェントのなかで一定の追随者を持つ者をリーダーと呼ぶ。変容エージェント

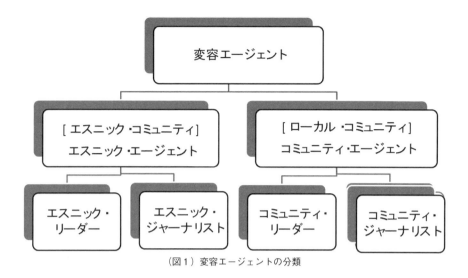

（図1）変容エージェントの分類

のなかで特定のエスニシティ（民族性）にかかわる意識の変容を促すリーダーを特にエスニック・リーダーと呼ぶ。本書には多数のウチナーンチュのエスニック・リーダーが登場する。なお、ジャーナリストのなかにもエスニック・メディア（ある特定のエスニック・グループのための新聞・雑誌等のメディア）などで働く人のなかに、エスニック集団の人びとの意識や行動に影響をおよぼすべく活動しているジャーナリストがいる。彼・彼女（以後かれら）をエスニック・ジャーナリストと呼ぶ。カーリーン・チネン（第10章）などはその典型である。

変容エージェントは一般のローカル・コミュニティ（地域社会）にも存在する。それらを分類すると、図1のようになる。

変容エージェントはその目的遂行のために、所与の文化項目（アイテム）のなかから適当なものを抽出し、それに価値を付与したり、価値を転換したりすることがある。そうすることで、当該集団や社会の人びとの注目を集めたり議論や行動に結びつけやすくするためである。その意味でメディアの議題設定機能に似た働きをすることがあるといえる。典型的な例はハワイ沖縄連合会（HUOA）会長の年間標語の設定である（第4章）。

（2）ウチナー文化主義と「民族文化主義」

　ではウチナーンチュの変容エージェントたちは、いったい、何を訴えたいのか。何を提唱しているのか。多くのエスニック・リーダーたちの言動を分析してみると、かれらの言動の根底にあるもの、いわば理念は、「沖縄系の人やその子孫はウチナーンチュであるというエスニック・アイデンティティ（民族的自覚、同胞意識）を確立し、沖縄文化の維持、発展に励むべきである」という考え方もしくは主張であるということがわかる。こうした考え方、主張を筆者は**ウチナー文化主義**（Uchina-culturalism）と呼ぶ。例えば、ハワイの沖縄文化の総本山であるHUOA（ハワイ沖縄連合会）は、そのウェブサイトで、「HUOAはオキナワンとしてのエスニック・アイデンティティを涵養し、もってそのゴールを沖縄文化の維持、継承、発展に置くものである」と宣言している（http://www.huoa.org/nuuzi/about/history.html）。

　こうした考えを敷衍して一般化すれば「エスニック・グループの人やその子孫はエスニック・アイデンティティ（民族的自覚、同胞意識）を確立し、エスニック文化（民族文化）の継承、発展に寄与すべきであるという考え方や主張」ということになる。筆者はこれを**民族文化主義**（エスノカルチュラリズム ethno-culturalism）と呼ぶ（かつてはエスニック文化主義と呼んでいたが（白水,2008,6頁）、より英語的表現であるエスノカルチュラリズムに改め、日本語訳を民族文化主義とした）。この概念を用いれば、ウチナーンチュの変容エージェント（エスニック・エージェント）の活動に限らず、多くのエスニック・グループのエスニック・エージェントの活動の分析に役立つと思われる。

　民族文化主義の主張は多くの場合、エスニック・アイデンティティの表象としての民族文化項目（アイテム）の自覚的学習の奨励とセットでなされる場合が多いが、その文化項目にしても、適当と思われるもの、すなわち独自性を主張できるものが周到に選ばれる。

　ここで注意したいのは、ハワイのウチナーンチュの運動に見られるごとく、民族文化主義は、独立や国家内国家を主張するものではない。即ち、ナショナリズム（民族主義）とは異なり、国家という枠内での自己の主張の延長線上にある運動に適用される概念である。エスニック文化の存在を当然であるとする

国家の意志とそれに国民の多くが賛同するという社会基盤がなければ民族文化主義の運動の実践は難しいだろう。

　なお、ハワイやアメリカ、カナダのウチナーンチュのなかで「自分はジャパニーズではなくオキナワンである」という人が今日増加しているが、その背景には、こうした地域で、日系カナダ人とかイタリア系アメリカ人、中国系アメリカ人……といった表現が、今日、一般化していることとも関係があるだろう。ロサンジェルスの沖縄県人会前会長の國吉氏も、日系アメリカ人という言葉があるのだから沖縄系アメリカ人という言葉だってあっていいのではないかという考えかたである（第17章）。ここで思い出すことがある。10年ほど前だから2005年前後のことである。その年も筆者はオキナワン・フェスティバルでアンダーギー作りのボランティアに勤しんでいた。そのブースで、やはりボランティアで来ていたハワイのウチナーンチュ（四世）の若い女性が筆者に「日本では沖縄系日本人という言い方がないそうだけどなぜなの？」とナイーブな感じで訊いてきた。筆者が「日本ではウチナーンチュは沖縄県の住民ということになっていて、民族だとは多くの人が思っていないからだろうね」と答えると、「同じウチナーンチュなのに、ハワイではエスニック・グループのひとつで、沖縄ではそうではないというのは不思議だわ」といって肩をすくめた。この女性はもしかしたらさほど重大な問いかけだとは思っていなかったかもしれない。しかし、筆者は重く大きな問題として記憶することになった。

3．本書の構成

　以下、読者の便に供するためにセクションごとに各章の内容のポイントを示しておきたい。

（1）第Ⅰ部　全体像の概観

　第Ⅰ部は、ハワイのオキナワン・コミュニティの全体像に関する論考である。まず、「第1章　ハワイ沖縄社会と母県・沖縄」はハワイのオキナワン・コミュニティと沖縄との切っても切れない関係について、特に戦後の経緯を時間を追って描写している。筆者は、戦後のハワイのウチナーンチュのコミュニティ

を挙げての活動を「ウチナーンチュ・ムーブメント」と名付け、それが第一次、第二次、第三次と、3回もあったことを見出した。第一次ウチナーンチュ・ムーブメントは終戦直後の、荒廃した沖縄への援助運動である。このとき、大量の物資に加え、豚やヤギまでが送られたが、その際のハワイ全土のウチナーンチュの協働作業が、それまで何度試みても叶わなかったウチナーンチュの統一組織の結成につながったことを紹介した。1951年に創設された「沖縄人連合会」United Okinawan Association（後のHawaii United Okinawa Association= HUOA）は、いわば「情けはひとの為ならず」という諺そのままのような成り立ちなのである。それまで、狭い村人根性や字人意識にとらわれていたウチナーンチュが、この第一次ウチナーンチュ・ムーブメントの際にみんなで力を合わせ、ひと仕事成し遂げた、という成功体験が新たなコミュニティの「伝統」となり、その後のウチナーンチュの集合的行動のスタンダードになったのではないか。ハワイのウチナーンチュたちは、その後それほど躊躇なく大きな企画を立ち上げ、なんとか成功に導くという道を歩むようになった。

　その最初の大きな例が、1980年代の第二次ウチナーンチュ・ムーブメントである。この運動の後、驚くべきことに、沖縄系移民の子孫である三世、四世の少なくない数の人びとが沖縄に愛着を抱くようになり、中にはウチナーンチュであることに誇りを抱く人まで出てくるようになった。

　そうしたウチナーンチュ意識、いわばウチナーンチュ・アイデンティティやウチナーンチュ・プライドまで抱く人びとを、だれが、どのようにして涵養したのか。その問いに応えようとしたのが「第2章　ウチナーンチュ・アイデンティティの覚醒運動」である。資料を博捜し、広範なインタビューを遂行した結果、若い三世活動家の存在を突き止めた（「若い」といっても80年代初めころの青年であるが）。コミュニティの人びとの意識を変え、行動に方向性を与える働きをする様々な立場の活動家たち、すなわち、文化変容を起こし促進する人びとのことを筆者は「変容エージェント」と呼ぶ。この変容エージェントの中核的存在が先述の三世の活動家であり、エスニック・リーダーと呼ぶにふさわしい面々である。

　第2章は、「普通の」若者がどのようなきっかけでエスニック・リーダーに変貌するのか、そして一定数の人びとがなぜ賛同したのかといった点について

も個別オキナワン・コミュニティの事情（沖縄移民80周年）、アメリカ全土の機運（公民権運動、エスニック・マイノリティ覚醒運動）、ハワイの民族関係（白人支配層とナイチからの差別＝二重の差別）等、複数の要因を絡めて説明している。

先ほど述べたように、変容エージェントたち、とくにエスニック・リーダーたちはエスニック文化のなかでもいくつかの項目を抽出し、それをエスニック文化の表象として用いる。第3章は、それまで沖縄の「普通のおかず」だったものが「ウチナーンチュのソウルフード」に「昇格」する過程について、その昇格にかかわった変容エージェントたちへのインタビューを通して明らかにしている。このように見ていくと、変容エージェントたちは、数あるエスニック文化の項目のなかから適当と思われるものを見出し、しかるべき「価値を与える」作業をしているのではないかと思われる。果たしてそうなのか。その問に答えるべく用意したのが「第4章　ハワイ沖縄連合会歴代会長の標語(Theme)」である。これまで30名におよぶ会長たちは一定の価値を含む語彙やフレーズを、「エスニック集団独自」のことばであるウチナーグチの中から選び出し、それに英語の意味付けをほどこして明確化して一般会員に提示してきた。この章のサブタイトルに「〜価値を付与する人たち〜」とした所以である。

第5章は、今日、HUOAと並んでハワイや南北米のオキナワン・コミュニティでそのプレゼンスを増大させているWUB（Worldwide Business Network）の、比較的初期の状況について、沖縄の識者にその現状と将来について見解を伺ったものである。それから10年以上が経ったが、さすがに、WUBという組織の強さと弱さについて正鵠を射る見解が示されている。

（2）第Ⅱ部　リーダー個人に注目する

第Ⅱ部は、変容エージェント、なかでもエスニック・リーダーと呼んでもよいような人びとの活動の紹介、評伝、インタビュー記録を集めたものである。

第6章のアキラ・サキマは宜野湾系二世で、後のウチナー文化主義に裏打ちされたエスニック・ムーブメントの生みの親といっても過言ではない存在である。彼は1949年、栄養失調で苦しむ沖縄の母子たちのために約700頭の搾乳用のヤギを船に乗せて運んだ10人のサムライのうちのひとりである。31歳の時だ。二世の彼にとって沖縄は初めてのはずなのに、なぜかふるさとのように

感じた。人びとが暖かく接してくれたからだというが、彼がウチナーンチュが集住するカリヒバレーの住民だったから、というのも大きな理由だろう。沖縄のウチナーンチュに会っても違和感が少なかったと思われる。ともあれ、彼は「実際に」沖縄へ行き、「本物の」ウチナーンチュに会った。しかもかれらは極貧のなかでも彼に寛容で親切だった。彼は、この沖縄行きで、「ほんとうのウチナーンチュ」になったのである。

　州議会議員でもあった彼はしばしば沖縄を訪れる機会を得る。60年代末までには沖縄に友人、知己が大勢できていた。なかでも彼が友誼を深めたのが芸能の演者たちである。同世代のまだ若い演者たちと非常に親しくなった彼は、演者たちの人柄や、技量に対する自信と日頃の精進に感動した。そしてこれは素晴らしい芸術であると確信する。70年代に入ると彼は若い演者たちを組織して、ハワイに招待する。ハワイのウチナーンチュにも「本物」の沖縄芸能を見せるためである。もちろん一世たちを喜ばせる目的が第一だったが、二世、三世たちにもその素晴らしさを伝えたかったのである。沖縄から演者が来るたびに会場には大勢のウチナーンチュが集まるようになった。

　戦前は内輪(うちわ)の文化であり、戦中は敵性文化であるということで禁止されていた沖縄文化を復活させた人物ということで筆者はアキラ・サキマをオキナワン・ルネサンスの先駆者と考えている。彼が地道にこうした活動をしていなければ、今日ほどの沖縄文化、特に芸能の隆盛はハワイではみられなかったのではないか。

　こうした下ごしらえがあったからこそ、三世の民族文化主義の運動も比較的スムーズに運んだのではないか。第7章は、サキマら先駆的二世の後継者の一人で、ハワイ・オキナワセンターという豪壮な県人会館の基金募集で大活躍したエド・クバのインタビュー記録である。エドは両親の来布が比較的遅かったこともあり、1944年の生まれだが二世である。同年代の友人はほとんど三世である。したがって、東海岸で過ごした大学院や若い社員の時代にマイノリティ覚醒運動に遭遇する。そして、自らのウチナー性（エスニシティ）に目醒める。この世代のなかには大学や大学院等でエスニック・マイノリティの運動の洗礼を受けているものも少なくない。かれらはかなり明確に民族文化主義を志向する傾向にある。ハワイに戻ったエドは持ち前の知性（彼は東部の超一流大学出身

の弁護士である）とバイタリティとユーモアで80年代のハワイオキナワン・コミュニティを牽引していく。彼の業績のもうひとつはハワイと沖縄との関係の強化である。特にハワイ大学と琉球大学を結び付けたのは大きな功績といわなければならない。エドの最近の活動で注目すべきは、辺野古の基地反対運動家との連帯である。ホノルル市議会に辺野古の反基地運動への連帯の決議を要請すべく動いたが、イゲ知事（初の沖縄系知事）の反対等で断念した。なんとか連帯の意志を示したいエドは同志を募って、200本のレイを作成、デモ隊の人たちに贈った。彼はこれを「レイ外交」と呼んでいる。一般的に、辺野古などの米軍基地反対運動に賛同するハワイや海外のウチナーンチュの多くは米軍基地そのものに反対しているわけではない。在日米軍基地の74パーセントが沖縄に存在するという「過度の集中」を問題にしているのである。

　ところでエドのような高学歴のエリートでもなければ、東海岸の公民権運動やエスニック・マイノリティ運動の洗礼を受けたわけでもない、「ふつう」のハワイ育ちの人がどのようにしてエスニック・リーダーになるのか。筆者の基本的な問の答えを探すべくロングインタビューを試みたのが、第8章に掲げたヘンリー・イサラである。かれは、その「ジジ」が東風平村人会（こちんだ）の創設にかかわったという家柄の三世である。祖父の芸事好きが伝わったらしい。物心ついたときからずっと芸能が好きである。それに東風平村人会がHUOAメンバークラブでも極めて小規模な組織であるために、若いうちから村人会長に推されるなど、「役職」を与えられた。その役職を経験する度に責任感が湧き、それを遂行するとさらに大きな役が与えられる、という具合で、役職が彼をより強固なウチナー文化主義者にしていったところがある。そのパターンをさらに裏打ちするような事例が第12章のマイク・ホンドである。マイクも役職が上がるにつれて責任感が増し、より強固なウチナー文化主義者となっていった。

　カーリーン・チネン（第10章）は大学時代の授業を通して自らのエスニシティに目醒めた、三世インテリの典型的な例である。ジャーナリストとして抜群のセンスの持ち主である彼女は、せっかく就職した主流メディアを辞め日系エスニック・メディアに転じた。おかげで、日系コミュニティ、とりわけオキナワン・コミュニティは強力な拡声器を持つことになった。カーリーンの姉、ジョイス・チネン（第9章）はハワイ大学の社会学の講座や沖縄研究センター（初

代所長）を通して、ウチナーンチュをはじめマイノリティの人びとに対して人間の尊厳について説き続けている。

　若い世代を代表する知的エリートの一人シャーリー・タマシロ（第13章）は舌鋒鋭く、沖縄の歴史や文化を知らないハワイのウチナーンチュの多さを衝き、沖縄に米軍基地を集中させ続けている日本人を批判する。人柄は明るく楽しい今どきの四世であるが、こと不公平、不正義に対しては断じて許さない、といった気概も持っているウチナーンチュである。

（3）第Ⅲ部　ロサンジェルスのリーダーたち

　筆者は、先述のように、90年代に入るとロサンジェルスや南米のウチナーンチュ・コミュニティを訪ねるようになった。特にロサンジェルスの活動的な人びとには論客が多く、研究を忘れて楽しく語り合った。その代表格が比嘉朝儀氏（第15章）である。これまで、沖縄県人会の会長や、南カリフォルニアの県人会の連合会である南加県人会協議会の会長を務めるなど、ウチナーンチュ・コミュニティ、日系社会のために心血を注いでこられた。筆者が特に注目しているのは今年15年周年を迎えたウチナーグチ（沖縄語）教室「カタヤビラ　ウチナーグチ」の主催である。氏によれば、ウチナーグチは沖縄文化の諸項目のなかでも中核を占めるものであるという。比嘉氏も沖縄文化の維持・継承・発展に尽くされており、みごとにウチナー文化主義者であると思われるが、かといって日本人、日本文化への対抗心はみられない。むしろ「我われ日本人（沖縄の人を含めて）は、どこで暮らそうとも、日本の伝統文化や言語、また精神文化である"日本の心"を忘れてはなりません」と訴えているほどだ。

　ここ第Ⅲ部に登場願った3人はそれぞれ論客で、比嘉氏がラジオのパーソナリティを長らく務め、沖縄文化の普及に努められたのに対し、当銘貞夫氏（第16章）は沖縄の『琉球新報』の常連の寄稿者であり、ロサンジェルスの日本語新聞『羅府新報』などにも度々寄稿されることで知られている。氏はその練達の筆で、沖縄や沖縄文化関連の出来事や人物の事績を広く世に報じておられる。特に若い人たちの業績のレポートは出色である。当銘氏も沖縄県人会の会長や南加県人会協議会の会長など重要なポストを歴任されている。

　國吉信義氏（第17章）は、メディアの使い手ではないが、論客であること

に変わりはない。理系の博士号保持者らしく、論理は整然としており、無駄を省いた文章でズバリとポイントを衝かれるので読んでいてわかりやすい。國吉氏は自らのアイデンティティについては、Okinawan American という語をあえて使うようにしているそうである。沖縄系アメリカ人という訳語になろうか。その立場から民族文化主義、ウチナー文化主義を自ら実践されているといってもよいだろう。

section I

概　説

概説
第1章 ハワイ沖縄社会と母県・沖縄
——切っても切れない関係——

元気なハワイのウチナーンチュ

　1899年に沖縄を出て、1900年にハワイの砂糖きび耕地に入った金武村出身の26人の移民から出発したハワイの沖縄系人口は、今日、4万人以上といわれるまでになった。かれらオキナワンが建てた、赤瓦がまぶしい県人会館（ハワイ沖縄センター）は壮麗だし、毎年9月初旬に催すオキナワン・フェスティバルは、度肝を抜く規模である。このフェスティバルはワイキキに隣接する広大なカピオラニ公園で催されるが、土・日の2日間で5万人余りの観衆を集める。その数にも驚くが、それを支えるボランティアの数や情熱も半端ではない。表舞台で活躍する琉球舞踊やエイサーなどの出演者はもちろん、舞台裏で支える人びと、さらに、舞台を取り囲む膨大な数のテントの中で働く沖縄料理やアンダーギーの製造販売、記念のシャツやグッズの販売、沖縄文化の展示解説などのボランティアは合わせて2000人以上にのぼる。かれらが無償でもくもくと働く姿は壮観で、感動的ですらある。今日、ハワイ最大のエスニック・フェスティバルと賞賛されるのも頷ける光景である。

　このように大きな存在感を誇るハワイ沖縄系社会だが、最初から肯定的な意味で目立つ集団であったわけではない。100年におよぶ移民史のなかでさまざまな曲折を経て発展してきたのである。とくに県人会館建設とオキナワン・フェスティバルをスタートさせた80年代の大発展については第2章で分析したい。本稿は、その発展の要因を沖縄との関係のなかに探る試みである。いかにハワイの沖縄系社会の発展に沖縄が深く関わってきたかを明らかにしてみたい。その骨子を先周りして示せば以下のようになる。

　ハワイのウチナーンチュ（オキナワンのこと。沖縄出身者およびその子孫）は、これまで三度、心をひとつにして大運動を展開してきている。最初は終戦直後の「母県」沖縄の復興救済活動。筆者はこれを「第一次ウチナーンチュ・ムー

ブメント」と呼ぶ。この時ハワイのウチナーンチュは大同団結して食糧など膨大な量の物資や医療品などを沖縄へ送る。なんと豚やヤギなども生きたまま運んでいる。物心ともにハワイから沖縄へという流れに見える関係だが、じつは大きな果実をハワイのほうも得る。救済活動の副産物として県人会（当時の英語名称を日本語に訳せば「沖縄人連合会」）が1951年に成立するのである。

　「第二次ウチナーンチュ・ムーブメント」は上記の80年代の大発展期の諸活動である。第一次のムーブメント（社会運動）の主たる目的が沖縄の復興であったのに対し、この第二次の運動は「ハワイの」沖縄文化の復興・発展が主目的であった（この運動は「オキナワン・ルネサンス」と呼ばれる）。だから直接沖縄と関係がないキャンペーンのように見えるが、じつは、物心とも沖縄からハワイへという流れのなかで起こったことなのだ。会館の建設のために沖縄から膨大な浄財が寄せられるし、フェスティバルのために沖縄の伝統芸能や食文化が文化資源として活用されるのである。ハワイと沖縄のウチナーンチュが強い絆で結ばれていることを実感した10年間であった。

　じつは今、ハワイ沖縄系社会は第三次の運動期に入っている。ハワイ沖縄プラザの建設が進行中なのだ。第1回の沖縄移民から110年の節目になる2010年を目指して始められたが、募金が思うように進捗せず、いま、2018年4月竣工を目標に建設が進んでいる。材料費や人件費が予想以上に高騰し、結果的に1990年竣工の県人会館と同規模の1000万ドルを要する一大プロジェクトとなった。いま少し資金が足りないようである。80年代に見せた「沖縄魂（ウチナーンチュスピリット）」を今回の運動でも発揮できるか、ハワイと沖縄両方のウチナーンチュの「チムグクル」（胆心：思いやり、誠心）が問われている。

ハワイの沖縄系社会との出会い

　筆者は1972年の「本土復帰」直前、文化人類学者に誘われて初めて沖縄を訪れた。以来、しばしば沖縄本島や宮古島を訪れてはテレビの普及と日常生活や伝統文化との関係の調査などをさせていただいた。だから筆者にとって、沖縄は生活の一部という感覚である。偶然というものはあるもので、1978年春、初めて訪れたハワイで出会ったのも沖縄系社会であった。筆者が当時客員教員として滞在していたアイオワの大学（ある教会のミッションスクール）の同僚が、

ハワイに知り合いの「日系人」で熱心な信者がいるから会うようにと紹介してくれたのが、沖縄系の二世だったのである。彼の名前はアキラ・サキマ（佐喜真彰：1918-2007）。この出会いが、その後の筆者の研究生活に大きな影響をおよぼすことになろうとは、その時思いもしなかった。なにしろ彼は、太平洋戦争によって荒廃した沖縄を救おうと、沖縄へ種豚 550 頭を送るキャンペーンを陰で支えた二世のひとりであり、実際に搾乳用のヤギ約 700 頭を運んだ 10 人のウチナーンチュのうちのひとりだったのだ。そんなこと知る由もない筆者は、サキマ氏とジェーン夫人の気取りのない優しさに惹かれてハワイに通い始めるのであった。

　サキマ夫妻はとても顔が広く、多民族からなる教会の世話役を果たすことはもちろん、市民の冠婚葬祭にも頻繁に出かけるし、選挙キャンペーンにまで参加する。夫人は模合（ムエー：頼母子講）にも熱心で、さらにパーランクー（小太鼓を打ちながら演舞する）のクラブの世話人でもある。初めのころは「ずいぶん、付き合いのいい人だなぁ」と思っていた。そのうち、サキマ氏はかつて沖縄県人会（ハワイ沖縄連合会）の会長やハワイ州議会の下院議員を長く務めた沖縄系社会のリーダー的存在であることがわかった。顔が広いはずだ。そのような要職に就いていたなどそぶりも見せない人だったのである。とにかく、州政府の要人から食堂経営のおじい・おばぁまで、あらゆる階層の人びとに会わせてくれた。あまりの楽しさに、夫妻の行くところどこにでも付いていった筆者は、いつのまにかハワイの沖縄系社会（現地でいうオキナワン・コミュニティ）の奥深くに入り込んでいることに気づいた。

　その後、サキマ家の紹介で、宜野湾市の出身者からなる同郷団体「宜野湾市人会」の会員に推された。ヤマトゥンチュ（大和人：本土出身者）としては異例のことであるらしい。さらに、2000 年代初頭から毎年夏、オキナワン・フェスティバルにゼミ生や院生とともにボランティアとして参加するようになった。そこで、アンダーギーの製造販売だけでなく、さまざまな部署で裏方として活動しているのである。なんということはない。1978 年、サキマ氏夫妻に出会ってからというもの、筆者はかれらと付き合いながら、ハワイ沖縄系社会の文化変容の実態を目の当たりにしていたし、結果としてあるていどの知識を蓄積していたのである。

今日、ハワイの数あるエスニック集団のなかでもウチナーンチュは特に元気がよい、といわれるまでになった。では、なぜ、ウチナーンチュはこんなに活発なのか。その秘密はなんなのか。筆者はこの問の答えを求めてハワイに通うことになった。

同郷団体（村人会）の結成
　ハワイには、1853年カウアイ島で最初の砂糖プランテーションが開発されて以来、中国、ポルトガル、日本、プエルトリコ、沖縄、朝鮮半島、フィリピンなどから、人びとが渡ってきた。かれらを待っていたのは砂糖きび耕地（以後、耕地という）における過酷な労働であった。各エスニック集団は、新しい環境に適応するため社会組織を形成していく。もちろん、沖縄系も例外ではない。かれらは、日本本土出身からなる官約移民（1885年開始）に遅れること15年後の1900年にハワイへ渡って来た。沖縄系は、この15年の遅れと、言語や文化的差異などからナイチ（ヤマトゥンチュともいう）からも差別を受けた。また、ナイチ系の社会では、既に様々な組織を形成していたため、沖縄系は自前の社会組織を形成しなければならなかった。
　沖縄系最初の同郷団体（村人会や字人会）は1908年創立の、金武村出身者による金武村人会である。以後、同郷団体が字や村を単位として創られるようになるが、増加するのは1919年頃から1931年頃年の間である。この間、じつに22の同郷団体が創られる。特に1920年代後半から1930年代前半が多い。それは、ウチナーンチュをはじめ耕地労働者が耕地から都市部へとさかんに転居した時期でもあり、また写真結婚による写真花嫁が多数やって来て（ピークは1908年～1923年）、家族が形成される時期にも重なる。
　同郷団体が設立されたのが耕地住まいの時代ではなく、かれらが耕地を出て、都市部に住むようになってから、というのは注目にあたいする。耕地では、白人経営者が「分割統治」をするために、居住区を民族別に区切っていた。沖縄系もひとまとまりにされることが多かった。だから、沖縄系は隣りあわせで暮らし、労働も共にしていた。いつも顔を合わせているのだから、わざわざ組織化する必要もなかったわけだ。だが、都市に出てくると、住宅事情から、沖縄系だけが隣り合わせというわけにいかないし、ましておなじ地域（シマ）出身

が固まって住むというのは簡単ではない。こうして、同じ地域の出身という絆でつながった家族同士の親睦をはかり、相互扶助を促すために同郷団体が必要とされたのだ。

では、それに伴って沖縄県を単位とする組織（沖縄県人会）も結成されたかというとそうでもないのが興味深いところだ。むろん当時から県人会の結成は幾度か試みられたが、いずれもうまくいかなかった。それには、かれらの出身地である沖縄での社会状況が多分に反映していると思われる。一世が育った1800年代後半から1900年代前半の沖縄では、それぞれの地域間の交流が少なく、隣の地域のものと結婚することさえ反対されることがあったというほどである。各地域の人びとは、独自の方言や習俗で裏打ちされた強い仲間意識を当然のこととしていた。こうして、沖縄全体を発想の枠組みとして長期的なビジョンを組み立てるといった作業は、一部の先覚者を除いて理解されにくかったのである。

では、こうした同郷団体はどのような社会的機能をもっていたのだろうか。

同郷団体の役割

同じ字や村の出身者からなる同郷団体は、お互いに排他的なところもあったが、その分、地域内の結束は固かったので、相互扶助は徹底していた。典型例は、ホノルルで最も多くのレストラン経営者を輩出した小禄出身者たちの相互扶助である。村人同士で模合（ムエー）を結成、その資金で店を構え、経営のノウハウも小禄出身者から得る、という具合で、かれらは1970年代までにホノルルで72軒ものレストランを出店していたのである。

祖父（一世）が興したレストランを継ぎ、いまは手広く給食事業などを展開するある三世は、筆者に次のように語った。

　　ハワイのオキナワンは、互いがよく助け合います。私の先祖の出身地は小禄ですが、この村の人たちも頼母子講（ムエー）という金融のシステムを持っており、そこでレストランの創業資金を得たのです。小禄の人びとは、同郷の人がレストランを始めたいといっても競合が起こるとは考えませんでした。「レストランを始めたいのかい？それじゃあ、手伝うよ」、「もし、助けが必

要なら、僕に電話しろ」というわけです。喜んで助け合っていたのです。結果的にホノルルで、72軒ものレストランが小禄の人びとによって経営されることになるのですが、その理由は、この相互扶助の精神があったからであると思えるのです（G.カネシロ、2005年9月4日インタビュー於ホノルル）。

　また、一世にとって、同郷団体のもっとも重要な役割のうちのひとつに、葬儀の運営がある。母村にいたころと同じような葬儀を営むためには同郷団体の助力が不可欠だった。同郷団体は、肉親を亡くしたメンバーのために、葬儀場の手配、葬式の告知、香典の受取、記録などの一切の仕事を取り仕切るのだ。これらの行事は、全て沖縄でのやり方にのっとって行われ、遺族の負担を軽減した。

　さらに、同郷団体は社会教育の機能も担った。子どもを持つ一世にとっては教育は最重要課題であった。白人やナイチ系からの差別を克服し、ナイチの子どもたちに後れを取らないように育てることは容易なことではない。そのため、一世たちは二世のための修養の場として「でいご会」や「うるま会」など、いくつかの青年団体を結成する。さらに、すべての同郷団体は、その初期段階から二世支援の制度を持っていた。例えば奨学金制度や、社会的、教育的レクリエーションのための施設や道具を用意した。同郷団体間、諸島間の野球大会の開催も行った。このようにして、二世は幼い頃から同郷団体に参加し、同郷の仲間たちと関わる様々な機会を与えられた。したがって、戦前のハワイ沖縄系社会の人びとにとって、同郷団体は一種の拡大家族であり、第二のムラであった。このような事情から、1940年代頃から二世がリーダーを務める村人会が出てくるなど、沖縄系同郷団体の世代交代は比較的スムーズに行われたのである。

戦争で荒廃した母県を救援──第一次ウチナーンチュ・ムーブメント──
　村人会間の公的な交流は少なかったとはいえ、ウチナーンチュとしてひとつの組織を作りたいという希望はあり、1941年、アメリカ合衆国が第二次世界大戦に参加する直前、約150人のウチナーンチュのリーダーらが集まり、話し合いを持った。だが、その時点で大同団結が成されることはなかった。その後

は日米が戦争状態になり、戒厳令が敷かれたハワイでは日系人は10人以上の集会を開くことが禁止されたこともあり、統合的な県人会組織をつくることは困難だった。

　太平洋戦争が終息に向かうころ、ハワイのウチナーンチュは、焦土と化した沖縄の戦後復興支援のために具体的に動き始める。当時、アメリカ陸軍において沖縄戦に参加し、母県の惨状を目の当りにした二世のタロー・ヒガ（比嘉太郎）が、帰国後ハワイのウチナーンチュに沖縄の窮状を訴え、その戦後復興支援の必要を必死になって説いたのだ。日本語新聞や日本語放送で伝えられる「フールに豚なし」（「豚小屋」にいるべき豚がいない）というフレーズは、ハワイのウチナーンチュの心を大きく揺さぶった。豚は食文化の中核をなすだけでなく、ウチナーンチュにとってもっと深い意味を持っているからである。

　その結果、ハワイのウチナーンチュは、150トンもの衣類や食料、膨大な量の医薬品を集め、さらに、当時のお金で5万ドルの浄財を集め、生きた豚（種豚）も沖縄に送ったのである。豚の運搬をしたのはハワイ在住の山城獣医師はじめ7人の若い一世や帰米二世であった。かれらは米本土の市場に出かけて550頭の豚を買いつけ、西海岸のオレゴンから沖縄まで、船の甲板で豚を世話しながら運んだのである。豚は、太平洋上で死亡したり、生まれたりで、1948年9月、沖縄に着いた時には528頭になっていた。1949年、こんどは、沖縄の子どもたちを栄養失調から救うために約700頭もの搾乳用のヤギがアキラ・サキマ氏たちによって船で沖縄に運ばれた。いま70歳代以上のひとの多くが終戦後、ハワイ・ウチナーンチュの故郷を思う心のおかげを蒙っているわけだ。

　運ばれた豚にもヤギにも逸話がある。沖縄では戦前はほとんどが黒豚であったが、運ばれてきたのは白豚である。それを見た沖縄の農家の人たちは、「アメリカでは豚まで白いのか」と驚いたという。ともあれ米国産の豚は各農家にもらわれて行き、曲折を経たものの繁殖を重ねた。今日にもその遺伝子は受け継がれているはずだ。

　ヤギのほうはどうだったか。輸送の任に当たったサキマ氏は数年後沖縄を訪れた際に、自分たちが贈ったヤギたちがどうなったか見に行った。「驚いたことに、ほとんどが食べられていた。贈ったほうは、沖縄の子どもたちにミルクで栄養をつけてもらいたいというつもりだったが、受け取ったほうは、おやじ

たちが、精がつくものが送られてきた、と喜んでヒージャー汁にして食ってしまった。」

　この逸話、むろん多少の誇張はあるだろう。でもヒージャー大好きおやじたちのやりそうなことではある。ハワイでウチナーンチュの集まりがあると、この話をサキマ氏がウチナーグチで面白おかしく紹介するものだから、会場が大爆笑に包まれたものだ。それにしても、今日の「飽食の時代」のちょっと前には、こうした海外ウチナーンチュの命がけの救援活動があったのだ。豚やヒージャーを食べるときは、たまには思い出してみたい逸話である。

　衣食住とならんで重要なのは教育である、と考えたハワイのウチナーンチュは大学を寄付しようと思い立つ。こんどは沖縄大学（後に琉球大学と称す）建設募金が始まった。目標額は 67 万ドル。結果的に当時の在琉米軍政府が設置に乗り出すことになるが、今日の琉球大学創設のきっかけをつくったのもハワイのウチナーンチュなのである。

　ハワイのウチナーンチュが取り組んだ戦後の沖縄復興救済活動については後に詳述するが、終戦後 30 年余りにわたって続けられた「母県」沖縄支援は衣食住関係、医療関係、教育関係、農産畜産などの産業関係をはじめ、夥しい種類にのぼる（本書第 6 章参照）。

県人会の結成へ

　終戦直後の沖縄復興支援のため、ハワイのウチナーンチュは所属の教会など、さまざまな組織を通じて物資や浄財を集めた。さらに、支援のための組織もいくつかつくったが、1947 年に大同団結するかたちで沖縄救済厚生会が財団法人として発足する。第一次ウチナーンチュ・ムーブメントが本格化するわけだ。浄財 5 万ドルを集め、550 頭の豚を送ったのもこの運動の成果である。こうした活動がもとになって、いよいよ県人会的統合組織 United Okinawan Association（UOA 沖縄人連合会）が結成されることとなった。1951 年のことである。このとき参集したのが 14 の同郷団体（13 という説もある）である（なお、この組織は 1995 年に、名称を現在の Hawaii United Okinawa Association ハワイ沖縄連合会に変更する）。戦前から何度も試みられながら失敗してきた沖縄県人会の結成が、危機的状況の「母県」沖縄を救うという活動の結果、はからずも短

時日のうちに叶ったのである。まさに「情けは他人のためならず」である。

　その後、二世が沖縄に出かけることも増えた。父母の故郷を実際に見、親族からの大歓待をうけて、ウチナーンチュであることが誇りにおもえるようになっていく。また沖縄からもハワイの親族・知已を訪ねるひとが増えてくる。こうして築いた沖縄の人びととの関係はきわめて親密なものとなったようで、沖縄県に於けるハワイとの交流促進団体「沖縄ハワイ協会」の会長であった真喜屋明氏をして「ハワイと沖縄の関係というのは、実は、ハワイの特定の誰かとの関係なのです。ハワイからサキマ氏が来た、といえば飛んで迎えに行きますよ。知已であり、かつてお世話になったという、人間本来の関係があるからです」(真喜屋明氏、2001年11月4日インタビュー於那覇市)とまで言わせるほどである。真喜屋氏のこの言葉には、民間交流の本質が示されていると思われる。

帰米二世たちの活躍
　第二次世界大戦後、「呼び寄せ一世」と共に、「帰米二世」(米本土やハワイで生まれ、日本や沖縄で養育を受け、再び米本土やハワイに帰ってきたひとたち)も沖縄系社会をまとめていくうえで重要な役割を担った。　とくに、日本語能力を活かし日系社会全体でも活躍するものが出てきた。たとえばジューン・アラカワ(新川ジューン洋子)さんは、ハワイ沖縄系社会のためにボランティア活動を続けた帰米二世のひとりである。東京の高等女学校を卒業した彼女はハワイ帰島後、猛烈に英語学習に励み、日本語と英語のバイリンガルとなった。日本語を読むことができ、しかも〝正しい〟日本語を話すことができる人物は、日系社会、とくに沖縄系社会のなかで重宝された。というのも、ハワイの沖縄系の人びとの多くが、自分たちが話しているのは通じにくい方言なのだというコンプレックスを持っていたからだ。「標準語」も話す彼女は、前述の戦後沖縄復興支援「沖縄へ豚を送る」運動の際に、〝正しい〟日本語を話すことのできるアナウンサーとしてラジオ放送を通じて、広く日系社会にその運動の理解を求めるという重責を果たした(ちなみに、オキナワンを差別したナイチ自身、広島・山口弁に影響を強く受けた「ハワイ日本語」を話していた)。

　ともあれ、戦後の母県の危機をきっかけにハワイのウチナーンチュ、つまり

オキナワンの心が一つになり、母県救援と連合会の結成という大きな仕事を成し遂げた。この経験は、リーダーだけでなく一般のウチナーンチュにも大きな自信をあたえ、その後の組織的活動の大きなエネルギー源になっていく。

三世の台頭

　1951年、県人会（UOA）が結成され、その傘下の村人会や町人会といった同郷団体もしだいに二世が主導権を握るようになる。こうして同郷団体はローカリティ・クラブと称されるようになり（今は家系図研究会のように地域に根差さないクラブも傘下にあるためHUOAメンバークラブという）、英語の時代が本格化した。とはいっても、二世は一世の心情を理解したし、ウチナーグチもそれなりに理解できた。問題は次の世代である。同郷団体にとっても連合会にとっても世代交代の問題は深刻であった。

　そのようななか、いち早く沖縄文化を「再評価」し、その「継承・発展」を訴え始めたのがアキラ・サキマであり、沖縄系女性ボランティア団体のフイ・オ・ラウリマである。フイ・オ・ラウリマは1971年、すでに第1回の沖縄文化祭「カルチュラル・ジュブリー」を開催している。かれらの活動は、後にオキナワン・ルネサンスと呼ばれることになる。

　70年代後半、多くの二世がその引退の時期を迎え、最も懸念したのが次世代（三世）への「ウチナーのこころ」継承の問題である。二世は、子どものころから家庭や同郷団体の中で、極限の労働を強いられる一世の親とともに過ごし、それぞれの出身地域の方言を聞きながら育った。さらに、皮肉なことに、ナイチ系が差別したために「ウチナーのこころ」の継承は二世までは比較的スムーズに行われたとみてよい。いっぽう、かれらの子どもたちである三世は、英語を話す（もしくは英語しか話さない）アメリカ人だ。一世・二世が教育熱心だったおかげでハワイでもミドルクラス（中流）以上の暮らしをしているものが多く、相互扶助の必要性も小さくなっている。かれらにウチナーンチュとしての自覚を求めるのは大変難しいと多くの二世が危惧していた。

　ところが、ときあたかも三世が青年期に入る60年代から70年代にかけて全米で黒人層が先陣を切り公民権運動が高潮した。つぎつぎに民族的少数派が自らの権利に目覚めはじめた。ハワイ大学でも若い教授たちが各エスニック集団

の若者にエスニック・アイデンティティの確立を促した。すなわち、ハワイ系にはハワイ人としての自覚とプライドを、アジア系にはアジア系としての自覚とプライドを持つようにと啓発していったのである。

「心に火が点いた」三世のリーダーたち

　アメリカの民族的少数派の人びとの多くが自分たちのアイデンティティに目覚め、自分たちのルーツ探しに関心を持つようになっていたころ、ハワイでは沖縄移民80周年のイベントが催されようとしていた。そのひとつが、ハワイのウチナーンチュの若者を沖縄に派遣して人や文物にふれさせる「リーダーシップツアー」(沖縄研修旅行)の開催である。そもそもは、沖縄県の市町村会のリーダーたちが「終戦後ハワイのウチナーンチュにはたいへん世話になったから、移民80周年を機に、なにかお返しをしたい」と言ってくれたことに端を発する。この申し出を受けたUOAは、各同郷団体に派遣の人選を依頼する。

　選ばれたのは37名の若きウチナーンチュ(多くが三世)。そのほとんどにとって、沖縄は生まれて初めての体験であった。かれらは、当時の西銘順治知事をはじめとする多くの要人や親戚に大歓待を受けた。かれらはこの旅行で「オキナワンとして再び生まれ変わった」(G.ミジョウ、1994年9月2日於ホノルル)、「ウチナーンチュとしての心に火が点いた」(R.カネシロ、2005年9月4日於ホノルル)のである。特に、このツアーで見た那覇祭・大綱引きは、かれらにオキナワン・フェスティバルの具体的なイメージを与えた。「ハワイで、那覇祭のようなフェスティバルを開催すれば、沖縄系社会をまとめあげるだけでなく、踊り、音楽、展示そして食べ物を通して沖縄文化を祝福する機会になるのではないか」(R.カネシロ、同上) という期待が膨らんだのである。

第二次ウチナーンチュ・ムーブメント——オキナワン・フェスティバルの開催——

　沖縄への研修旅行に参加した若き三世の中にロイ・カネシロがいた。ウチナーンチュ・スピリットに火が点いた彼は特にフェスティバルの開催を訴え続けたひとりである。彼は、多くの同郷団体をひとつにまとめあげる手段としての祭の効用を強調し、フェスティバル開催を訴え始めた。このアイディアにかつての会長たちは賛同し、彼を励ます。

レストランの経営者たちや、すでに沖縄文化祭を開催していた沖縄系女性ボランティア団体のフイ・オ・ラウリマ、そして各同郷団体の人びとなど多数の協力を得て、1982 年、オキナワン・フェスティバルは、その歴史をスタートさせた。会場はアラモアナ公園のマッコイパビリオン。観客は約 4000 人だった。その後、オキナワン・フェスティバルは出演者、見物客とも増大を続ける。必然的に会場が手狭になり、会場を広い場所に移しながら、その規模を拡大させていった。開催日は毎年 8 月末もしくは 9 月初旬のレイバーディ週末の土曜と日曜。その後ワイキキビーチに隣接する広大なカピオラニ公園に 2 日間で 5 万人以上の観客を集めるまでになった。こうした作業を通して、三世リーダーたちは、連合会（UOA）のメンバークラブ（同郷団体など）をまとめあげ、沖縄文化の共有と永続を図るという目的も実現していったのである。筆者はこのオキナワン・フェスティバルをハワイにおける沖縄文化発展の無形の推進装置であると位置づけている。

県人会館の建設　二世、三世リーダーの協力

　1980 年の沖縄移民 80 周年に端を発し、沖縄系社会の結束を強め、三世リーダーたちが中心となって成し遂げられた注目すべき出来事がもうひとつある。それは、県人会館（ハワイ沖縄センター）の建設である。そもそもの発端は移民 80 周年記念祝賀会にハワイへやってきた西銘沖縄県知事（当時）の勧めによるが、引退期を迎えていた二世たちも早くウチナーンチュ文化のシンボルが必要だと考えていた。さっそく建設しようという話にはなったが、連合会では毎年会長が変わるため、責任を持って建設事業を進めることができず、なかなか実行に移されなかった。そこで、1986 年、エド・クバ氏が沖縄会館を沖縄移民 90 周年までに完成させるという目標を掲げて、1986-87 年の連合会会長に就任する。

　エドとタッグを組んだのは第 1 回オキナワン・フェスティバルの成功で名を上げた熱い三世スタンリー・タカミネ氏らである。いよいよ 1987 年、ハワイ沖縄センター建設委員会が発足し、募金活動、そして建設用地及び会館のデザインなどの検討が始まった。募金活動は、ハワイ、そして沖縄に於いても行われ、沖縄には二世のアキラ・サキマ氏や帰米二世のジューン・アラカワ氏らも

赴き、募金活動を助けることとなった。サキマら二世が営々と築いてきた沖縄の人びととの人間関係、日英両語を解する帰米二世の日米文化に通ずる文化仲介能力、そして若き三世（といってもすでに30歳後半になっていたが）の情熱が連携をとった精力的な募金活動が沖縄やハワイにおいて展開された。まさに、私心を捨てたリーダーたちの奮闘の甲斐あって、1990年6月16日、総工費約900万ドル（約10億円）をかけたハワイ沖縄センターは落成する。

第二次ウチナーンチュ・ムーブメントでハワイと沖縄の関係深まる

　県人会館であるハワイ沖縄センターの完成には、ハワイの親族・知己のために浄財を投じた無数の沖縄県民、そして、自腹をきって募金にやってきた二世や三世の情熱を意気に感じ、心血を注いでかれらをサポートした沖縄県庁のO氏など役所の関係者や、滞在に便宜をはかった実業家などの協力があったのを忘れてはならない。

　沖縄県と県民全体からこの会館のために寄付された額は約200万ドル。総工費が900万ドルだから、ハワイと沖縄の関係の強さが伺える。ハワイの青い空にそびえる大ホールの赤瓦の一枚一枚に県民の「チムグクル」が込められているのだ。

　80年代のハワイ・ウチナーンチュはオキナワン・フェスティバルの開催と発展、ハワイ沖縄センターの建設という二大事業を成功させた。そしてその両方に沖縄が大きく関与していた。フェスティバルの資源（文化資源）は「沖縄」である（かぎかっこを付したのはあくまでもハワイのウチナーンチュが考える沖縄文化だからだ。厳密にいえば「日本」やアメリカ起源の文化も交じるが、少なくともウチナーンチュが行っていることに意味がある）。演目も、会場で売られる料理もお菓子も「沖縄起源」でなければならない。だから芸能文化も食文化も沖縄へ出かけていって学ぶことになる。とくに芸能の修得に出かける学生には連合会や同郷団体から奨学金が出る。

　いっぽう、会館の建設には上記のように総費用の2割以上の額が沖縄から寄せられた。フェスティバルスの開催も会館建設もハワイのウチナーンチュの団結と沖縄文化の維持・復興が目的であった。だからそもそもハワイのウチナーンチュの問題だったはずだ。それが結果的にハワイと沖縄の関係をいっそう深

めることになった。

四世へのバトンタッチ

　若かった三世も今日、多くが70歳代になった。リーダーたちはつぎの世代である四世以降のウチナーンチュを心配する年齢である。今日ハワイ社会は結婚するカップルの半数以上がいわゆる異民族婚である。沖縄系とて例外ではない。すでに三世の段階でみられた異民族婚はますますその数を増やしている。カップルのどちらかが沖縄系といえども生まれる子どもは「混血」であるというケースは今後さらに増加するだろう。それも、ハワイならではの、三つ以上の民族的背景をもつ子どもたちがふつうに見られようになるのである。リーダーたちは、こうした多民族的な背景をもつ子どもたちに「自分はウチナーンチュである」という意識を植え付けなければならないと考えている。そのために重要なのが村人会などの同郷団体である。筆者は同郷団体をエスニック・アイデンティティの孵化器（インキュベーター）であると考えている。というのは同郷団体の活動へ幼少の頃から連れて行った子どもたちの少なからぬ部分が沖縄芸能を習い、沖縄文化の担い手になっているからである。幼少期は無自覚的伝承的なエスニック文化の継承であったとしても、長じてから自覚的学習的にエスニック文化を修得することもあるし、おとなになってから自覚的に学習することもある。HUOAでは、各種スポーツゲームの催しなどを行い、少年少女の参加を呼びかけている。

ハワイ・ウチナーンチュの将来

　こうしてウチナーンチュ・アイデンティティを獲得した若者が少しずつだが増えている。そして同郷団体や連合会の次代を担うような若者のなかに、「自分はジャパニーズではない。オキナワンである」というものが出てきたことは注目に値する。オキナワンとはウチナーンチュのハワイ的表現である。ハワイでは沖縄系はひとつのエスニック集団であるという認識が進んでいるようにみえる。筆者は、三世リーダーたちの次世代への働きかけを観察しているが、「日系」の一員であることを自覚させる試みをしているところに接したことがない（「ハワイ・ローカル」というアイデンティティの教育はあるが）。したがって、ハ

ワイにおいては、オキナワンは、今後ますますひとつのエスニック集団としての認識が自他共に進むことであろう。ただ、楽観視はできない。混血が進むなかで、県人会への動員自体頭打ちの状態である。ハワイにおけるウチナーンチュの人口は4万人強といわれるが、その中で県人会の会員（すなわち同郷団体など各クラブの会員の合計）はおそらくその四分の一以下ではないか。たとえば、HUOAの機関紙 *Uchinanchu*（ウチナーンチュ）の発行部数が約1万部である。だから先ほどの「自分はオキナワンである」と自称する若者は数の上では少数派だ。むしろ自覚のない者のほうが多いだろう。

　さらに心配なことは、沖縄文化発展の有形の推進装置である県人会館の独立採算が難しい状態にあることである。前述のように、会館の建設に成功したことはリーダー層の快挙であるが、規模が大きいだけに維持費も膨大である。県人会の事業費は会館の維持費も含めると年間1億円近くかかる。したがって会館の有償の利用と、会員からの絶え間ない寄付が必要だが、所期の目標ほどには集まらないようである。

第三次ウチナーンチュ・ムーブメントの展開

　そこでハワイのウチナーンチュは第三次の運動を展開することにした。県人会が「ハワイ沖縄プラザ（HOP）」建設計画を打ち出したのである。まず、県人会館に隣接する土地約2400坪（360万ドル）を購入し、その土地にテナントビルを建設するというものである。そのビルに入る店や事務所のテナント料で、県人会館の維持費や県人会の諸活動費を安定的にまかなうというのが建設事業のねらいである。今日の進捗状況を建設責任者のG.タマシロに質したところ土地取得費用は前述のように360万ドル（約4億円）で、取得済み。建物の建設費用は520万ドル（約5億7000万円）。2017年10月現在約40％できあがっており、建設費用はあと450万ドル（約5億円）必要であるという。なお、センターは2018年4月に完成予定である（タマシロの娘で四世の活動家シャーリーの電子メール2017年11月3日付による）。

　80年代にハワイのウチナーンチュがこぞって展開した募金運動と同じ勢いの運動がまだ必要だ。すでに、世界のウチナーンチュの実業家のネットワークである「世界ウチナーンチュ・ビジネス・ネットワーク」（ＷＵＢ）や、沖縄

の「沖縄ハワイ協会」(高山朝光会長)も募金に協力している。

　ハワイのウチナーンチュ、特に同郷団体のメンバーたちは、沖縄の人びとを今も兄弟姉妹のように感じている。ハワイ沖縄プラザの建設に沖縄のウチナーンチュも「チムグクル」で応える時かもしれない。

参考文献

　白水繁彦・佐藤万里江(2006)「エスニック・コミュニティのリーダーシップ〜ハワイ沖縄系社会にみるエスニック文化主義の普及活動〜」『武蔵大学総合研究所紀要』No.15、2006年3月(pp.133-151)

概説

第2章 ウチナーンチュ・アイデンティティの覚醒運動
――だれが、どのようにしてエスニシティを創出したか――

1. 問題の所在

　本章で取り上げる主な舞台は1980年代のハワイの沖縄系社会（オキナワン・コミュニティ）である。

　なぜこの時代か。前述のように、1980年代のハワイのオキナワン・コミュニティは、オキナワン・フェスティバルという、後にハワイにおける最大の民族祭（ethnic festival）に発展する大イベントを創造し発展させる一方、ハワイ沖縄センター Hawaii Okinawa Center という豪壮な会館の建設プロジェクトをも成功させた。こうしたオキナワン・コミュニティ自身の大々的な活動を日系・沖縄系のエスニック・メディア、主流メディアが取り上げることによって、ハワイの多くの人びとの知るところとなった。こうして、それまで日系人（Japanese）というカテゴリーのなかで、いわば埋もれていたオキナワンという存在が、表に出てきた。オキナワン・コミュニティの人びとのなかには、この活性化の過程でアイデンティティの変容を起こしたひとが少なくない。その結果、自分のことを「私は日系人ではない、オキナワンだ」と主張する人が出てきた。かつては、オキナワンはナイチ（日本本土出身者）に差別されながらも、日系人（Japanese）であると自覚していたし、そうあろうと努力していた。そのことを知る人から見たら驚くべき変わりようである。それはとくに1990年代以降顕著になった現象である。そして、今日、それまで異民族婚と思われていなかったナイチとオキナワンの結婚を異民族婚 intermarriage すなわち inter-*ethnic* marriage であると捉える人が出て来た。つまり、今日、ハワイではオキナワンをひとつのエスニシティに裏打ちされた存在としてとらえる人が増えてきているのである。エスニシティとは、長期にわたる民族的紐帯の結果形成される民族性または民族的帰属意識（帰属状態）である。

この、新たなエスニック・グループの誕生という大きな社会的出来事はだれによって、どのようにしておこされたのか。これがわれわれの本稿での問題意識である。
　本稿の目的は、第1に、1980年代のコミュニティ活性化の実態を記述すること。第2に、そうした活性化を担ったアクターの誕生の過程と諸活動を明らかにすること。第3に、こうした運動が起こった歴史的な背景を明らかにすることである。
　ところで、移民はそのほとんどが先祖伝来の文化を携えてやってくる。すなわち着物のデザインや素材、食べ物の嗜好やその材料、居室の設備やアレンジといった衣食住にかんする生活文化、独自の芸術・芸能・スポーツ、そしてかれらが「常識」と思っているかれらなりの価値観と、そこから生ずる規範といったものすべて、もしくはいずれかをもって新天地へやってくる。こうした、かれらが持ってきて新天地でも行っている文化をエスニック文化と呼ぶ。
　エスニック文化はその集団の中だけで（しばしば本人が幼少時に）無自覚的に継承される場合がある。このように無自覚的にエスニック文化を受け継ぐことを「**エスニック文化の無自覚的継承**」という。いっぽう自覚的にエスニック文化が学ばれる場合がある。これを「**エスニック文化の自覚的学習**」という。エスニック集団の人びとがエスニック文化を学ばなければならない、と考えるということは、すでにそこにある種のイデオロギーが存在する。自分たちエスニック集団の文化はこうあるべきだとか、こうしたことを学ぶべきだという理想型が、個人によってそのイメージは多少異なっても、ともかく存在する。エスニック文化の自覚的な学習は、個人が自らなんらかの動機付けのもとに始めることもあるが、世代交代を控えた年長世代や年少世代の中の先覚者によるエスニシティ覚醒運動という集団内の活動をとおしてなされることもある。むろんそうした運動の契機は集団内の事情だけではなく、マジョリティ（主流社会）や他のエスニック集団との関係で生まれてくることがふつうである。その意味ではエスニック文化の自覚的学習はエスニック文化の無自覚的継承とは異なるレベルにあるといってよいだろう。
　このように、自らの民族文化を学び、エスニック・アイデンティティを追求すべきであるという考え方をとくに「**民族文化主義**」（ethnoculturalism）という。

民族文化主義を定義的にいえば、「エスニック・グループの人やその子孫はエスニック・アイデンティティ（民族的自覚、同胞意識）を確立し、エスニック文化（民族文化）の継承、発展に寄与すべきであるという考え方や主張」である。かつてはエスニック文化主義と呼んでいたが（白水, 2008, 6）、より英語的表現であるエスノカルチュラリズムに改め、日本語訳を民族文化主義とした。ともあれ、これは一種のイデオロギーであるが、その基盤には、自分たちはどの民族にも劣らないとするプライドと、それを裏打ちするとかれらが信ずる、独自の言語・芸能・スポーツ・信仰・食慣習を含む生活様式などの「文化シンボル」が存在するのが一般的である。民族文化主義を海外ウチナーンチュに即して名付ければ「**ウチナー文化主義**」（Uchina-culturalism）と呼ぶことができる。ウチナー文化主義とは、「沖縄系の人やその子孫はウチナーンチュであるというエスニック・アイデンティティ（民族的自覚、同胞意識）を確立し、沖縄文化の維持、発展に励むべきであるという考え方や主張」ということになる。

2．3回にわたるウチナーンチュ・ムーブメント

　筆者のみるところ、ハワイのウチナーンチュ社会（オキナワン・コミュニティ）はこれまで3回にわたってオキナワン・コミュニティ全体を巻き込む大運動を経験した。**第一次ウチナーンチュ・ムーブメント**は1940年代後半の「母県救援キャンペーン」である。日米両軍が激しく戦い〝焼け野が原〟と化した沖縄の窮状を救おうと、第二次大戦後ハワイのウチナーンチュは大同団結、550頭の種豚や700頭の搾乳用山羊を含む膨大な物資を沖縄に送った。この運動を主唱したのは米兵として沖縄の惨状を目の当たりにした帰米二世のタロウ・ヒガ（比嘉太郎 1905-1984）と、その報に接し心を痛めた一世と、当時若かった二世のリーダーたちである。

　第二次ウチナーンチュ・ムーブメントは1980年代の、オキナワン・フェスティバルの創始やハワイ沖縄センターの建設に代表される「ウチナー文化主義の普及運動」である。これはすなわち、民族文化主義のオキナワン・コミュニティ内外への普及を企図したキャンペーンである。この大運動が本稿の分析対象である。この運動を担った世代は当時の三世を中心とした若者と、それを脇から

支えた二世の引退したリーダーである。

　第三次ウチナーンチュ・ムーブメントは2005年から始まったオキナワ・プラザ建設キャンペーンである。これもやはり10年単位のプロジェクトで、ハワイ沖縄センターに隣接する一画に商業施設を建設し、そこで得られるテナント料などをハワイ沖縄センターやハワイ沖縄連合会 Hawaii United Okinawa Association = HUOA（沖縄県人会のこと）の維持・運営費にあてようというものである。必要とされる金額からいっても、ハワイ沖縄センターの建設に勝るとも劣らない巨大プロジェクトである。そのためにハワイオキナワン・コミュニティ内外から膨大な寄付を募る必要がある。第一次、第二次の運動の例にならえば、この第三次の運動を主導するのは四世の若者で、それを脇から支えるのが三世の引退したリーダーであるはずだが、実際には三世たちが中心となって担っているようにみえる。前述のようにアメリカも三世の世代はベビーブーマーであり、いまや本業をリタイアした人が多い。

　筆者は幸運にも1970年代末に、ハワイオのキナワンコミュニティのキーパーソンともいうべき二世のアキラ・サキマ（佐喜眞彰 1918-2007）と出会い、サキマ夫妻およびその家族を介して大勢のハワイや沖縄のウチナーンチュと知り合った。それから30有余年、膨大な数のウチナーンチュとつきあい、かれらから様々なことを学んだ。したがって、本稿のデータの多くはリアルタイムでの交際をとおして得られたものであり、いわば長期にわたる参与観察の成果である。

3．ハワイのウチナーンチュ・ムーブメント

　前述のように、本稿で筆者は、エスニック集団が民族文化主義に目覚めそれをエスニック・コミュニティの内外に広めた事例として、ハワイの沖縄系住民の活動、なかでも第二次ウチナーンチュ・ムーブメントを取り上げる。この活動を取り上げるそもそものきっかけは、数ある日系団体の中でも沖縄県人会の活動が群を抜いて活発であるということを、南北アメリカの日系人の諸組織のフィールドワークに従事しているうちに気づいたことである。そしてそのなかでもハワイのそれは単なる県人会活動というよりは一種の民族運動の観さえ呈

していると感じたのである。筆者はこうした活動を「ウチナーンチュ・ムーブメント」と名付けた。そしてその典型が第二次ウチナーンチュ・ムーブメントというわけである。ハワイのオキナワン・コミュニティの中ではそれなりの成果をあげたこの運動は、いっぽうでハワイ社会全体の文化にも一定の影響をおよぼしつつある。すくなくとも運動のリーダーたちには、沖縄魂（ウチナーンチュ・スピリット）や沖縄の文化をハワイの多くのひとに共有してもらおう、ハワイ文化のアイテムのひとつとして付け加えていこう、というもくろみがあったようである（白水, 2008, 3-24）。

いま、運動のリーダーという語を用いたが、本稿で筆者がエスニック・リーダーという場合は、主として、80年代の約10年の間にHUOAの会長や幹部、そしてHUOAの傘下の同郷団体（市町村人会）の会長や女性団体フイ・オ・ラウリマ（後述）の幹部などのフォーマル・リーダーを指す。その数、ざっと見積もっても50人は下らないが、なかでも筆者は、80年代の初期にフェスティバルの創始や会館建設プロジェクトに献身的な活動をした約20人を中核的エスニック・リーダーと考えている。かれらを特に「火の玉リーダーズ」と呼ぼう。かれら火の玉リーダーズの多くは、活動開始時30代前半から40代前半の働き盛りの三世で（一部若い二世が含まれている）、「本業」は連邦政府や州政府の上級職であったり、弁護士、建築家、実業家など、いずれも有能な専門職従事者であった。

なお、エスニック・リーダーの仕事は結果的に自らのエスニック・コミュニティ（この場合はオキナワン・コミュニティ）や大状況としての社会体系（この場合はハワイ）の文化変容に結びつくことが多い。したがって、かれらは変容エージェント transformative agent の一種である。変容エージェントはエスニック・コミュニティやローカル・コミュニティに限らず、ある特定の社会や集団の文化変容にかかわる、より広い概念である（本書2～3頁参照）。

（1）ハワイのオキナワン

ところでハワイの沖縄系の人たちは自分たちをオキナワン（Okinawan）とかウチナーンチュ（Uchinanchu）と呼ぶ。近年はウチナーンチュと呼ぶ人が増えてきた。じっさい、オキナワンは英語的表現で、英語圏での使用なら問題ない

が、「母県」沖縄や南米の沖縄系の人びととの交流が頻繁になってくると必ずしも適当な言葉ではない。いっぽう、ウチナーンチュはウチナーグチ（沖縄語）で「おきなわ・の・ひと」という意味だから、この語を使えば、世界中どこでも沖縄系の人びとを指す言葉として問題が少ない。ハワイや南北米の沖縄系の人びとがそのような意識でウチナーンチュという語を用いているかどうかは定かでないが、本章ではオキナワンという語とウチナーンチュという語の両方を用いる。ただし、オキナワンという場合は「ハワイや米本土の」ウチナーンチュというニュアンスがある。両者とも沖縄県出身者もしくはその子孫という意味で用いる。沖縄では日本「本土」の日本人・日系人のことを「ナイチ」や「ナイチャー」（内地の人）と呼ぶことがある。こうした呼び方は海外のオキナワ・コミュニティでも踏襲されている。さらに海外では、琉球史や沖縄県史の学習が進んだ人のなかに、日本本土のことを「ヤマトゥ」（大和）、日本人を「ヤマトゥンチュ」（やまと・の・ひと）という人もいる（ナイチャーより、やや丁寧なニュアンスがある）。筆者の観察では、こうした用語を使用する人は80年代後半から90年代前半にかけて急増したような印象がある。すなわち、第二次ウチナーンチュ・ムーブメントの高まりとともに増加したといってよいだろう。

　ではハワイのオキナワンはどれくらいいるのだろうか。アメリカ商務省の国勢調査（2010年）によれば、ハワイ州全体の居住人口は約136万人である。国勢調査の際、出自の人種民族をひとつだけあげた者（つまり純粋）の人数の上位8位までを見ると、第1位は白人系33.6万人（24.7%）、2位はフィリピン系19.7万人（14.5%）、日系は3位で18.5万人（13.6%）、4位は先住ハワイ系8万人（5.9%）、5位は中国系5.4万人（4.0%）、以下、コリア系2.4万人（1.8%）、黒人系2.1万人（1.6%）、サモア系1.8万人（1.3%）の順となっている（なお、ここで先住ハワイ系というのは先住ハワイ人の子孫という意味である。またコリア系というのは朝鮮半島出身者および、その子孫という意味である）。

　このなかで先祖が沖縄県出身者である場合、彼らをオキナワンとしてひとつのエスニック集団として扱うと彼らは8位のなかに入ってくる可能性がある（全員が自らをオキナワンであると自己申告するかどうかは別として、統計的には沖縄系は4万人以上の人口を擁すると思われる）。

　このオキナワンは日系社会のなかでは広島県、山口県に次いで3位を占める

大集団であるが、1900年に最初の沖縄県からの移民がハワイに到着してから第二次大戦後までずっと周辺的なあつかいを日系社会の多くの人（ナイチ）から受けてきた。とくに戦前はひどい差別を受けたといわれる（白水・鈴木, 92-94）。そして、オキナワンの人たちもなんとなく劣等感をもったり、自分たちのエスニック文化に自信をもてない時代が続いたという（新垣, 1998, 22-26）。

　それが1980年代の半ばあたりから大きく変わり始める。内輪でしか楽しむことのなかった沖縄音楽や舞踊、料理を他のエスニック集団の人びとに見せるようになる。それまであまり関心を示さなかった沖縄系の若い人や老人の中に沖縄の伝統文化を学習する人が目立って増えてくる。いっぽうナイチや他のエスニックの人たちもオキナワンにたいして一目置くようになった。ナイチ系の若い人の中にはオキナワンをマイナスのイメージではなく、対等もしくはプラスのイメージでとらえる人が増えてきた。それと前後してオキナワンの三世や四世など若い層のなかに自分たちを「日系人（ジャパニーズ）ではない、オキナワンである」とはっきり独自のエスニック・アイデンティティを標榜する人が増えてきた。

　こうした変化はどうして生じたのか、どのようなメカニズムで起きたのだろうか。筆者はハワイにおけるフィールドワークの結果、ウチナーンチュ・ムーブメントのなかで、ふたつの顕在的な活動を見いだした。それは沖縄文化祭（オキナワン・フェスティバル）と、沖縄文化会館（ハワイ沖縄センター）という文化運動推進装置の創出である。これらの活動を分析的に追いながらオキナワン・コミュニティの活性化の秘密に迫りたいと思う。

（2）オキナワン・フェスティバル

　オキナワン・フェスティバルはHUOA（ハワイ沖縄連合会）の主催で毎年行われる大々的な祭（イベント）で、2017年まではワイキキのカピオラニ公園を借り切ってレイバーデイ週末（9月初旬）の土曜・日曜の2日間行われてきた（2018年からはハワイ・コンベンションセンターで開催との情報もある）。1982年の開始時にはアラモアナのマッコイパビリオンで小規模に行われた。そのときの参集者は約4000人といわれる。その後参加団体も観客も増加したので手狭になり、ダウンタウンのトーマススクエアという公園に移転する。だがここもす

［写真-1］オキナワン・フェスティバルのオープニング：市町村人会の旗の前でパーランクー
（2015年9月4日、ホノルルにて、白水撮影）

ぐに手狭になる。実際、筆者は1985、86年のトーマススクエアでの祭に参加したが、あまりの人出に身動きがとれないほどであった。そこで観光客をはじめオキナワン以外の人にも開かれた祭にするために、1990年、いよいよワイキキの大公園に進出したというわけである。近年は2日間で4万から5万人の観客を集めるハワイ有数のイベントに成長した。琉球舞踊や沖縄民謡、武道の演舞などのパフォーマンスが、公園に常設されているステージで2日間終日演じられる（写真-1）。いっぽうそれを取り囲むように無数のテントが張られ、そのなかには沖縄文化の紹介や沖縄から輸入された物産即売、記念ティーシャツ販売のテントがあり、そして大人気の沖縄料理のテントも多数並ぶ。とりわけ、「足てぃびち」と呼ばれる豚足のはいったスープやオキナワン・ドーナッツと呼ばれる「アンダーギー」（表紙の写真参照）などのように、長い列ができて買うのもひと苦労というものもある（白水, 2008；佐藤, 2008）。ショーを見

たり聴いたり、食べたり飲んだりでき、おみやげに沖縄物産も買って帰ることができる。芸能教室に属していればステージで出演もできる。もちろん沖縄の歴史や文化もカルチュラル・テントで勉強することができる。丸ごと沖縄を楽しみながら沖縄文化に浸ることができるようになっているわけだ。

　ショーは2日間で30前後の団体が出演するし、ステージを取り囲むように並んでいる約30におよぶテントで働く人の数も膨大である。なんとこれらはすべてボランティアで、2017年、第35回目の祭の場合、延べ2000人以上が出演したり働いたりしたという。かれらの多くはハワイ沖縄連合会を構成する50のメンバークラブ（市町村人会など）から自薦他薦で出てきた人材である。みんなクラブお揃いのティーシャツやハッピなどを着て、凝集性を高めると同時に社会的ステータスをわかりにくくしてある。ボランティア活動は一市民の立場で参加するのである。これまでの例だと、副知事が油まみれになってアンダーギーを揚げていたり、州の議員の奥さんが広場でパーランクーという小太鼓の踊りの一団で汗を流しているなどという例も見られた。みんなオキナワンもしくはその友人・知人が参加しているのである。ちなみに、筆者のように毎年のように参加する非沖縄系の人はある時期から「心はウチナーンチュ」（Uchinanchu-at-heart）と表現されるようになった（後述）。

　ともあれ、ここでの収益すべてがハワイ沖縄連合会の本部や各メンバークラブへ寄付され年間の活動資金の一部となる。ちなみに、筆者が所属しているクラブ（同郷団体）である宜野湾市人会（Ginowan Shijin Kai）のメンバーが買った前売り券（50セント単位でミシン目が入れてあり、祭の当日現金の代わりに使う）の総額は1万ドルを軽く超えたようだ。このうち70％が本部に行き、30％が宜野湾市人会へ来る。この割合はハワイ沖縄連合会で決められており、他のクラブの売上についても同様である。宜野湾市人会はハワイ沖縄連合会を構成する50のクラブのひとつで、沖縄県宜野湾市出身の先祖をもつ人びとの親睦団体である。活動的なメンバーだけでも100人は軽く超えるので、クラブのなかでも大規模なだけでなく、存在自体がかなり目立つ同郷団体である。宜野湾市人会は毎年、アンダーギーの製造販売を受け持つので有名である。アンダーギーは数あるフェスティバル・フードのなかでも最高の人気商品のひとつである。

1）帰属意識や凝集性を高める

　オキナワン・フェスティバルは制度化されているから社会的な機能を持っている。社会的機能は主催者が意図する、意図しないにかかわらず、その制度（フェスティバル）が結果として果たしている社会的な役割である。ここで、主催者である変容エージェント（以下エスニック・リーダーという）の意図もチェックしながらオキナワン・フェスティバルの機能を分析してみよう。

　第1に、オキナワンとしての自覚を強め、凝集性を高める機能をもつ。これについてはフェスティバルの創始者たち（火の玉リーダーズ）も部分的に意図した機能である。ボランティアとしていっしょに働くことで仲間意識を確認する。観衆はわざわざ見物に行き、同胞が演じているショーを楽しむ。そして大勢の観客が来ていることにオキナワンとして誇りを感じる。こうしたことを毎年繰り返すことでオキナワンであるという意識を確かめ、また団結を強めていく。

　また、大観衆をまえに演じる側は晴れがましさと喜びのなかで沖縄文化の担い手としての自覚を深める。明日からの稽古にも力が入るというものである。そして技が上達すると自信が生じ、オキナワンであるという自覚が自信によって裏打ちされる。また観衆に大勢のオキナワン以外の人々がいるのを目の当たりにして舞台の上のオキナワンも観衆としてのオキナワンも沖縄文化にたいする自信を深める。もう内輪で楽しむだけの文化ではないのだ、だれにでも堂々と披露して恥じることのない文化なのだとの思いを抱く。

　これに関連して秀逸なエピソードがある。オキナワン・フェスティバルが初めて開催されたのは1982年であるが、第1回目からアンダーギーは売られていた。このアンダーギーは古くから沖縄では最もポピュラーなおやつのひとつである。沖縄移民はハワイに来てからも折々につくって楽しんだ。だが、それはあくまでもウチナーンチュの中だけで食べるもので他のエスニック集団やマジョリティの人たちに薦めるようなものではないと思われていた。

　ところが、オキナワン・フェスティバルが開催されるようになってしばらくして、ある日、州政府の建物のなかの職員の休憩室のテーブルの上にいくつかのおやつにまじってアンダーギーが置かれていたのである。いまだかつて州政府のようなハワイのマジョリティや各エスニックの人びと集まっているところ

にアンダーギーが持ち込まれることはなかったという。そこにだれかが持ってきた。オキナワンの職員かもしれないし、他のエスニックの人がオキナワン・フェスティバルで買ってみておいしかったので持ってきたのかもしれない。そしてそれが好評だったらしくすぐになくなってしまった。以来、オキナワンの職員たちは、なにはばかることなく休憩室にアンダーギーを持ってくるようになったという（ゲイリー・ミジョウへのインタビュー、1994年9月2日）。筆者は、休憩室に持ち込んだのはエスニック・リーダーの一人であると考えている。というのは当時最も活動的なエスニック・リーダーたちの何人かは州政府や連邦政府ハワイ支局の要職にあったからである。

　ともあれ、役所だけでなく、オキナワン以外の人が集まる場にもアンダーギーやほかの沖縄菓子が持ち込まれるようになる。こうしてそれまでハワイのマジョリティからは目に「見えない文化」であったアンダーギーをはじめ沖縄の食べ物が、ハワイの食文化の一項目として加わる兆しをみせてきた。同様のことがほかの文化領域、たとえば武道や沖縄芸能の分野にも見られるようになってきた。要するに、「内輪の文化」から「公共の文化」への移行のきっかけのひとつがオキナワン・フェスティバルではないかと思われるのである。

2）伝統芸能の伝承

　オキナワン・フェスティバルの機能の第2は、伝統芸能の伝承である。これはフェスティバルの創始者たちが明確に意図していたことである。オキナワン・フェスティバルはビッグ・イベントであるために、沖縄本土から大師匠はじめ社中の一行が応援に駆けつけることがある。ふだんはハワイでのセンセイが稽古をつけてくれるのであるが、こうした晴れ舞台にはセンセイのセンセイすなわち大師匠がわざわざ弟子を連れて参加し、合同で舞台に立ってくれる流派も少なくないのである。じっさい筆者もいくつかの古典舞踊と武道のパフォーマンスが、沖縄本部からの一団とハワイ支部の孫弟子集団の合同で行われるのを毎年楽しみにしている。ともあれ注目しなければならないのは、ハワイの芸能・武道の制度がいまだに沖縄と密接に繋がっているということである。

3）基金集め

　オキナワン・フェスティバルのだいじな機能の第3は、基金集め（募金）である。これもフェスティバルの創始者たちが意図した機能である。オキナワン・フェスティバルは基金募集の主要な機会である。アメリカ人は非営利団体のための募金がとてもじょうずな人たちだと思うが、ハワイのオキナワンはこの点でもみごとにアメリカンである。年によって若干の違いはあるが、この祭は2日で60万ドル前後を売り上げ、材料費などを除いた収益は10万ドル前後にのぼるとみられる。前述のように、この売り上げの多くが、HUOA傘下の町人会や村人会などの50のクラブによる前売りのクーポン券（祭の当日お金の代わりに使うことができる）の販売に拠っている。収益の配分の仕方については先述のとおりである。

　ともあれ、上記のような重要な機能をもたせながら、基金も大いに稼ぐというのはいかにもスマートなやりかたである。こうしたやり方を考え出したり（開発）、実行していったのが当時30代から40代前半の若きエスニック・リーダーたちであった。リーダーシップという点で注目すべきは、社会経済的な階層の高い、現役のエリートがじつに骨惜しみすることなく連合会のために働くことである。象徴的なのはハワイ沖縄連合会の歴代の会長の年齢である。かれらは他の日系団体の会長などに比べるとかなり若い。最近でこそ60代の人が会長職に就くこともあるが、2000年くらいまでは40代の人が就くことも珍しくなかった。しかも前述のように、州や郡政府の高官であったり、弁護士であったり、実業家であったり超多忙なはずの人が選ばれているのである。その意味で会長の選択の基準は業績主義である。このような地域親睦会の名誉職に若い超多忙な人を抜擢するというのは日系の団体としては異例中の異例である。こうしたリーダーシップのありかたが今日のハワイのオキナワンの大きな存在感（プレゼンスの大きさ）をもたらしている理由のひとつであるというのが筆者の見解である。ハワイ沖縄連合会の会長などのフォーマル・リーダーですら若いのであるから、80年代にかれらを助けたインフォーマル・リーダーたちはさらに若かった。むろん、若いリーダーだけで、これだけの大きな行事を長期にわたって続けることはできない。名前を出すことを極端に嫌う二世の旧リーダーたちの陰の助力と、2000名以上におよぶオキナワンのボランタリーな協

力が、オキナワン・フェスティバルの隆盛の背後にあることを忘れてはならない。

今日、オキナワン・フェスティバルはハワイの風物詩としてすっかり定着している。その意味で典型的な「創造された伝統」（第３章参照）である。ボランティアたちも毎年、クラブ（市町村人会）の新年会やピクニックのときに自分のシフトの日時を登録しておく。日時によっては人数が足りないシフトも出てくる。その場合はクラブの会長（大きなクラブの場合はボランティア募集係がいる）がメールや電話で声をかける。手順はすっかりルーティーン化しているといってよい。

（３）ハワイ沖縄センター

オキナワン・フェスティバルを無形の文化運動推進装置だとすれば、有形の文化運動推進装置のほうはハワイ沖縄センターという巨大な県人会館がそれにあたるだろう。1990年に完成したこの施設は敷地総面積3000坪（108000 sq ft）で建物の巨大さ豪華さは日系の一県人会が造ったとはとても思えないほどのスケールである（写真-2）。メインの建物はテルヤ・パビリオンと呼ばれ、立食なら1200人、テーブル席でも900人が収容できるほどの巨大さである。この会館建設のために集められた寄付が900万ドル。当時の日本の価値にすると10億円以上になる。外観は屋根の赤い沖縄瓦が白っぽい壁とのコントラストを見せて上品な沖縄らしさを出している。広い中庭は日本の高名な学者の設計による沖縄式の庭園になっている。庭園をはさんで2階建ての88坪の別棟があり、そこは図書館やハワイ沖縄連合会の事務所として使われている。事務所には常勤の職員が働いており、仕切っているのは専務理事である。これまで何人か専務理事が交代したが、いずれもハワイにゆかりのある有能な人が選ばれる。専務理事として2000年代の初めまでは現役の弁護士なども選ばれたが、近年は引退した公務員などが選ばれている。

テルヤ・パビリオンのなかに入ってみよう。前述のように広大な部屋である。このホールには巨大なステージも付いている。このホールはハワイ沖縄連合会の様々な会合に使われるが歌舞音曲の練習、発表会にも使われる。また他の団体にも有料で貸し出される。ステージは芸能や武道などのパフォーマンスその

［写真-2］ハワイ沖縄センター　正面の威容（2001年8月、オアフ島にて、白水撮影）

他いろいろな使いみちがある。

　ホールの壁面は、寄付者の名前を刻んだプレートが所狭しと貼り付けてある。このプレートは、寄付した額によって大きさが違う。B5版くらいの大きさのもので数千ドルの寄付、B4版くらいになると1万ドルを越す額になる。これくらいのプレートがずらりと並んでいる。興味深いのは刻まれた名前である。企業名が意外に少ないのである。ほとんどが家族名である。しかも実際は二、三世がお金を出しているのに、おじいちゃん、おばあちゃん、すなわち一世の名前を刻むという例が多いのである。これは親孝行という徳目がハワイのオキナワンの人たちに強く残っていることを示している。

　外に出てみよう。会館の入り口のところに大きな金属板が2枚並んでいる。ひとつにはハワイ沖縄連合会を構成する50のクラブの名前が刻まれている。ほとんどが市町村人会（同郷団体）である。戦後に連合会になる前まではこれら村人会だの字人会だのが独立の組織だった。いまは支部になっているが、実質的にはいまもってオキナワンの親睦団体として貴重な拠り所のひとつである。もう一枚にはハワイ沖縄センターの由来が刻んである。これによると、この会館建設が連合会総会で決定されたのは1980年のことだった。沖縄移民80周年の年にあたる。それから10年かけてお金が集められ、建設がなされたことになる。

　もともと「県人会館を造ったらどうか」と主唱したのは当時の沖縄県知事西銘順治であるといわれるが、そのこともあって沖縄県政府や県民から莫大な寄

付が寄せられた。寄付の要請のため沖縄県へ何度も出向いて寄付を募った人びとの中には、むろん主唱者である若きエド・クバなどの二世・三世のエスニック・リーダーがいたが、ほかに、かつてのリーダーで既にフォーマル・リーダーの地位から降りていた二世のアキラ・サキマ（前述）やジューン・アラカワがいた（二人とも先年逝去された）。三世のリーダーは基本的に日本語やウチナーグチ（沖縄語）が不得手である。そこで二世の旧リーダーに援助を求めたのである。アキラ・サキマは終戦直後、沖縄に700頭の搾乳用のヤギを運んだボランティアのうちのひとりであり、その後、ハワイ州下院議員として何度も沖縄を訪れて親交を深めていた関係上、当時の沖縄の政財界の人びとから絶大な信頼を得ていた。サキマはこのころ60代の半ばですでに下院議員は退職していた。英語が母語だが、日本語やウチナーグチも比較的上手に話すことができた。一方、役所に提出する文章やフォーマルな挨拶ができたのがジューン・アラカワである。このころ60歳前後であった。彼女は戦前ハワイで生まれ、教育のために日本へ送られ、東京の高等女学校を終え戦後すぐにハワイに帰ってきた帰米二世である。帰国後、すっかり忘れていた英語を徹底的に学び直し、正規のライブラリアン（図書館司書）として就職したという克己心の強い、聡明な女性である。かれら旧リーダーと若い三世の新リーダーのコンビの度重なる訪沖（沖縄訪問のこと）は大成功をおさめ、沖縄から2億円以上の寄付を得ることができた。

　この事実は、熱意あるエスニック・リーダーといえども、父祖の地の人びとと重要な交渉事をする場合は信頼関係と高度の言語能力が不可欠であるということを物語っている。第三次のウチナーンチュ・ムーブメントの目玉であるハワイ沖縄プラザの建設にもハワイ沖縄センター同様、10億円規模の費用がかかるが、沖縄県からの寄付集めは期待通りに行っていないようだ。むろん、日本のバブル前夜の寄付集めと現今の不況時の寄付集めでは条件が違い過ぎる。そうしたことも背景にあるのであろう。

　ところで、巨額の寄付を内外のウチナーンチュ・コミュニティから集めたハワイ沖縄センター建設プロジェクトであるが、最初から順風満帆というわけではなかった。建設費調達の目処が立たなかったからである。そのことは、発議されてから竣工まで10年を要していることからも窺い知れる。建設計画がよう

やく軌道に乗るのは、1980年のリーダーシップ・ツアーで心に火がついた若者たちが本格的に参画してからである（後述）。オキナワン・フェスティバルを年々大きくしていたかれらには自信があったし、なにより熱意にあふれていた。かれらは単なるリーダーではなく、民族文化主義を同胞の間に普及しようと企図していた（白水，2008a）という意味で正真正銘のエスニック・リーダーであった（第7章エド・クバ参照）。

　かれらは、この会館の建設の基本的モティーフを「一世の恩に感謝しよう」「おかげさまで」(Okagesamade = I am what I am because of you)ということにした。お父さん、お母さん、おじいちゃん、おばあちゃんのおかげで今われわれはこの暮らしができる。ハワイのおかげでこの生活ができる。感謝の気持ちを忘れないようにしようというのである。だから、日本語とハワイ語と沖縄語で「ありがとう」という意味のことばが最後に並べて刻んであるわけだ。

　以上、オキナワン・フェスティバルとハワイ沖縄センターというウチナーンチュ・ムーブメントの有形、無形の文化運動推進装置を紹介してきた。県人会のなかでは相対的に結束の固かったハワイのオキナワンであるが、80年代には祭の企画・運営そして発展をなしとげ、さらに会館のための募金と、極めて目立つ活動をするようになった。この80年代の10年間のオキナワン・コミュニティの熱気は、70年代末から30年間通った筆者にとって、毎年、驚きの連続であった。こうした熱気は若い三世を中心としたエスニック・リーダーによって牽引されたものである。ではこうしたエスニック・リーダーはどのようにして誕生したのか。

4．エスニック・リーダーの誕生

　第一次から第三次にわたるウチナーンチュ・ムーブメントをみても、沖縄とハワイのオキナワン・コミュニティの繋がりは長きにわたる。今日、とくに、沖縄県の芸能・武道の団体とハワイの団体との交流は盛んになるばかりである。ただし沖縄県からの指導という関係が圧倒的に多いようである。また、ハワイ沖縄センター建設に際しては県民の浄財や県の公的資金から多額の寄付を仰いだ。このように、現在では沖縄県からハワイへという金銭的、技術的流れが見

られるが、第一次ウチナーンチュ・ムーブメントの折、すなわち戦後しばらくは一方的にハワイやアメリカからの持ち出しだった。あの脱脂粉乳の寄贈をはじめ、衣類や食料など必要物資が大量に日本全土に届けられた。敗戦で貧乏のどん底だった日本人はこれでどれだけ助かったか（団塊の世代やその上の世代が今日あるのは戦後のララ物資などの救援物資のおかげという部分も少なからずある）。日本人はアメリカ人から送られてきたと思っているのであるが、物資のかなりの部分が日系人からの寄付なのである。ハワイや米本土の沖縄系の人たちも沖縄や日本本土に向かって自分たちの骨身を削って送った。

　このことを沖縄の人たちは忘れていなかった。自分たちはハワイやアメリカの人にお世話になった、とくにハワイのウチナーンチュには大いに助けられたという気持ちがあるのである。「おかげさまで」という感謝の気持ちはウチナーンチュに特に強い。そこで1980年、沖縄県市町村の首長たちはハワイ沖縄移民80周年の折に、UOA（United Okinawan Association。のちのHUOA　Hawaii United Okinawa Association）推薦の若者を沖縄に招待する。この、若干の若い二世を含む、ほとんどが三世からなる35名が12日間ほどの「研修旅行（リーダーシップ・ツアー）」で、すっかり「生まれ変わって」帰国する。なかには物見遊山気分で出かけた者もいたのであるが、親戚の大歓待をうけ、県市町村の首長に会見し、専門家に沖縄文化の講義を聞くという、生まれて初めてといってよいVIP待遇をうけていくうちに「沖縄系であるということはこんなにいいことなのか」と思い始める。そして「心に火がついた」のである（その時参加したG. ミジョウの言葉。1994年9月2日および2008年8月30日インタビュー）。はっきりと自分はオキナワンであるとの自覚をもったのはむろんのこと、在沖中に感じた「ウチナーンチュ・スピリット」をハワイの仲間に伝えたい、ハワイのオキナワン・コミュニティのために働こうという決意を胸に帰還したのである。若きエスニック・リーダーたち誕生の瞬間である。

　帰ってきたかれらは早速「ヤング・オキナワンズ・オブ・ハワイ」Young Okinawans of Hawaii=YOHという主に三世からなる組織を結成し、次々と各市町村人会（ハワイ沖縄連合会のクラブ）の会長に就任し、コミュニティをリードしはじめる。ちなみに1981年からの3年間、連合会の会長（president）は、いずれも「リーダーシップツアー」帰りの三世であった（新垣, 1998, 31）。そ

してかれらが中心となり、1982年、先述のオキナワン・フェスティバルを開始するのである。これはかれらが研修期間中に見た「那覇まつり」からヒントを得たものである。大綱引きがメインイベントの勇壮な祭である。参加した市民が信じられないくらいに興奮していた。大変な盛り上がりだった。リーダーシップ・ツアーで研修を受けた若者のなかのとくに元気のよい若者がこれをハワイでもやろうと思い立つ。第1回リーダーシップ・ツアー参加者の一人で後に連合会（UOA）会長になるゲイリー・ミジョウによれば、「みんなで祭をつくっていこう。祭をつくりあげることでオキナワン意識を高めよう。参加することでオキナワンの自覚をもってもらおう。そしてこの祭をほかのエスニックの人たちにも見てもらおう。エンジョイしてもらおう。オキナワンの文化のすばらしさを知ってもらおう」というのがかれら火の玉リーダーズが掲げた目標であった（白水，2008a）。

5．エスニック・リーダーの成功要因

　1980年代初頭のオキナワン・コミュニティは、50年代から60年代にかけて高潮したアフリカ系アメリカ人の公民権運動に端を発するマイノリティ覚醒運動の影響などを受けて、自らのマイノリティ性に気が付いていた。第二次世界大戦前は白人支配層からだけでなく日系社会のなかでも差別を受け、自分たちの文化に自信をもてないような日々を過ごしていたが、もはやいつまでも日系社会のなかで風下に立つような存在ではない、と多くの人が気付いていた。すでに揮発油のガスが充満していたといってよい。あとは誰かが点火するだけ、という状態だったというのが筆者の見解である。

　ここに、「心に火がついた」若者たちが登場する。火の玉リーダーズである。まさに、The Right Persons in the Right Place at the Right Time.　というわけである。かれらは80年代のオキナワン・コミュニティを縦横無尽に駆け巡った。そしてオキナワン・フェスティバルを創始し、軌道に乗せた。さらに、困難なハワイ沖縄センター建設を成功に導いた。かれらがオキナワン・コミュニティの人びとに普及してきたコンセプトはウチナー文化主義であった。その結果、ハワイのオキナワンは大きな自信をもつようになった。そして自らのエス

ニシティに目覚めた人の中には「わたしはジャパニーズではない。オキナワンである」という者まであらわれるようになった。特に若い三世や四世にその傾向が強い。

ここで、80年代のエスニック・リーダーの成功要因を整理しておこう。

1）情熱の大きさ：「祖国」巡礼

エスニック・リーダーが単なる変容エージェントと異なる点は、エスニシティにかける情熱の大きさである。ハワイのオキナワンのエスニック・リーダーは、ほとんど損得を考えないでオキナワン・コミュニティのために心血を注いだ。エスニック・リーダーは人びとのアイデンティティにまで介入しようというのだから、人並み外れた情熱が必要である。エスニック・リーダーのエネルギーの源泉は一般的に民族精神である。この、必ずしも合理的とはいい難い、きわめて揮発性の高い心性は時として非常な力を発揮する。オキナワンのエスニック・リーダーの多くが、この精神を「母県」沖縄で吹きこまれた。いや目覚めたといったほうが当たっているかもしれない。かれらと話をしていると「遠隔地愛国者」distant patriot ではないかと思う時がある。沖縄のウチナーンチュよりはるかに沖縄文化を愛し、誇りを持っている人が少なくない。

いずれにせよ、数世代を経たエスニック集団のメンバーにとっても父祖の地へ赴くこと、そこでどのような経験をするかということが重大な意味をもつことを教えてくれる事例である。

2）能力の高さ

有能な人材は熱い心と冷めた頭脳を持つといわれることがある。80年代のエスニック・リーダーとりわけ「火の玉リーダーズ」が熱い心を持つことはわかった。では頭脳のほうはどうか。当時、日本でいう国家公務員の上級職にあたる地位についている人や州政府の技術職、弁護士、建築家、実業家など、それぞれが専門的知識をもつ「本業」でも極めて有能な人材であった。この伝統は今日のハワイ沖縄連合会の役員たちにも受け継がれている。本業でも優れている人が選ばれるのである。この事例は、業績を挙げる変容エージェントは情熱だけでなく知的にも優れている必要があることを示唆している。

3）理論的支柱

　今日のアイデンティティのポリティクスには、エスニシティとか文化多元論、多文化主義、マイノリティ、ディアスポラといった社会科学の知識や深い理解が不可欠である。さらに、アイデンティティと深く関わる民族の歴史についても深い造詣が必要である。情熱だけで成功する仕事ではない。ハワイのオキナワン・コミュニティにはかれらが頼りにする知的資源があったし、今日もある。ハワイ大学のエスニック・スタディーズや社会学の教授たち、日本史、琉球史や琉球語の教授たち、そしてハワイ大学でエスニック・スタディーズなどの社会科学を学んだコミュニティ・ジャーナリストたち（白水，2008b）。これら知的エリートたちが骨身を惜しまず、エスニック・リーダーたちと協働してコミュニティを盛り上げてきた。第二次ウチナーンチュ・ムーブメントの成功の陰にはこのような知的セクターによるバックアップ体制が整っていたことを指摘しておきたい（本書第Ⅱ部参照）。

4）応援団

　バックアップ体制といえば、オキナワンのエスニック・リーダーには二世の応援団がいた。たとえば、前述のサキマやアラカワなどの旧リーダーである。三世のエスニック・リーダーが台頭してくると道を譲り、表に出てくることはなかったが、重要なポイントで手助けをした。今日考えて最も重要だったかれらの業績は、1980年のリーダーシップツアーのきっかけをつくったことである。沖縄県市町村の首長たちが「ハワイからの戦後の救援活動に対し、沖縄移民80年を記念してなにかお礼がしたい」と申し出たとき、二世リーダーたちは、オキナワンの若者を沖縄に招待してほしいと要請した。その結果が先述のように「心に火がついた」若者の続出である。このとき、二世のリーダーがこのツアーを申し出なかったら、その後オキナワン・コミュニティはこれほどの盛り上りを見せなかったかもしれない。

　さらに、バックアップといえば、企画力と実行力を兼ね備えた女性集団を挙げなければならない。フイ・オ・ラウリマ（Hui O Laulima）という名の沖縄系の女性からなるボランティア集団はアンダーギーをはじめとする沖縄料理のデモンストレーションや文化芸能面での奮迅の活躍でエスニック・リーダーたち

をサポートしてきた。彼女たちの活動の詳細は第3章で述べるので、ここでは概略に留めるが、実際、民族文化主義のオキナワン版であるウチナー文化主義を体現しているのは彼女たち自身ではないか（佐藤, 2008なども参照）。

　ウチナー文化主義とは沖縄系の人は沖縄人（ウチナーンチュ）としての自覚とプライドをもち、沖縄独自の文化を学ぶべきであるという考え方であるが（本書4〜5頁参照）、沖縄移民がもってきた伝承的家庭料理や沖縄の伝統的文化を詳細に研究し、3冊も出版してきた彼女たちこそその見事な例である。彼女たちの文化方面の活動がなければ、オキナワン・コミュニティの盛り上がりは著しく人文学的興趣を欠いたものになったであろう。なお、注目すべきはこの団体の中心的人物の何人かはウチナーンチュではない、ナイチを出自とする女性であるということである。ウチナーンチュの男性との結婚を機にオキナワンの活動に参加するようになったものである。

6．その後のオキナワン・コミュニティ

　1993年7月、第2回目の研修旅行（リーダーシップツアー）が催され、この時の参加者も第1回同様深く感動し、「ウチナーンチュ・スピリット」に目覚めて帰ってきた。以来しばしば催されているが、第1回、第2回の時のように「こころに火がつく」ほどの気持ちになって帰ってきているかどうか。また、祭を始めたリーダーたちもだんだん年をとりはじめている。エスニック・リーダーたちの所期の目的は達成されているだろうか。

　筆者はオキナワン・フェスティバルの初期から、最初は見物人として、そして2000年代に入ってからはハワイ沖縄連合会傘下のメンバークラブの一つである宜野湾市人会 (Ginowan Shijin Kai) の会員としてゼミの学生たちとアンダーギーづくりを手伝ってきた。参与観察を続けている筆者の印象では、2017年の第35回オキナワン・フェスティバルも盛況であったし、ここ数年盛況ぶりは変わらない。そしてボランティアの数も、アンダーギー製造のブース（テント）に関しては、一見、変化がない。ただし、ボランティアのリクルーター（募集係）は必要人数を確保するのに苦労するようになった。フード製造現場など肉体的に辛い活動現場ほど世代交代がうまく行かず、年配の人がずっと続けてやって

いたり、ウチナーンチュ以外の学生に頼んだりして、なんとかやり繰りしているというケースもある。

　90年代以降も、連合会の幹部たちは前述のYOHに力をいれ、次の世代の育成に努めている。若い三世や四世が参加しているが、登録メンバーはともかく活動的なメンバーは数十人といった印象である。かれらは「ウチナーンチュ・スピリット」をオキナワン・コミュニティのみならずハワイの多くの人たちに広めたいという。ウチナーンチュ・スピリットというのは、必ずしも明確な定義はないようだが、「だれにでも温かく接する、もてなす」とか、「(独占しないで) 共有する」、「援助しあう (相互扶助)」、「協調する」、「家族を大事にする」、「許しあう」という心を指すようだ。かれらの目指すところはそうしたウチナーンチュ・スピリットを受け入れる人、そういう気持ちをもつ人を増やそうというところにある。そしてかれらによればそうした気持ちを持つ人はすべて「ウチナーンチュ」だという (白水・山下，1997)。

　1990年代の中頃から**ウチナーンチュ・アット・ハート** (Uchinanchu-at-heart) という言葉がさかんに使われるようになった印象がある。血統的にはウチナーンチュでなくともウチナーンチュの精神を理解し、沖縄の文化が好きな人は積極的に受け入れようという動きがある。事実、今日ではハワイ沖縄連合会の幹部にも、そして支部の会長にもナイチが少なくない。特に、夫がウチナーンチュで妻がナイチ (またはその逆) という例は、二世の間でこそ少ないが、三世以降の世代では全く珍しいことではない。結婚を契機にオキナワンのイベントに参加するという例は枚挙に暇がない。「心はウチナーンチュ」という人びとを積極的に取り込もうという戦略が実を結びつつあるわけだ。

　かつて、ある幹部が筆者に語ったことがある。みんな「若い」メンバーを増やそうというが、年齢が若い人ばかりを考えるからいけないのだ。年は上でも、ハワイ沖縄連合会の活動歴が若い人を「若い」人と考えればいいのだ、というのである (かつての連合会会長故W.ミヤヒラ2001年9月5日インタビュー)。実際、筆者が属するクラブでも、60歳を過ぎてリタイアした人やセミ・リタイアした人がボランティアとして参加するようになった。今日のリーダーたちは、連合会の次代を担う人として年配のウチナーンチュや「心はウチナーンチュ」という未開拓の分野に手をのばしはじめている。こうなると、民族文化主義とい

う、多分に本質主義 essentialism に根ざすイデオロギーは存立自体が問われることになろう。

　本章の冒頭部分で言及したように、オキナワン・コミュニティの現在は第三次ウチナーンチュ・ムーブメントが展開されている。計画ではもう終盤に差し掛かっているはずであるが、まだプラザ建設資金を募集中である。予定額までもう少しというところであるが（第1章参照）、第二次ムーブメントの時ほどの勢いはない。あの時の中心的なエスニック・リーダーも70代半ばとなり、いま積極的に参加している人は多くないようだ。

　ナイチからの偏見・差別がほとんどなくなり、「心はウチナーンチュ」「オキナワン・カルチャーが好き」というナイチや非日系人の会員が増え、オキナワン・フェスティバルは定着期に入っているのに、資金集めは時間がかかっているし、裏方のボランティアのリクルートも苦労している。一体、どうしたのだろうか。思えば、80年代のエスニック・リーダーたち（火の玉リーダーズ）やそれを熱狂的にサポートした人びとをつき動かしていたのは一種の民族精神であった。この、必ずしも合理的でない心情は、敵やライバルや差別主義者への負けん気、反発心をエネルギーにして気圧を高めるところがある。経済、文化など様々な分野で長くウチナーンチュのライバルだったのはナイチである。そして差別をしてきたのもナイチであった。今日、ナイチはウチナーンチュの成功や活動を賞賛したり羨んだりするだけでライバルとしては立ちはだからない。ましてや表立って差別もしない。これは多文化社会としては成熟した状態といってもよいだろう。もし、そのせいでオキナワン・コミュニティが熱い一枚岩になれないとしたら、これからのリーダーたちの悩みは別の意味で深いといわざるをえない。1980年代から30年。ひと世代を経て、人びとを惹きつける新たな「価値」を求める旅を始めなければならない時かもしれない。

参考文献

新垣　誠 (1998)「沖縄の心 (Uchinanchu Spirit)」『移民研究年報』4号
Santoki, Paul (2000) 'Too much Uchinanchu? Naichi should emulate, not envy their Okinawan cousins.' *Hawaii Herald*. Sept.15, 2000. A-2
佐藤万里江 (2008)「ハワイのオキナワ料理の創造」白水繁彦編『移動する人びと、変容する文化』御茶の水書房

白水繁彦(1998)『エスニック文化の社会学』日本評論社

白水繁彦(2008a)「変容エージェントによる文化の創出〜ハワイオキナワン・コミュニティにおける事例研究〜」白水繁彦編『移動する人びと、変容する文化』御茶の水書房

白水繁彦(2008b)「コミュニティ・ジャーナリストの志向と役割」『ソシオロジスト』(武蔵大学社会学会)No.10

白水繁彦(2011a)『イノベーション社会学』御茶の水書房

白水繁彦編(2011b)『多文化社会ハワイのリアリティー:民族間交渉と文化創生』御茶の水書房

白水繁彦編(2015)『ハワイにおけるアイデンティティ表象:多文化社会の語り・踊り・祭り』御茶の水書房

白水繁彦、山下靖子(1997)「エスニック・アイデンティティの覚醒運動:ハワイ・オキナワン・コミュニティのコミュニケーション論的分析」武蔵大学総合研究所紀要 No.7, pp.41-80

白水繁彦、鈴木啓編(2016)『ハワイ日系社会ものがたり:ある帰米二世ジャーナリストの証言』御茶の水書房

第3章 概説

オキナワン・フードをめぐる変容エージェントの戦略

1. 問題の所在と本稿の目的

　1978年から友人たちに会うためにハワイに通い始めた筆者は80年代に入ってしばらくして、その沖縄系の友人にオキナワン・フェスティバルという祭りに連れて行ってもらった。当初筆者はこれをだれが始めたかなど考えもしなかった。祭りだから、ずっと昔から続いているものと思いこんでいたのだ。その祭りに行くとそこはすっかり沖縄である。まる二日間、ステージでは沖縄の歌舞音曲が間断なく演じられ、周りにはたくさんのブース（日本風に言えば屋台。形状はテント）が取り囲み、それぞれがティビチスープ（豚足汁）、沖縄ソバ、アンダーギー、沖縄風ヤキソバ、オキナワン・プレート（チャンプルー・プレート）といった「オキナワン・フード」（沖縄食）を提供している。それもプロではない、まったくのボランティアの人びとが作り、売っているのだ（白水, 1998, 89-111；白水・佐藤, 2006）。このオキナワン・フードは、1972年からの沖縄通いである筆者が食べても評価できる、しっかりとした出来である。しかし、ハワイ風にアレンジしたものもある。とくに、アンダーギーは味も軟らかさもドーナツのほうに近い。一般向けに使われるオキナワン・ドーナツという異称も、味や食感からいえばたしかに当を得ている（写真-3）。

　これらオキナワン・フードは大変な人気で、ブースによっては2日間の売り上げが100万円を越すところもあるという。ハワイにいながら沖縄食がいろいろ楽しめる。それにおいしいのであるから何もいうことはない。筆者もそのひとりであったが、まさに「複合文化社会」（山中, 1987）ハワイならではだなぁと単純に喜んで食べていた。ところが、オキナワン・フェスティバルに通ううちに、このフェスティバルが1980年代に、それも筆者と同世代の三世を中心に始められた「新しい祭」だということを知って驚いた。もっとずっと前、戦

前から続いている「伝統」だと思っていたからだ。それ以後気をつけて観察していると、かれらやその次の世代の人びとのなかにオキナワン・プライドとかウチナーンチュ・スピリット（新垣, 1998, 30-36）といった「エスニシティ覚醒用語」を口にする人がいることに気付いた。研究者としてというより沖縄系の人びとの友人としてハワイに通っていたはずの筆者が、フィールドワーカーとしての血が騒ぎ出すのを感じたときである。80年代の中ごろのことである。

いっぽう、沖縄食に関しては沖縄系のある婦人団体がたいそう熱心で、調理法を詳しく載せたクックブック（料理本）まで出しているという。筆者も知り合いをとおしてさっそく手に入れてみた。確かにたくさんの「おかず」や「おやつ」のつくりかたが詳しく載っている[1]。沖縄やハワイ通いが長い筆者にとっては日常食としか思えない普段のおかずやおやつが、特別に「オキナワ・フード」として掲載されている。そういえばオキナワン・フェスティバルのフード・ブースの料理やおやつもオキナワン・フードと呼ばれている。いつの間にか、沖縄の伝承的家庭料理がエスニック・フードに「衣更え」しているではないか。ここはその衣更えの仕組みを明らかにせねばならない。文部科学省助成の研究プロジェクト（2003年〜2007年度）を進めていた筆者は研究グループの何人かを「沖縄食とアイデンティティ研究」に振り分け、この問題に取り組むことにした（2005〜2007年度）。

このグループの研究のなかでも、オキナワン・コミュニティの女性団体フイ・オ・ラウリマによるオキナワ文化普及運動の実態については、そのクックブックの制作の過程、意図を含めて、明らかになってきた（佐藤, 2008）。この研究によれば、彼女たちは明確に沖縄食とオキナワン・アイデンティティを結び付けて「オキナワ料理」の集団内外への普及を展開しているようだ。

そして彼女らの団体フイ・オ・ラウリマの上部組織であるハワイ沖縄連合会もその機関紙 *Uchinanchu* で沖縄食を大々的に宣伝している。ちなみに2006年のフェスティバル特集ページ中のフード部門の紹介の見出しを見れば

OKINAWAN FESTIVAL'S "SOUL FOOD"
It's Okinawan "comfort food"
(*Uchinanchu* Aug/Sept 06: p.12)。

沖縄人の「魂の食べもの」をオキナワン・フェスティバルで食べよう！
　　沖縄人にとっての「癒しの食べもの」（筆者訳）

　とある。そこで実際供される品目は前述のように、かつて沖縄出身の一世が家庭で普段に作って食べていたおかずやおやつ、いわば沖縄版の伝承的家庭料理が多く含まれている。
　こうしてみると、こんにち、ハワイのオキナワン・コミュニティでは、少なくとも活動家層や機関紙に関わるような活動家たち（つまり変容エージェント）においては、沖縄食は単なる栄養補給の消費物ではない。日常のおかずやおやつのレベルを超えて「精神の乗り物」として意味づけられている。かれらは伝承的家庭料理をウチナーンチュ・スピリットの象徴として食しようと呼びかけている。それを食べること、作ることはオキナワン・アイデンティティを確認することになるというのである。まさに、筆者のいう民族文化主義の勧めそのものではないか（ところで、ソウルフードという語には地域特有の料理、郷土料理という意味もある。だから、上記の見出しを「魂の食べもの」と訳すのは行き過ぎだという意見があるかもしれない。しかし、この時代のオキナワン・コミュニティの変容エージェントたちの念頭には沖縄の食べものと soul 魂とは不離の関係にあったと思われる。それは、Hui O Laulima によるクックブックの第3弾『Chimugukuru 胆心』の副題に、The Soul, the Spirit, the Heart と謳ってあることからもうかがい知れる）。
　こんにち、ここまで衣更えを迫られる沖縄の伝承的家庭料理だが、これが、オキナワン・コミュニティ内外の人びとが大勢集うハレの舞台に登場したのはいつか。これは大問題である。なぜなら、内輪（うちわ）から外界へ進出するということは、その文化項目が世間の目に曝されるということだ。もし受け入れられれば、一躍ハワイという大社会で共有される文化項目の列に加えられるかもしれないが、一歩間違えば顰蹙をかうかもしれない。これはよほどの決断である。筆者はこれまでの予備的調査から、沖縄的伝承料理のいわばメイジャーデビューは第1回のオキナワン・フェスティバルにおいてである、と考えていた（白水, 1998）。
　この仮説ははたして正しいのか。そして、1980年代初頭（1982年）にオキ

[**写真-3**] アンダーギー生地作り中のカール・ナカムラら（2011年9月4日＠トマスジェファーソン小学校、白水撮影）

　ナワン・フェスティバルというエスニック・イベントを始めたリーダーたちはどのような意図でこのイベントを創始し、会場で供するフードにどのような意味を込めたのか。そしてその跡を継いだ変容エージェントたちの思惑はどのようなものか。また、会場でそれを享受する客はオキナワン・フードをどうとらえているのか。

　このような問題意識のもとに筆者は研究仲間や学生たちと現地調査を開始した。2005年8月のことである。調査は2007年9月まで続けられたが、一次資料の収集の方法は、質的インタビュー（リーダー層対象3年間で延べ20人余）、質問紙を用いた半構造的インタビュー（コミュニティのメンバー対象3年間で約120名余）、そして数々のオキナワン・フードの収集（写真撮影）である。

　本稿の目的は、第1に、オキナワン・フェスティバルの立ち上げの経緯を明らかにすること。第2に、立ち上げを担った初期のリーダーたちのフェスティバルにかけた思いを証言によって明らかにし、かれらの意図のもつ意味を検討すること。第3に、沖縄から一世が持ってきた日常的・非日常的な沖縄食がいかにしてハワイのエスニック・フードの一角を占めるようになったか、その経緯を各種メディア関係者や活動家といった変容エージェントの志向と行動の分析をとおして明らかにすることである。

2．主要概念の説明

　民族文化主義というのは、エスニック集団の成員はエスニック・アイデンティティを確立し、エスニック文化の継承、発展に寄与すべきであるという考え方や主張のことである。

　エスニック・アイデンティティというのは集団的アイデンティティ、つまり collective identity または group identity の一種である（集団的アイデンティティについては、Brown and Mussell, 1984；鈴木, 2002；Shinar, 2005 など参照）。集団的アイデンティティ自体が多義的な概念であるためにエスニック・アイデンティティもいくつかの意味を有する。

　（1）まず、当該のエスニック・コミュニティに所属しているという強い感情、エスニック・コミュニティとの一体感として把握される場合がある。これをひとまず「エスニック・コミュニティへの帰属意識」と呼んでおこう。（2）また、当該のエスニック・コミュニティに愛着を感じ、それが昂じてエスニック集団を誇りに思う、そしてその集団の一員としての自分にプライドをもつという感情として把握されることもある。「エスニック・コミュニティへの愛着・誇り」と呼んでおこう。エスニック・アイデンティティとは、この（1）と（2）の両方の意味を有し、状況や文脈に応じて使い分けられるのが一般的である。

　変容エージェント（トランスフォーマティブ・エージェント）とは文化変容（カルチュラル・トランスフォーメイション）をひき起こす主体である。一般にエスニック・コミュニティの公的組織の役員たち（フォーマル・リーダー）、主流メディアの人びとやエスニック・メディア（母語の新聞や雑誌、放送など）の人びと、そしてコミュニティの成員のなかの活動家たち（インフォーマル・リーダー）がその具体的な例である。

　なお、変容エージェントは、もっぱらコミュニティ内の文化変容に寄与する集団内変容エージェント（狭義のエスニック・エージェント）と、コミュニティを超えて大社会の文化変容に寄与したり、コミュニティとコミュニティをつないで文化変容に寄与する架橋的変容エージェント（bridging transformative agent）に分けることができる。架橋的エージェントは文化仲介者としての機能を有するからグローバルな時代の文化変容を説明する際に重要な概念である

（白水, 1998, 164–165）。

　なお、本稿では沖縄系の人びと、すなわち沖縄県を出自とする人びとおよびその縁者を、ハワイの現地の人びとに倣ってオキナワンと呼ぶことがある。ウチナーンチュ（沖縄のひと、の意）も同様である。また、現地では日本本土をヤマト（大和）、またはナイチ（内地）といい、それを出自とする人びとをヤマトゥンチュ、ナイチャーもしくはナイチと呼ぶ。本稿でも以後それに倣うことがある。

3．オキナワン・フェスティバルの創始の経緯
　——伝統の創出、オキナワンの連帯、ボランティア——

　筆者はこれまでオキナワン・フェスティバルやそれに関わる文化変容についていくつか記事や論文を書いてきた（白水, 1998；2004；2006；2007a；白水・佐藤, 2006 など）。また本書の第1章、第2章でも述べたが、このフェスティバルの創始にいたるいきさつは重要である。なぜなら、それが沖縄とハワイのウチナーンチュ・コミュニティの切っても切れない関係、持ちつ持たれつの関係を象徴しているからであり、そして、オキナワン・フェスティバルという、「伝統的」エスニック・フェスティバルのひとつが、どのようにして創出されたか、まさに「伝統の創造」（Hobsbawm, 1983）の貴重な事例を提供してくれるからである。

　第二次大戦直後、「故郷」沖縄が日米戦のため荒廃したとの報に接したハワイの沖縄系の人びとは一致団結、膨大な救援物資を「故郷」沖縄へ送る。そして終戦から35年後の1980年は、ちょうどハワイへの沖縄移民80周年の記念の年に当たっていた。この記念イベントの一環としてハワイの若いオキナワンたちが沖縄に招待された。終戦後の救援物資に対する沖縄県側からの一種の「返礼」である。いわゆる、第1回沖縄研修旅行（いわゆるリーダーシップツアー）であり、のちのちまで語り草になるほどの感動的な沖縄訪問となったことで知られる。いま思えば80年代の10年間はウチナーンチュ・スピリットが大いに喧伝され、例を見ないほど沖縄系社会が盛り上がった時期である。オキナワン・フェスティバルの創始とハワイ沖縄センターの建設という無形と有形の沖縄文化発展推進装置が生み出されるのもこの10年の間である。この時期の精神的

高揚に基づく社会現象を筆者は「第二次ウチナーンチュ・ムーブメント」と呼ぶが（第2章参照）、この運動はじつにこの第1回リーダーシップツアーに端を発すると考えてよい（ちなみに、「第一次ウチナーンチュ・ムーブメント」は終戦直後の沖縄救援活動とそれに続く市町村人会の大同団結、いわゆる沖縄県人会（UOA、後のHUOA）の結成にいたる高揚を指す。第三次ウチナーンチュ・ムーブメントはハワイ沖縄プラザ建設の募金キャンペーンが開始された2005年からの10年余りである）。

では、どのようにしてオキナワン・フェスティバルは始まったのか。フェスティバルの創始時のリーダー二人ロイ・カネシロと.スタンレー・タカミネの証言によって明らかにしてみよう[2]。

「私たちがオキナワン・フェスティバルを開催しようと思った主な理由は、オキナワン・コミュニティをまとめる何かが欲しかったのです。何かイベントがあれば、みんなが集る機会になると思ったのです。」（スタンレー）

「（みんなで集まる、こころをひとつにするイベントといえば）じつは、オキナワン・フェスティバルが始まる前には、（フイ・オ・ラウリマという婦人会の人たちが主となって）オキナワン・ジュビリー（沖縄文化祭）をやっていました。それは沖縄の（伝統工芸などを展示する）文化的な催しで、カハラ・モールなどのショッピングセンターで行っていました。いっぽう、1980年、私たちは、沖縄に行く機会を得て、マツリを見て刺激を受けたのです」（ロイ）

「ナハマツリ（那覇まつり）を見る機会を得て、ハワイに帰ってきてから、私たちも何か似たことをはじめたいね、と熱く語らったのです。こうして、出てきたのがオキナワン・フェスティバルの構想です。」（ロイ）

加えてかれらは、オキナワン・フェスティバルの創始に関連してつぎのような証言をした。オキナワン・フェスティバルを開催する目的として考えていたのは、ひとつは沖縄文化の継承であったが、もうひとつ、普段なかなか会う機会のない他の同郷団体（市町村人会）の人びとと出会う機会をつくることであったということ。そして、フェスティバルを始めるにあたって、一世がどう思うだろうかということがとても気になっていたこと。オキナワン・フェスティバ

ルの開始は必ずしもハワイ先住民の文化復興運動（ハワイアン・ルネサンス）からの影響とは考えていないこと。1975年開催のジュビリー（沖縄文化祭）は大規模なものだった。そしてそれはフイ・オ・ラウリマやフイ・マカアラといったボランティア団体との共同開催であったこと、などである[3]。

　1980年の第1回沖縄研修旅行中、かれらは県内市町村のいたるところでVIP並みの大歓迎を受ける。それは、舞踊や音楽、武道、工芸など多様でユニークで豊かな沖縄文化を改めて認識する旅でもあった。ウチナーンチュであるということの意味、ウチナーンチュであると自らを規定することの重要性を深く理解したかれらは、ウチナーンチュであることに強いプライドをもつようなる。折りしも滞在中、那覇まつり[4]が行われていた。1980年にハワイの若者が初めてスタディツアーで沖縄に赴いた折りは第10回の那覇まつりが開催されたはずであるが、かれらも大興奮の渦の中でウチナーンチュ精神の高揚を感じたことであろう。この祭の熱狂の中で、かれらは、ハワイでもこうした、ウチナーンチュのこころをひとつにする祭りができないか、と考え始める。ハワイのオキナワン・フェスティバルの創始は、この那覇まつりという「創られた伝統」に触発された「伝統の創造」であったといってよい。

　この旅行団にはきわめて実行力に富む若者が多かった。そのなかのひとりがロイである。彼がイニシアティブをとり、スタンレーを実行委員長に指名してこのフェスティバルの準備がスタートしたというわけだ。

　ところで、証言による限り、リーダーたちのフェスティバル創始の目的は沖縄で行われる「那覇まつり」のようなイベントを仕掛けて、第1に、オキナワンのこころをひとつにすること、第2に、ウチナーンチュの広範な出会いと交流の場をつくることであった。このことがどのような意味をもつか考察してみよう。かれらのいう目的の第1は、意識面、すなわち、ウチナーンチュ・アイデンティティの形成、維持、もしくは強化をはかろうということであり、第2の目的は社会関係の構築、維持、ないし強化をはかろうということであろう。これは意識面への実体を持たせる効用があると思われる。じっさいに人びとが協働したり一緒に楽しんだりすることで、「記号的オキナワン・コミュニティ」から「実体のあるオキナワン・コミュニティ」へと発展する可能性があるのだ。

　筆者は先述のように、オキナワン・フェスティバルの初期からしばしば訪れ

ている。当初、参与観察者として参加していたころに感じたのは、このフェスティバルの主たる構成要素は、①食べ物(フード)と②ステージの演芸、そして③カルチュラル・テント（多彩な文化の展示）の三つであるというものであった。

　そのうちに市町村人会のひとつである宜野湾市人会に加入し、幟(のぼり)を持って行進したり、アンダーギーを生地作りから手伝ったりするようになって気付いたのが第4の柱、ボランティアである（先の写真3）。2日間で5万人前後の来場者があるフェスティバルだからそれを支える裏方も膨大で、年度によって若干の違いはあるがステージの演者も含め2000人以上のボランティアが動員される。たとえば、料理やおやつなどフードの製造販売もボランティアが担い、記念Tシャツのデザインや販売も、子どものゲームなどのコーナーも、ステージ上の巨大な首里城の背景画も、救急隊の医者や看護師も、ゴミ拾いも、会場内の食材等の運搬も、ほとんどすべてがボランティアである。ほかの民族集団のエスニック・フェスティバルでは、たとえばフードは食堂や菓子店経営者などのプロが出店しているケースが多い。なぜオキナワン・フェスティバルではすべてボランティアでなくてはならないのか。それに対する答えが上記の、記号的コミュニティから実体的コミュニティへの質的転換をはかる試みとしてのボランティア・システムなのである。一緒に汗を流し、自分たちの部署の仕事を完遂する。苦楽を共にする、まさに協働をとおして人間関係を築いていく。最初はどうしても同じ部署を担当する市町村人会の中の関係強化が主となるが、毎年同じ台所を共有したり、食材運搬などでお世話になったりしているうちに、他の市町村人会の成員とも顔見知りになり、作業を手伝ったりするようになる。少なくとも顔見知りになり親しい挨拶を交わすようになる。実際そうした光景を会場のさまざまなところで見ることができる。

　沖縄系のリーダーたちは戦前から長い間、沖縄系社会全体（大コミュニティ）の社会関係を築くべく努力してきた。出身市町村や字(あざ)の小コミュニティの中での関係をなかなか越えることができなかったからである。1982年のオキナワン・フェスティバルの発足は大コミュニティでの実質的な社会関係を築くきっかけ作りでもあったのだ。フェスティバルも10年も経過すると小コミュニティを越えた社会関係が築かれるようになり年々その絆は強くなり拡大するように見えた。そこで、その後リーダーたちが目指したのが沖縄文化の大コミュニティ

内普及である。オキナワン・コミュニティの活動目標に変化が生じたのである。すなわち，活動目標が「社交」「協働」から「文化」へと変化してきたのである。結論を先取りしていうと，沖縄食の調理を薦める運動もこの「文化」普及運動の一環という見方ができる。

　ところで，なぜボランティアか，という問にはまだ考えなければならないことがある。それは，なぜ各市町村人会（ローカリティ・クラブ，後に HUOA はメンバークラブと改称）の成員たちがたいへんな苦労をして毎年ボランティアとして参加するか，なぜ市町村人会のリーダーたちが必死になって前払いのクーポン券を成員に売り，来場を促すかという問への答えでもある。じつは各市町村人会が売ったクーポン券の代金の7割が本部（HUOA）に入り，残りの3割が市町村人会に入るというシステムだから，という側面も無視できない。市町村人会の運営費などはこの売り上げが主たる収入源なのである。業者などを入れていたら市町村人会に入る金も本部に入る金もその分減ってしまうのだ。

　無償ボランティアが表舞台も裏方もすべて担うというのは，じつはオキナワン・フェスティバルのルーツのひとつであるオキナワン・ジュビリー（沖縄文化祭）以来の伝統でもある，というのが筆者の見解である。この沖縄文物の展示会はフイ・オ・ラウリマオという沖縄系婦人団体が70年代から主催してきたが，労働力はすべてボランティアによってまかなわれていたし，現に今もそうである。だから，オキナワン・フェスティバルの4要素の一つである文化展示のカルチュラル・テントは彼女らの主催になるが，労働力がすべて無償供与のうえに，コーナーによっては材料まで会員の無償提供という徹底ぶりである。

4．沖縄食のメイジャーデビュー ——伝承的家庭料理から郷土料理へ——

　それまでの単なる伝承的家庭料理からオキナワン・アイデンティティを象徴するエスニック・フードに価値転換をはかりつつある沖縄食だが，このきっかけはオキナワン・フェスティバルの呼び物のひとつに大抜擢されたことではないか，というが筆者の仮説である。その仮説を検証するために，創始時のリーダーである前出のロイとスタンレー，そして新たに，ハワード・タカラ，ジーン・カネシロ[5]に証言を求めた。

以下、インタビューの一部を引用する（詳細は白水, 2007 参照）。

フェスティバルに食べ物は必須だからなにか食べ物を用意しなければならないのはわかるとして、大規模な出店はどのようにして可能になったのか。
「最初は（勝手がわからないから）フードビジネスの人びとに手伝ってくれないかと声をかけました。かれらがまたその仲間に声をかけてくれたのです。こうして、『コロンビア・イン』のＫ氏、『ウィステリア』のＡ氏、『フラミンゴ』のＮ氏などが力を貸してくれた。それに、リーワード・コミュニティ・カレッジ（職業訓練の機能も持つ短大）の料理の講師がオキナワンだったので来てくれた。」（ロイ）
最初はプロが親切に教えてくれたから、フェスティバルで提供される料理の質がいいのである。つまりかれらは「オーセンティックな料理を提供したかった」（ロイ）のである。

さらに、「他の民族的背景を持つ人にも来てもらいたかったので、多少はハワイでポピュラーな料理、たとえばフリフリチキンなども用意しなければならなかった」（スタンレー）という。沖縄料理を食わず嫌いの人もいるだろうし、連日来場する人のなかには飽きるひともいるだろう。そういういう人たちへの配慮である。
ともあれ、食べ物の質が良いということは重要である。ここで初めて沖縄料理を食べた人はここの料理が基準になるからであり、普段は食べない人でも、たとえ１年に１度でもオーセンティックな料理を食べることができるからである。
では、どのように、提供する料理の種類を選んだのか。
「基本的な沖縄料理です。基本的な沖縄料理は、とても簡単なのです。（沖縄料理には）様々な種類の膨大なメニューがありますが、基本的なものを選びました。たとえば、チャンプルーとかピッグフィートスープとか。もちろん、中には、エキゾティックなものもあります。たとえば、なかみ汁など。しかし、一般大衆に受けるメニューも少なくない。」（ロイ）
数ある沖縄料理のなかでも基本的で、作るのが簡単で、しかも一般に受け入

れられやすいものを選んだということである。基本的ということは一世や二世にとって馴染み深いということでもあろう。

　インタビューの結果わかったことは、オキナワン・フェスティバル創始時のフードに関する重要な貢献のひとつは、これが沖縄の伝承的家庭料理の存在をエスニック集団の内外に広く知らしめるきっかけになったということである。面白いことに、ハワイの食の歴史に詳しいハワードもジーンも、それまで沖縄の伝承的家庭料理についてはきわめて断片的な知識しかなかったことを告白している。そういえば彼ら自身三世なのだ。だから、フェスティバルはオキナワン・フードをオキナワン・コミュニティの三世以降の（リーダーたちを含む）若い層やコミュニティの外の人びとに「紹介」する役割を果たしたといえるだろう。

　食文化にかぎらず、芸能などおよそ沖縄から一世とともに渡って来た文化は、ずっとコミュニティの中だけで楽しむものであった。その意味で内輪（うちわ）の文化であった（第2章参照）。それが、このフェスティバルを契機として表舞台に出てきたのである。主流社会や他のエスニック集団の人びとにとっても可視的（ビジブル）な文化となったのである。

　ところで、フェスティバルでこんにち売られているフードは、以下の13種類である（2006年フェスティバル時点。最初期にあって、その後消えてしまったのは、イカ焼き、ショーユポークである。なお、2017年のオキナワン・フェスティバルではメニューに変化がある。詳細は（注6）を参照）。これを三つの群にわけると以下のようになる。

　第1群「アシティビチスープ（豚足汁）」「沖縄ソバ」「沖縄風ヤキソバ」「チャンプル・プレート」「トゥマイクル（蒸かし紅芋）」、「巻きずし」
　第2群「アンダーギー（正式にはサーターアンダーギー）」「アンダードッグ」
　第3群「チリ／オキドッグ」「チリライス」「ハワイアン・プレート」「チキン・プレート」「コンボ・プレート」

　第1群は沖縄からもたらされたときの原型を比較的維持しているもの。第2群は沖縄食を原型としながらもアメリカ食との混交が強くみられるもの。第3群はアメリカ的もしくはハワイ的な食である。このうち第2群のアンダーギーは人によっては第1群に入れるだろう。しかし、じっさいに作業を手伝ってみ

ると水や砂糖の量が多いこと、ミルクやバニラなどのフレーバーを入れることなど、ドーナッツのレシピがふんだんに取り入れられていることがわかる。

　ともあれ、この1群、2群のオキナワン・フードのすべてがオキナワン・フェスティバルで初めてコミュニティの外に人びとに紹介されたわけではない。このなかにオキナワン・コミュニティの外に対してデビューしていたものがある。それがフェスティバルの目玉商品のひとつアンダーギーである。オキナワン・フェスティバルで売られる前に、フイ・オ・ラウリマによって基金集めのためにファーム・フェア（ハワイ州農業振興祭）で売られていたのである。そして、彼女らはアンダーギーがコミュニティ内の人びとにとても評判がよいという感触を得ていた。したがってオキナワン・フェスティバルの第1回からアンダーギーが製造販売されたが、それを担った市町村人会のひとつはフイ・オ・ラウリマの初期の中心メンバーがいた宜野湾市人会である。

　初期のリーダーたちの証言による限り、かれらが沖縄食をエスニック・アイデンティティの象徴として捉えようとした形跡は明確には見て取れない。むろん、那覇まつりの熱狂をヒントにしてハワイのウチナーンチュのこころをひとつにするイベントをつくろう、とかれらが考えたこと、そして開催の目的のひとつを沖縄文化の継承としているということから推し量れば、その三つの要素（ステージのパフォーマンス、フード、文化展示）すべてがウチナーンチュ・アイデンティティの象徴となり、これに接することがウチナーンチュ・アイデンティティの涵養・強化につながるという意図は多少なりともあったと考えられる。ただし、沖縄文化展示部門と沖縄芸能パフォーマンス部門と同じ程度にフード部門もアイデンティティの象徴・涵養・強化の役割を担うと期待していたかどうかは明確でない。少なくとも1982年の創始の時点では薄かったのではないかというのが筆者の見解である（1982年の初回は、那覇まつりがモデルであるから、食べ物は祭には付き物であり、また祭に付き物のフード（祭の定番）というものがある、という認識はどのリーダーももっていたであろうが）。それに、上記のジーン・カネシロやハワード・タカラの告白にもあったように、三世以降の世代はすでに沖縄料理の知識が随分あいまいなものになってきていた。フードにアイデンティティを背負わせるには食に対する相当な知識が必要であるはずだ。

　では、なぜ馴染み深く、食材もすぐに手に入り、つくりかたも簡単なアメリ

カ流のファーストフードやローカルフードだけにしなかったのか。なぜ、フード部門の半分以上を沖縄食および沖縄風の混交フードにこだわったのか。

　それを解く鍵はふたつある。ひとつは、フェスティバルを創始するにあたって、「一世がどう思うかとても気になっていた」という彼らの証言である。ということは、どのようなフェスティバルにすれば一世が喜んでくれるか考えたはずである。かれらがフェスティバルで沖縄版の伝承的家庭料理を提供しようと思ったのは、一世と、かれら三世が敬愛してやまない親の世代、すなわち当時すでに引退の年齢になっていた二世の気持ちを汲んだという面もあるのではないか。じつは一世が郷里を離れた段階で、その伝統的家庭料理は「ふるさと料理」という意味での「郷土料理」となっていた。年老いてきた二世もかつてはその郷土料理をしばしば母親に作ってもらった。かれらにとって懐かしい郷土料理を提供したのである。そして、オキナワン・フェスティバルの初代の実行委員長スタンレー・タカミネは、母親が沖縄料理が得意といわれた人である。沖縄の伝承的家庭料理に慣れ親しんでいたことであろう。

　いまひとつの鍵は、フード部門にはHUOAや傘下の市町村人会の資金調達という使命が課せられていたことである。企業などの大スポンサーを付けないでフェスティバルを開始したHUOAは自分たちで資金を調達しなければならなかった。その大役を担ったのがフード部門である。だから、少しでも利益を多くしなければならない。そのために商売人に場所を貸すというシステムではなく、ボランティアが作り、売るというシステムにしたものと思われる（このシステムは大変な副産物を生むことになる。すなわち前述のように、ボランティアが毎年顔を合わせ協働することで社会関係が構築され、記号的なコミュニティが実体的なコミュニティへと変貌を遂げていく契機となったのである。その意味ではリーダーの目論見どおり、いやそれ以上の成果をあげたことになる）。

　にわかビジネスとはいえ、稼がなければならないのであるからあまり安く提供できない。それに、一度きりの客ならともかく、毎年来てもらわなくてはならない。したがって、「この祭特有」というユニークさ（付加価値）と、しっかりした味（実質）の両方を兼ね備えている必要がある。ユニークさという点ではアメリカ風でも日本風でもいけない。なぜならこのイベントは「オキナワン」フェスティバルなのだから。そういうわけで沖縄の伝承的家庭料理が選ばれ、

プロの料理人によって「オーセンティックな」料理法がボランティアたちに授けられたのである。むろん、連日沖縄食では飽きてしまうという客や他のエスニック集団の人びとなど沖縄食にほとんど馴染みのない客のためにアメリカ風やハワイ風、ハワイの日本風の品目も用意されている。

　こうして、懐古趣味的な情緒派に対しても、利益を重視する現実派に対してもしっかりとした大義名分の立つ食のアイテムとして沖縄の伝承的家庭料理が採用されたと思われる。そして、すでに実質的には郷土料理（ふるさと料理）であった沖縄の伝承的家庭料理は、このフェスティバルで採用されたことにより、名実ともに郷土料理のポジションを占めることになった。しかし、この段階ではエスニック・フードというレベルには達していない。初期段階では「ソウルフード」つまりウチナー精神の象徴などとはだれも言っていないはずだ。ということはだれかが今日のような位置に押し上げたはずである。どのような意図で、どのような人びとが押し上げたのか。次節で検討してみたい。

5．郷土料理からエスニック・フードへ ——変容エージェントのはたらき——

　先に言及したように、ある集団や地域社会の人びとの価値観や行動様式が変化することを文化変容（cultural transformation）と呼ぶ。そして文化変容を促進する活動家や活動組織を「変容エージェント」（transformative agent）と呼ぶ。ハワイのオキナワン・コミュニティにおける食文化の変容エージェントは第1に、沖縄の伝承的家庭料理をメイジャーデビューさせ郷土料理へと「衣更え」させた1982年当時のHUOAのリーダーたちであろう。だから、かれらがオキナワン・フードと呼んだのはエスニック・フードとしての沖縄料理ではなく、「ふるさと沖縄の料理」という意味でのオキナワン・フードであったと考えられる。

　では、郷土料理からエスニック・フードのレベルまで押し上げた変容エージェントはだれか。一般的にいって、郷土料理からエスニック・フードへの変貌には質的な大転換が必要である。なぜなら、ある集団の伝承的なフードをエスニック・フードと名付けるからにはその集団をエスニック集団もしくはそれに準ずる集団であると規定しなければならない。さらに、そのうえでその食をエスニ

シティと結び付けなければならない、という大仕事なのだ。

　これだけの大変革をだれが成し遂げようとしているのか。この点もこれからの研究のテーマのひとつであるが、これまでの調査の結果から推して、いろいろな変容エージェントが直接・間接に影響しあいながら進めてきたようである。そうした変容エージェントひとつは前述の、SOUL FOOD という見出しを付けたニューズレター *Uchinanchu*（の編集者たち）、そしてさらに大きな働きをしたのがフイ・オ・ラウリマ（Hui O Laulima ハワイ語で「お手伝いの会」といった意味）という沖縄系の女性ボランティア団体ではないかというのがわれわれの見解である。この場合はオキナワン・コミュニティ内の文化変容をもっぱら目指しているので集団内変容エージェントである。フェスティバルにおける沖縄文化展示部門（カルチュラル・テント）の主たる担い手のひとつであるこの女性団体は、明確に沖縄食（オキナワン・フード）を、他の沖縄伝統文化と同等に貴重なものであると捉え、オキナワン・アイデンティティと結びつけるべく努力している。その意味で彼女らは変容エージェントの中でも「エスニック・エージェント」と呼ぶにふさわしい。

　前述の、彼女らの手になる沖縄文化の紹介・解説とオキナワン・フードのレシピを掲載した *Okinawan Mix Plate* のまえがきの文章は象徴的である（Hui O Laulima, 2000, 3）。

　　フイ・オ・ラウリマを創設した姉たちは、その親たちの豊かで美しい沖縄文化を活力をもって維持し、共有しあおうと努力してきた。われわれはその恩恵に浴していることに深く感謝している。われわれは、ハワイの多民族的で多文化的な共有性がこの地を類い稀なコミュニティにしているのだということを信じている。

　　願わくばこの本が、子々孫々まで、自分たちはハワイの比類なきウチナーンチュであるということを愛しむ気持ちを奮い起こさせてくれんことを。そして、この本が、ウチナーンチュであるということはこころのなかに存在するのだ、ということを理解する手助けになってくれることをねがうものである。（下線は筆者）

こういう精神のもとに、伝統芸能や伝統工芸とならんで、オキナワン・フードのレシピを大々的に紹介しているのである。すなわち、沖縄芸能や伝統文化を賞美し、オキナワン・フードを食べたり作ったりすることは心からウチナーンチュになることである。もっと言えば、「心から＝真の」ウチナーンチュになるためには単に生まれだけでは足りないということである。かなり強い慫慂の言葉である。ここで考えなければならないことがある。「心」がだいじである、ということは、これを敷衍していくと、たとえ自分が血統的にウチナーンチュに生まれなくても、沖縄文化を賞美し、オキナワン・フードを食べたり作ったりする行為を通してウチナーンチュになれる（少なくとも近づける）ということにもなる。この「まえがき」がもしそこまで射程に入れているとすれば大変な決意をあらわす文章である。

　ここで思い起こされるのがフイ・オ・ラウリマの手になるクックブックの第3弾『*Chimugukuru* 胆心』である。そのサブタイトルは魂 The Soul、精神 the Spirit、心 the Heart であった。彼女たちの、オキナワン・フードと沖縄の魂を強く結び付けたいという気持ちが表れているではないだろうか。

　むろん、ほかにもこうした変容エージェントはいる。たとえばメディアである。詳細はこれからの研究にゆだねられるが、ここ4年間、われわれがハワイにおいて集中的な調査に入った間だけでもハワイの多くの新聞、テレビ、フリーペーパーや雑誌、ウェブサイトにおいてエスニック・フードが取り上げられているのを目にした。象徴的な例はハワイにおけるクックブックのベストセラー *Ethnic Foods of Hawaii* の改訂版である (Corum, 2000)。この料理本には Hawaiian, Chinese, Japanese, Okinawan, Portuguese, Puerto-Rican, Korean, Filipino, Samoan, Thai, Vietnamese という11の集団のエスニック・フードのレシピが載せられているが、このうち、旧版には Okinawan と Thai, Vietnamese の三つはなかった。後者ふたつは東南アジアという項でひと括りにされていたし、Okinawan は日本に含められていた (Corum, 1984)。これらが表舞台に引き出されたというのはそれだけかれらのプレゼンスが大きくなったからである。Thai, Vietnamese はじっさいにこの10年近くで人口が増大したという面もあるが、オキナワンに関してはさほど人口が増えたというわけではない。だから心理的なプレゼンスの拡大によって取り上げられたのである。

著者のCorumは日系人(ナイチ)だがハワイ全体の読者に向けて著作を続けているライターである。彼女が取り上げたということは、沖縄食が、主流社会にかなり近いところで認知されるに至ったことを示しているといってよいだろう。文化変容を推進するエージェントはコミュニティの中にもいるし、コミュニティの外にも存在する。オキナワン・コミュニティをひとつの単位とすれば前述のフイ・オ・ラウリマはコミュニティ内エージェントだが、Corumはいわばコミュニティ外に存在するエージェントすなわち架橋的変容エージェントである。

　では、なぜ彼女は新版でオキナワン・フードの章を加えたのか。筆者のインタビューに答えて彼女は「前の版を見た沖縄系の友人から、沖縄料理の章も設けるべきよ。だって、日本（本土）の料理とはとても違うのだから」といわれたからと説明した[7]。オキナワン・コミュニティの中からの注文ないし誘いに彼女が応じたのである。もちろん注文があったとしても彼女の側にそれを納得して受け入れるだけの知識や体験がなければならない。彼女はナイチ系の日系三世であり、日系人の「常識」では沖縄系は日系の一部である。したがって、オキナワンは「（民族的には）Japaneseだが、その食文化が（沖縄）島特有のものであるので」と断って取り上げている（Corum, 2000: iv）。別枠で取り上げるだけの質と量を沖縄食がもっていると認めたということだ。ともあれ、*Ethnic Foods of Hawaii*と銘打って出版したからにはオキナワン・フードはエスニック・フードとしてひとり歩きするのは間違いない。彼女は結果的に沖縄食をハワイにおけるひとつのエスニック・フードとして「昇格」させた変容エージェントの一人といってよいだろう。

　出版物という「マスメディア」を用いるということは全体像だけでなく細部まで規定してしまうということである。すなわち彼女が取り上げた料理のアイテムがオキナワン・フードの代表となり、そのレシピがその料理のスタンダードを決定することになるのだ。これが、活動家と並んでメディアの人びとも文化変容のエージェントであるとする所以である。

6．架橋的エスニック・エージェントのはたらき ——今後の展望——

　近年、集団的アイデンティティやエスニック・アイデンティティとフードと

の密接な関係が注目を浴びるようになった（たとえばBrown and Mussell, 1984；Humphrey and Humphrey, 1988；Jeffrey, 1998；Wu and Cheung, 2000；Pilcher, 1998など）。集団的アイデンティティ形成に料理・食べ物が「利用」されたり、集団の文化の象徴の一種としてエスニック・フードが「衣更え」させられたり「再構築」されたり、場合によっては「創造」すらされる「変容過程」（transformation process）について、欧米を初め、多くの研究がなされるようになったのである。それまでの伝承的家庭料理や郷土料理が、政治的な文脈のなかで「意味づけ」され、「エスニック・フード」など集団的なアイデンティティを象徴するものへと変貌あるいは「昇格」する研究や、経営的な必要や目論見からエスニック・フードなどがアイデンティティの乗り物として記号的な消費の対象になる過程の研究など興味深い研究が賑々しく行われている（経営の文脈では、たとえばHalter, 2000）。そうした研究によれば、政治的にしろ経営的にしろ、変容エージェントの意向・ニーズとかれらの当該の食に関する知識の質量次第で「オーセンティックな伝統料理」といえども上記のような「変容」が行われる。現に、沖縄食においてもハワイではアンダーギーやショーユポークのように伝承的なそれとは異なったレシピが普及している。ハワイにおいてはカタカナで「オキナワ料理」といわざるを得ない所以である（佐藤, 2008）。

　変容エージェントによるフードへの意味付けの過程を本稿の文脈にそって、試みに「エスニック・フード形成運動」と呼ぶなら、米本土におけるそうした研究や運動が質・量とも他所を圧倒している。したがって、ハワイにも、米本土の変容エージェントと人的ネットワークを通して直接的な影響を与えあったり、マスメディアやインターネットなどのメディアを通して間接的な影響を与える変容エージェントがいる。

　たとえば、米本土の日系人の変容エージェントはハワイのエージェントと組んで「From Bento to Mixed Plate: Americans of Japanese Ancestry in Multicultural Hawaii」などの、食とアイデンティティをつなげるプロジェクトを展開している（L.A.の全米日系人博物館主催）。かれらの運動がハワイの運動に影響を与え、ハワイの運動がまた本土の運動に影響を与えるというインタラクションがあるとわれわれは考えている。こうしたエージェントのうち、州

境や国境を越えて行き来したり情報を授受して相手方コミュニティの文化変容に寄与したり、自分たちのコミュニティの文化変容を促す活動する人びとを架橋(かきょう)的エスニック・エージェントと呼ぶ(その典型例がカーリーンである。本書第10章参照)。架橋的エスニック・エージェントはこのように他所に住む同胞と結んで働きかけることもあるし、他のエスニック・コミュニティとつないで片方もしくは両方に文化変容をもたらすこともある。ともあれ、こうした架橋的エスニック・エージェントが形成する越境的なネットワークを跨境(こきょう)的ネットワークと呼ぶ[8]。この跨境的ネットワークは昨今沖縄とハワイという二つのハブを中心にグローバルな広がりをみせている。沖縄からハワイへ、ハワイから沖縄へ、さらにハワイからロサンジェルスへ、ロサンジェルスからサンフランシスコへという新しい情報の流れは、食文化や芸能を中心とした文化の変容を各地にもたらし、それがさらに遠隔のオキナワン・コミュニティの文化変容を促すというふうに機能しているようにみえる。グローバル化が急激に進行する今日、こうした架橋的エスニック・エージェントが機能する跨境的ネットワークによる文化変容、とりわけ文化創出の実態解明も視野に入れた研究が必要となろう。

注

(1) 初版は *Okinawan Cookery and Plate*、1975年の刊行。なおその改訂版ともいうべきものが *Okinawan Mix Plate* で、2000年の発行である。Hui O Laulima はさらに、2008年7月に沖縄文化紹介を兼ねた豪華なクックブック『*Chimugukuru* 胆心 *The Soul , the Spirit, the Heart*』を出版している。

(2) ロイ・カネシロは1982年のフェスティバル開始時のUOA(後のHUOA)会長、三世、当時30歳代後半。スタンレー・タカミネ.(二世、当時40歳代前半)は、そのフェスティバルの実行委員長である。このインタビューをアレンジしてくれたのは筆者のハワイにおける研究的側面のネットワークのなかのカーリーン・チネン(ジャーナリスト、日系新聞 *Hawaii Herald* 編集長)とジョイス・チネン(ハワイ大学ウェストオアフ校社会学教授)であった。

　インタビュー日時:2006年9月16日(土)19:40〜21:00　場所:ハワイ沖縄センター・セリカク茶屋。インタビューアーは、筆者とカーリーン・チネン、ジョイス・チネン、佐藤万里江(当時東京大学大学院地域文化専攻博士課程)。

(3) こうした先行イベント事例があったからオキナワン・フェスティバル創始の計画が比較的スムーズに運んだ、というのが筆者の見解であり、現地にも同様の見解の人がいる。

(4) 「那覇まつり」は、毎年10月の最初の土曜、日曜、月曜の3日間、那覇市内の奥

武山運動公園を主会場に開催される、県内屈指の大イベントである。2011年から祭りの名称が那覇大綱挽まつり（なはおおつなひきまつり）と改称された。市当局によれば那覇の「伝統行事」ということになる。なお、過去4回行われた世界のウチナーンチュ大会はこの大イベントに続いて開幕するような日取りとなっており、世界中から集まる3000人〜4000人余り（第4回大会の場合、大会ホームページによると4400人）のウチナーンチュもこの興奮のなかで自らのルーツを確認することになる。

(5) ジーン・カネシロとのインタビューは、日時：2005年9月4日（日）15：00〜16：00　場所：カピオラニ公園のオキナワン・フェスティバル会場。インタビューアーは、筆者と佐藤万里江。ジーンは三世。ハワイでも有名なレストランであった「コロンビア・イン」の跡取りとして生まれる。のちにレストランを廃業、公立学校への給食提供企業の経営に転進。オキナワン・フェスティバル創始時30歳代後半。ハワード・タカラは三世。元公務員上級職。やはり家業が食堂だったため通学のかたわら店を手伝った。フェスティバル創始時30歳代後半。ハワイ日系文化協会とHUOAの共同研究プロジェクト「ハワイの沖縄系レストラン」に世話役として関わる。ハワードとのインタビューは、日時：2005年9月4日（日）14：00〜15：00　場所：カピオラニ公園のオキナワン・フェスティバル会場。インタビューアーは、筆者と佐藤万里江。

(6) 2017年のオキナワン・フェスティバルで販売されたフードは以下の通り。
　①沖縄食　Pigs feet soup（豚足汁）、Yakisoba（沖縄スタイル焼きそば）、Okinawa soba（沖縄スタイル麺）、Champuru plate（醤油ポークとライスと野菜チャンプルーがワンプレートに）、Andagi（サーターアンダーギー）。
　②沖縄食とアメリカンの習合 Anda dog（アンダードッグ。ホットドッグをアンダーギーの生地でくるむ）。
　③日本食起源　Yakitori stick（焼き鳥串刺し）、Maki sushi（巻き寿司）、Shave ice（かき氷）。
　④アメリカン　Oki dog（ホットドッグとチリをトルティーヤで巻く）、Chili rice（チリライス）、Chili Frank plate（チリとホットドッグをライスに添えて）、Chicken plate（バーベキューチキンをライスに添えて）。
　10年の間に2、3点変わったことがわかる。沖縄食に関しては基本的に同じである。

(7) Corum氏とのインタビューは、2007年9月4日　場所：カピオラニ公園。インタビューアーは筆者と佐藤万里江。

(8) 跨境的ネットワークの跨境という語は、松本誠一氏（東洋大学社会学部）のTransnational family（跨境家族）に倣ったものである。ただし、英訳はtransborder networkとする。国境だけでなく、州境または民族集団を跨いで、頻繁に往来したり情報をやり取りするという意味を含むからである。なお跨境という語は越境というやや曖昧な語より適切な表現であると考える。

参考文献

新垣誠（1998）「沖縄の心（Uchinanchu Spirit）：ハワイにおける「ウチナーンチュ」

という主体性についての一考察」『移民研究年報』第4号.

Brown, Linda Keller and Kay Mussell (eds) (1984) *Ethnic and Regional Foodways in the United States: The Performance of Group Identity*. The University of Tennessee Press.

Corum, Ann Kondo (1984) *Ethnic Foods of Hawaii*. The Bess Press.

Corum, Ann Kondo (2000) *Ethnic Foods of Hawaii, Rev. ed*. The Bess Press.

Halter, Marilyn (2000) *Shopping for Identity: The Marketing of Ethnicity*. Schocken Books.

Hobsbawm, Eric and Terenc Ranger (eds) (1983) *The Invention of Tradition*. Cambridge University Press. 前川啓治他訳 (1992)『創られた伝統』紀伊國屋書店.

Hui O Laulima (1975) *Okinawan Cookery and Culture*. Hui O Laulima.

Hui O Laulima (2000) *Okinawan Mixed Plate*. Hui O Laulima.

Humphrey, Theodore C., and Lin T. Humphrey (eds) (1988) *We Gather Together : Food and Festival in American Life*. Utah State University Press.

Pilcher, Jeffrey M. (1998) *¡Que Vivan Los Tamales! Food and the Making of Mexican Identity*. University of New Mexico Press.

佐藤万里江 (2008)「ハワイのオキナワ料理の創造」白水繁彦編『移動する人びと、変容する文化』御茶の水書房.

Shinar, Dov (2005) 'The Mass Media and the Transformation of Collective Identity' in Rothenbuhler, Eric W. and Mihai Coman (eds) *Media Anthropology*. Sage Publications.

白水繁彦 (1998)『エスニック文化の社会学』日本評論社.

白水繁彦 (2004)『エスニック・メディア研究：越境・多文化・アイデンティティ』明石書店.

白水繁彦 (2006)「ハワイのウチナーンチュと沖縄：持ちつ持たれつの関係」『琉球新報（朝刊）』(2006年4月27日〜2006年6月15日の間に8回連載).

白水繁彦 (2007a)「フェスティバル、フード、そしてアイデンティティ：ハワイにおける「沖縄料理」の政治学序説」『武蔵大学総合研究所紀要』No.16 (2007).

白水繁彦 (2007b)「コミュニティ・アイデンティティのつくられかた――コミュニティ・メディアと変容エージェント」田村紀雄・白水編著『現代地域メディア論』日本評論社

白水繁彦・佐藤万里江 (2006)「エスニック・コミュニティのリーダーシップ：ハワイ沖縄系社会にみるエスニック文化主義の普及活動」『武蔵大学総合研究所紀要』No.15.

鈴木弘貴 (2002)「マスメディアがエスニシティに与えうる影響の理論的考察：集団的アイデンティティ概念を手がかりとして」『社会情報論叢』第6号、十文字学園女子大学社会情報学部.

Wu, Y. H. David and Sidney C. H. Cheung (eds) (2000) *The Globalization of Chinese Food*. University of Hawai'i Press.

山中速人 (1987)『アロハスピリット――複合文化社会は可能か』筑摩書房.

第4章 ハワイ沖縄連合会歴代会長の標語（Theme）
——価値を付与する人たち——

　ハワイ沖縄連合会（HUOA）の会長はいつのころからか自分の任期中（1年間）に掲げる標語（テーマ）を制定するようになった。その始まりを特定するために、同会の機関紙 *Uchinanchu* やその前身の『連合会ニュース』を精査してみたが、1986-87年の標語より以前には年間テーマという形での明確な提示は見いだせなかった。念のために、最初に明示したと思われるエド・クバ元会長に「あなたが始めた制度か」と質してみたが、明確な回答は得られなかった（2017年9月3日於カピオラニ公園オキナワン・フェスティバル会場にて。本書第7章参照）。

　ともあれ、1980年代が標語制定の嚆矢であるらしい、ということだけでも見いだし得たのは幸いだった。この時期は、筆者のいう第二次ウチナーンチュ・ムーブメントの最盛期である。各部署のリーダーたちは懸命になってオキナワン・コミュニティをまとめあげ、精神的な一体感と自尊心を持たせようと試みていた。そんななかでのトップリーダーの標語である。そこには、かれらの思いが端的に表現されているはずだ。2017年までの分を一覧表にしてみた（表-1）。これはかつて作成したもの（白水, 2004）に大幅に加筆修正をほどこしたものである。

［表-1］

年度	会長名	標語（テーマ）と日本語訳	英語意味等	備考
1986-87	Ed Kuba	Chibariyoo, Hamariyoo がんばろう	Go for it	初めての標語
1988-89	Maurice Yamasato	Ichariba chode 行き会えば兄弟姉妹	Should we meet, we are brothers and sisters	この年から標語を制度化か
1989-90	John Tasato	Kanaganatu 仲睦まじく	Simply together	

年	会長	標語	英訳	備考
1990–91	Wayne Miyahira	Ukajide おかげさまで	We are enriched because of you	
1991–92	Issac Hokama	Champuru and 40 years of Cultural Sharing	Mixed up 文化の混交 分かち合い	県人会創立以来40年の歩み回顧
1992–93	Warren Higa	Reach out and Touch	手を伸ばして掴もうよ	非沖縄語
1993–94	Jane Serikaku	Chimugukuru 胆心 心の底からの愛、誠	Love and compassion for your fellowman	女性会長
1994–95	Will Hokama	Chibayabira 頑張りましょう	Let's go for it	
1995	Michael Abe	Uyagukuru 親心	Parental love 一世の愛・知恵	任期が1月から12月へと変更される
1996	Randall Kuba	Kahuushi 世話してくれてありがとう	Heartfelt appreciation for caring	
1997	Dexter Teruya	Chuishiiji お互いに助け合う	Sharing with a spirit of cooperation	
1998	Pamela Tamashiro	Yuimaaru 結まわる 助け合い相互扶助	Coming together to work towards the successful achievement of common goal	女性会長 「結」が初登場
1999	Lillian Takata	Yaaninjyu みんな一つの家族	We are one family	女性会長
2000	Albert Miyasato	Shikeya chode 世界兄弟	One world, one people	沖縄移民100年祭
2001	Jimmy Iha	Yuinu Kukuru 結の心、助け合い	Uchinanchu spirit with hearts together	ウチナーンチュ・スピリット
2002	Gladys Tokunaga-Asao	Ichimadin kanaganatu いつまでも仲睦まじく	Forever embracing	女性会長
2003	George Tamashiro	Chimu zurii 胆揃い 心合わせて	The beautiful harmony	
2004	Cheryl Okuma-Sepe	Warai fukui 笑　福	Joy in our hearts brings good fortune	女性会長
2005	Rodney Kohagura	Hukurashaya 誇らしい	Proud to be Uchinanchu	ウチナーンチュであることは誇らしい

Year	Name	Theme	Description	Notes
2006	Laverne Higa Nance	Shinasaki with Okinawan spirit and heart 詩情	Okinawans – with spirit and heart for our music, culture, food, dance, language	女性会長 音楽、文化、料理、踊り、ことばに誇りをもったオキナワンになろう
2007	David Arakawa	Kizuna 絆	Perpetuating ties to our Uchinanchu culture and heritage	ウチナーンチュの文化と遺産を末永く続けて行こう
2008	Jon Itomura	Shinai gukuru 撓心	Hearts in Harmony 心の調和	撓心 しなやかで折れないの意
2009	Ford Chinen	Pono, Makutu ポノ（ハワイ語）誠	"Pono" – what is correct, what drives us to do the right thing.	ハワイ語と沖縄語 ほとんど同義とFordはいう
2010	Paul Komeji	Okagesamade おかげさまで	Because of you, the past, present, and future	ナイチ系会長。妻が沖縄系
2011	Norman Nakasone	Hana nuuzi 華虹	Magnificent Rainbow… Connecting Our Precious Past to a Bright Future.	尊い過去と明るい未来を繋ぐ壮大な虹
2012	Cyrus Tamashiro	錬心 Nourish your spirit		数々の行事を錬心で乗り越えよう
2013	George Bartels Jr.	Ukazi deebiru 御陰様で	Because of you !	初のハワイ系会長。妻が沖縄系
2014	Chris Shimabukuro	Surii jyurii 皆でうち揃って	Working together in Harmony	協力・協働を謳う
2015	Mark Higa	Sumiti – Making an Imprint for Our Future Generations 染めて	Let's look for ways that we can make our imprints together.	次世代に示すに足る足跡を
2016	Tom Yamamoto	Itsi madin – Laulima いつまでも助け合おう	Forever Working Together	沖縄語とハワイ語永遠に相互扶助を
2017	Vince Watabu	Mutee Sakee Thriving Prosperity 繁栄	The future, which is directly tied to the HOP	ハワイ沖縄プラザの完成で永続的な繁栄を

この表-1を見て気付くことは、第1に、標語が、ローマ字表記してあるものの、ほとんどがウチナーグチ（沖縄語）によるものであるということである。では、なぜウチナーグチか。

　ここで思い出したいことは、アイデンティティということばには独自性という意味もあるということである。だから、オキナワンが独自性を主張するためには、主流社会の言語である英語でもいけないし、まして、日本における主流社会の言語であるヤマトグチでもいけない。どうしてもウチナーグチでなければならない。そのうえで、この沖縄文化は並大抵のものではない、誇るに足るものだということを認知させれば愛着や誇りへと結びつける道が開ける。

　ハワイ沖縄連合会の会長がわざわざウチナーグチを年間の活動指針にするのも、じつはこのスキームの線上にある。出自文化つまり沖縄文化の独自性を認知させ、さらにその素晴らしさ、優越性を教え込む。その際、特に普及したいアイテム、いわば「キラーコンテンツ」を注意深く選び取る必要がある。なぜならそれが広く行きわたると自分たちの文化の精華もしくはエッセンスとして認識されることにつながるからだ。そうなるとそれは、例えば「ウチナーンチュ・スピリット」の中核的な概念として理解されることにもなろう。

　会長たちはこうした「企図」をもって標語を選んだに違いない。そして、その選び取った語句に価値を吹き込めば堂々たる「金言」になる。その際注意しなければならないことは、意味がよければどんな語句でもよいというわけではないということである。多少とも人びとが納得する意味をもち、多少なりとも聞いたことがあるという語句のほうがよい。この、「馴染み」があるか否かはアイディアの普及を大きく左右するものである。人類学や普及学でいう文化的適合性（の高さ、低さ）である。人は馴染みのないものに対しては受容を躊躇するという心的傾向があるからだ（白水, 2011, 71-73）。

　その意味では、これまでの30人あまりの会長たちのなかにはかなり周到に選び取ったと思われる人がいる。そして、その骨子がハワイのオキナワン・コミュニティの「ウチナーンチュ・スピリット」の中核となったアイディアも少なくない。2012年のオキナワン・フェスティバルの際、筆者はゼミの学生らと、ウチナーンチュ・スピリットとアイデンティティに関するインタビュー調査を実施したが、その結果にもそれが如実に表れている。この調査では、ウチナー

ンチュ・スピリットとはなにか、という問に30個の回答があったが、その内容は、協力・協働・相互扶助といった社会関係に関する徳目と、その背後にある精神ともいうべき友情・隣人愛・博愛・寛容・頑張りという徳目とがほとんどを占めた。じつに全回答の約8割にのぼったのだ。それらをウチナーグチで示せば、「ユイマール」「イチャリバチョーディ」「ヤーニンジュ」「シケヤチョーディ」「チバヤビラ、チバリヨー」などという言葉となろう。

　このHUOAの歴代会長たちの標語とその背後にある「企図」を読み込むと、以下のような仮説が導き出される。つまり、人びとをある方向に導こうとする変容エージェントの役割のひとつは、たとえそれが見過ごされるようなものであっても、そこに価値を見出し（価値を付与し）人びとの注意を喚起することである。

　この点に関して筆者には印象深い思い出がある。1980年代の中頃のこと、オキナワン・フェスティバルの創始者たちが必死になってオキナワンたちにプライドを持たせるべく沖縄文化を賞揚している最中、ある沖縄系の戦後移民のかたが筆者に、「（沖縄芸能などは）どんなに褒め上げても所詮二流の文化ですよ」と心情を吐露し、そうした文化を大々的に披露する三世たちに対しやや冷めて目で見ておられた。このかたは日本文化などにも詳しい見識のあるかたなので、その優劣などよくわからない筆者は「沖縄系の人なのに、ずいぶん思い切ったことをいうなぁ」と感心したものである。ところがどうだろう。その後、沖縄県でも「人間国宝」が続々誕生したし、ハワイのオキナワンの芸能の技能も向上した。もし、日系の祭や多民族のイベントでオキナワンの歌舞音曲集団が登場しないとしたら、実に拍子抜けというか盛り上がりに欠けるということになろう。いまのところ、くだんの戦後移民のかたの予想を裏切る結果となっている。

　オキナワン・コミュニティの各層の変容エージェントたちは、沖縄の歌舞音曲はいうにおよばず、オキナワン・フード、ウチナーグチ、そして相互扶助といった慣習や精神にまで価値を付与し、褒め上げ、オキナワンたちを勇気づけ鼓舞し続けたのである。筆者のいう民族文化主義の普及と実践運動である。その結果がこの盛況である。

　ただ、いずれにせよ、こうした「運動」が奏功したのは、実態としての貧困

や差別、記憶としての貧困や差別を当事者意識をもって感じることのできる人たちが大勢いたからである。つまり、ナイチなどからのいわれのない偏見と差別に曝らされ、砂糖耕地などでの低賃金に苦しめられたからこそ自分たちの民族文化の優越性を謳うメッセージが届きやすかったし、現にエネルギーが湧いて出たのである。しかるに、今日、多文化主義が一般化し、次世代のオキナワンにはミドルクラスの人びとも少なくない。ましてやプランテーションの記憶も知識もない。どうしても、当事者意識を持てない人びとが増加することになろう。これから変容エージェントたるエスニック・リーダーはどこへ向かえばよいのだろうか。

参考文献
　白水繁彦（2004）「エスニック文化とエスニック・アイデンティティの世代間継承」『移民研究年報』第10号
　白水繁彦（2011）『イノベーション社会学：普及論の概念と応用』御茶の水書

概説
第5章 ウチナーンチュ・ネットワークのゆくえ
―― WUB：エスニシティで繋がるビジネス世界 ――

1．問題の所在

　1972年春、筆者は敬愛する文化人類学者の故野口武徳に導かれ、初めて沖縄を訪れた。「本土復帰」直前の沖縄は筆者に強烈な印象をあたえた。その衣食住は、どこか中国風であり、日本風でもある。そして、なんとなく東南アジア風でもある。それまで日本国内のさまざまな地域を旅してきた筆者が初めて体験した「異文化」、それが沖縄文化であった。

　その後、1978年春に初めて行ったハワイで、沖縄系の二世のサキマ夫妻と懇意になる。沖縄との深い縁を感じざるを得ない。かれらをとおしてハワイの沖縄系社会（現地の表現では「オキナワン・コミュニティ」または「ウチナーンチュ・コミュニティ」）にも入り込んでいくことになった。オキナワン・コミュニティとの長くて深い付き合いのなかで、ハワイのウチナーンチュにとっては沖縄が特別の存在であるということがわかってきた。すなわち、かれらは沖縄との直接的、間接的交流のなかで独自の沖縄イメージを紡ぎ、織り成していったのである。そのイメージは多分に理想化され、称揚されることも少なくない（白水, 2004, 304-327; Hui O Laulima, 2000, 3-4）。筆者が観察を続けているハワイのオキナワン・コミュニティのリーダーたちはウチナーンチュ・ムーブメントを怒涛の勢いで推し進め、80年代から90年代にかけてコミュニティの多くの人たちに「ウチナーンチュ・スピリット」（新垣, 1998, 30-36）を植えつけることに成功した（本書の各章参照）。

　そうしたハワイをはじめとする「海外ウチナーンチュ」の自信に満ちた行動は、かれらと交流をもつ沖縄のメディアや知識人にも影響を与えずにはおかなかった。それらは『琉球新報』『沖縄タイムス』『沖縄テレビ』による海外のウチナーンチュ取材記事・番組で長期間にわたり伝えられた。影響の送り手と受

け手が交替する関係のなかで、沖縄県は世界中からウチナーンチュを招いて交歓する祭（イベント）「世界のウチナーンチュ大会」を5年に一度催すことに決めた。その第1回が1990年に開催された（2016年、第6回目が催された）。それを契機としてビジネスの国際ネットワークWUB（Worldwide Business Network）が結成された。

本稿は、沖縄においてハワイや世界のウチナーンチュとの交流にかかわってきた人びとに対して行ったインタビューのうち、華僑ならぬ「琉僑」を目指すWUBの事例を中心に、沖縄系のエスニシティを基礎とする交流の経緯を明らかにしてみたい。なお、WUBの成立と不可分の関係にある「世界のウチナーンチュ大会」についても適宜言及する。

2．WUBについて

WUBは、1993年に、ロバート（ボブ）ナカソネ（Robert (Bob) Nakasone）の主動によって創設されたハワイ・ウチナーンチュ・ビジネス・グループ（HUB）をその起源としている。HUBの創設にかかわったのは、「沖縄・ビジネス研修旅行」に参加した人びとである。

1995年、沖縄県が主催した「第2回世界のウチナーンチュ大会」の折、世界のウチナーンチュのビジネス関係者を糾合した「経済フォーラム」が設けられた。そこで組織化に賛同した人びとを中心に、1997年9月、ホノルルのイースト・ウェストセンターにおいて第1回WUB大会がHUBの主催で開催された。その大会の席上、沖縄やアジア各地、南北米からの代表から世界各地にWUBの支部を立ち上げようというアイディアが提案された。筆者は第2回世界のウチナーンチュ大会、第1回WUB大会の双方に居合わせたので、その行く末が他人事ではないという気持ちになっていた[1]。

1997年11月、沖縄で開催された「ハワイ・沖縄会議」の期間中に行われたミーティングで、WUB（Worldwide Uchinanchu Business Association）が正式に設立された。その後、曲折を経て、今日では南北アメリカ、アジア、ヨーロッパ、そして太平洋各地に23支部を持つまでになった。なお、WUBはその進展にともない、2008年にその正式名称を「世界ウチナーンチュ・ビジネスネットワー

ク」(Worldwide Uchinanchu Business Network) と改めた[(2)]。

　筆者は2017年9月1日、イースト・ウェストセンターの大会議室で行われたWUB20周年記念の第21回WUBネットワーク会議に招待されて参与観察の機会を得た（招待してくれたのはWUBの初期からの会員であるジョン・タサトJohn Tasatoである）。午前中はいわゆるセレモニーで、ハワイ政界の重鎮や世界各地の支部長などの挨拶が続き、その盛大さが印象的な会であった。

　そこでボブによってWUBの目的があらためて宣言された。各事項は以下のとおりであった。
　　◎会員による地球規模でのビジネス機会の促進
　　◎会員への情報提供、教育による国内外のビジネス機会の開発
　　◎ビジネス機会についての会員間での出版等による情報交換
　　◎会員の世界を舞台としたビジネスへの成功に資する知識とスキル向上の支援

　午後は各会議室に分かれてのセッションとなった。セッションは五つほどもあっただろうか。ビジネス関連のセッションは大きな部屋で行われていた。筆者はビジネスとは関係のない「民間大使セッション」にオブザーバーとして出席した。最大50人ほど収容の比較的こじんまりとした部屋であった。壇上ではハワイ、米本土、南米の民間大使、元民間大使等が5名、その経験談や反省点を語り、さらに民間大使を任命している沖縄県の職員が民間大使設定の目的等を述べた。フロアーは民間大使や元大使、筆者のようなオブザーバー合わせて30人ほどであった。

　ほかのセッションを観察したわけではないので、このセッションの感想しか述べられないが、和気あいあいという感じはよいとして、登壇者のストーリーに統一性がなく、登壇者や司会、通訳等スタッフ間の事前の打ち合わせも十分ではなかったようで、通訳が困り果てる場面も多々みられた。WUBは基本的にボランティア団体としての性格をもっている。そのせいもあろうか、実働スタッフ不足が垣間見られるセッションであった。そのなかで、元民間大使としてその業績を述べたエド・クバ（Ed Kuba）のスピーチは見事で、80年代の第二次ウチナーンチュ・ムーブメントを牽引した「火の玉リーダー」のひとりとしての貫禄をみせた（その内容については第7章参照）。

先述のように、WUBの立ち上げ段階から見ている筆者はその行く末が気になっていた。そこで、WUBの早くからの観察者にインタビューを試みたことがある。以下、WUBがその初期段階にどう見られていたかを知る手掛かりとなる資料である。

3．沖縄系移民の世界的ネットワーク（「琉僑」）の現状について

　Y氏インタビュー　日時2005年3月6日　於：那覇市。故Y氏は地元紙『琉球新報』で長く記者生活を続け、特に現地取材に基づく海外ウチナーンチュのレポートで名高い。以下とくに断らない限りY氏の語りを編集構成したものである。（　）の中は筆者による補足。次項以降のインタビューも同様。

（1）WUB発足の経緯について

　1990年、第1回世界のウチナーンチュ大会が開催されましたね。この時は、初めての県の主催というので世界中から2000名以上がやってきた。大いに盛り上がったし、海外から来たウチナーンチュは「母県に帰ってくることができた」「世界の仲間と会えた」というので大変感激していた。ともあれ、初顔合わせでもあり、なつかしいという感情のみで終了したような感じだった。最初だったのでそれでよかったのかもしれない。

　1995年、沖縄県は第2回の世界ウチナーンチュ大会を開催した。第1回と同様の規模だったが、内容を煮詰めるべきという意見がでる。要するに、費用を3億円もかけ、多数のウチナーンチュや芸能団が行ったり来たりだけではもったいない、というのである。実務的なビジネスの交流はできないか、なにか世界のウチナーンチュのビジネスの組織はできないものかという声がでてきた。そこでイメージされたのが発展する中国の牽引力のひとつ「華僑」のネットワーク。世界の琉球人のネットワークということで「琉僑」という言葉も飛び交った。

　その第2回世界のウチナーンチュ大会の後、HUBが設立された。ボブ・ナカソネが主唱者である。ハワイの場合、それまでウチナーンチュを統合する組織としては県人会のHUOA（ハワイ沖縄連合会）が唯一だったが、こんどは

HUBもある、という形になった。ボブらの懸命の働きかけもあって、世界各地に支部がつくられ、1997年、WUB Internationalの発足を見るまでになった。ただし、ハワイの場合、WUBの存在が大きくなり、県人会の存在がかすんできてしまっているようにみえる。私（Y氏）のみるところ、WUBと県人会の関係はうまくいっていないのではないか。役割分担や調整が難しいのかもしれない。なお、WUBはこれまで8回の世界大会を行なっている（2005年3月現在。なお、その後、WUBとHUOAの間に軋轢があるようにはみえない）。

（2）WUBの現在の展開

現在WUBは、全世界に21支部、全体の会員数は、450名ほど（2005年現在）。しかし、「琉僑」とはいっても、（華僑にくらべて）実質が伴っていないようにみえる。現在展開している事業のリストアップをして欲しいと思うが、作成されてはいないようだ（2005年現在）。なお、移民の歴史やWUBの活動をまとめた本を出す動きはWUB東京支部にみられる。

華僑の例でいえば、台北の客家の支部は、24時間態勢で経済活動の情報が入る仕組みをつくっている。このような態勢をWUB本部でも敷くべきだと思う。

（3）世界のウチナーンチュが集うことの意味

戦前に海外へ行った人々は、市町村のキャラクターを残している。いっぽう、沖縄県は、年々近代化しており、市町村のキャラクターが薄れつつある。そこで、海外のウチナーンチュ意識を逆輸入しようというのが、世界ウチナーンチュ大会の最初の目論見だった。

日本に復帰した後、沖縄県は本土の縦割りのシステムに組み込まれ、自信を喪失していた。地元紙が海外ウチナーンチュの大活躍を連載し始めたり、地元テレビ局の前原信一氏が現場取材してきたビデオを放送（「世界のウチナーンチュ紀行」）し始めたというのも、こういった背景があってのこと。しかし、昨今は、海外でも三世四世の時代になり、私（Y氏）の見るところ、かつてのような大成功をおさめる人が少なくなってきたため、国や地域によっては題材に事欠くところも出てきたようだ。

4．WUB沖縄支部の現状と将来の展望

WUB沖縄支部幹部　M氏、K氏、O氏、A氏に話を聞く。
インタビュー日時 2005年3月8日 於：那覇市

　沖縄や海外のWUBを取材してきたY氏の観察に続いて、当の沖縄支部の幹部たちにインタビューを試みた。幹部たちはWUBの現状をどう評価し、どのように将来を展望しているか。世界のウチナーンチュが繋がるということをどう捉えているかをみてみたい。以下、インタビュー記録を筆者がまとめたものである。

（1）世界のウチナーンチュが繋がるということ

　中国の華僑が頭の中にある。ただし客家とはまた違う。移民した先において（ウチナーンチュの場合）沖縄の社会がちゃんと根付いている。精神面で沖縄の人が移住していった人々を助けているからだ。例えば、他県の移民の場合、負け犬が移民していったという見方をする人がいるなど悲壮感があるが、沖縄はまったく異なる。ちょっと稼いでくるという雰囲気だ。他国に記念行事があれば応援に行くし、海外との交流が途絶えない。

　WUBがこれまでの世界のウチナーンチュのネットワークと異なるのは、今までは、沖縄を中心としたハブ型であったのに対し、WUBは分散型のネットワークとなっている。つまり、沖縄を介さずに、ペルーとアルゼンチンが繋がったり、ハワイで世界ウチナーンチュ会議を開催したりするなどの活動が行われている。

　海外の県人会は、一世、二世が三世、四世の国籍や教育問題を気にしている。したがって、一世、二世は文化に関心がある人々が多いのに対し、三世以降はビジネスなど実質面の志向が強い。だから、一世や二世が引退すると、WUBの会員が増えるだろうと見込んでいる。とはいえ、沖縄への想い（ウチナーンチュ・スピリットや沖縄文化に対する誇り、憧れ）は、海外のウチナーンチュのほうがはるかに強い。いっぽう、今の沖縄の人の目は外（ビジネスなど）に向いている。WUBの会員のなかにも「ビジネスのために入ったのにみんな文化の話ばかりする」と憤慨する人もいる。

（2）WUBの将来

　かなり近い将来、このネットワークを有効に使うつもりである。例えば、EM農法や沖縄の民謡や空手を普及する手段に使える。文化はビジネスである。
　私（空手家のO氏）がそもそもWUBに入ったのは、空手の普及をしたらどうかという提案をするためである。空手人口は世界に5000万人いる。それにも関わらず、現在はエンドユーザー（現地の教室）だけが儲かっている仕組みとなっている。沖縄発祥の空手を使って沖縄の活性化につなげてゆきたい。

5．ハワイの沖縄系コミュニティとの関わり：民間交流の現場から

真喜屋明氏　インタビュー日時　2005年5月10日　於：那覇市
　真喜屋氏は元地元紙の記者。現在は引退して数々のボランタリーな役を担っているが、そのなかに沖縄ハワイ協会長という職があった（先年高山朝光氏と交代した）。同協会は私的な団体でいわば民間交流団体の代表格である。長年にわたって会長を務めた氏の交流にかける思いがハワイと沖縄の民間交流に大きな影響を与えてきた。

（1）ハワイとのかかわり

　私（真喜屋氏）がハワイと初めてかかわりを持ったのは、1967年の佐藤・ジョンソン会談の取材で特派された時です。当時、ハワイには、誰も知人がいなかったが、琉球政府の行政主席であった松岡政保氏の紹介で、（ハワイ沖縄県人会の要人であった）仲嶺真助氏などと知り合うこととなります。
　ハワイでは、『ハワイタイムス』や『ハワイ報知』などの日系メディアを訪問したが、そのとき、口々に「沖縄の人びとは何故復帰を熱望しているのか？」と質問された。そのインタビューに答えた私の談話が、地元の日系新聞に掲載され、ホテルには電話が殺到することとなりました。小笠原返還（1968）の取材にワシントンへ行った帰りにハワイへも立ち寄ったが、その時も同様の質問を日本語の新聞やラジオから受けた。というのも、当時のハワイの沖縄系の人びとは、90％以上が日本への返還に反対で、沖縄はアメリカの準州になればよ

いと考えており、何故沖縄の人びとが日本復帰したいのか、実際沖縄の人びとはどのように考えているのか知りたがっていたのです。

（2）ハワイの沖縄系社会の今後

ハワイの沖縄系社会は、この5年から10年の間に変わってゆくでしょうね。今は、文化・芸能が物品や物産などより比重が大きいが、今後は、逆に物品物産の比重が大きくなるだろう。そうなってゆくと、これ（文化・芸能）をやる意味は何なのかという声が必ず出てくるだろう。もちろん、文化がなくなるということはないだろう。文化というのは、ウチナーンチュ・アイデンティティや自意識の接着剤だからです。

ハワイでも、14、5年間、沖縄ブーム（ウチナーンチュの台頭が著しい、プレゼンスが大きい）ですね。それは、サキマ・アキラのような二世や、それに続く有能な三世がいるから。かれらが無私の精神で沖縄系社会をまとめあげ、プライドを持つようにリードしてきた。しかし、今後もブームが続くかどうかはわからない。

現在のハワイの沖縄系社会の特徴のひとつは、若い人にビジネスに関わる人が少なくなってきたことがあげられる（これまでは、ハワイにおける著名なビジネスマンにはウチナーンチュが多かった）。というのも、四世や五世はサラリーマン化してきているからだろう。もうひとつの特徴は異民族間結婚の増加による、沖縄をよりどころにしなくなった人の増加だろう。ただし、米本土に住んでいるアメリカ人と比べれば、ハワイ（の沖縄系社会）は、現在のような濃厚な関係ではないにせよ、自らのルーツを遡る傾向は続くだろうと思います。

（3）知己の関係と、文化・芸能が支えるハワイと沖縄のつながり

80歳代であるサキマ氏のような二世と自分は同世代である（サキマ氏は先年逝去された）。ハワイと沖縄の関係というのは、実は、ハワイの○○さん（たとえば、サキマさん）との関係なのだ。個人的な知り合いの関係なのだ。では、○○さんがいなくなったら、どうなるのだろう。例えば、ハワイから普通の高校生が来たら、だれが空港へ迎えにいくのだろう。誰も迎えに行かないかもしれない。

（戦後）ハワイから豚を送ってもらったという思い出があるのは65歳以上の人たち（現在なら75歳以上）。沖縄戦で捕虜になり沖縄からハワイに送られた人（当時15歳から20歳、現在85歳から90歳位）が今日、沖縄に何千人かいる。かれらにとって、ハワイは天国のようだった。たいへんよくしてもらったからだ。こうした個人的な感情に基づく関係は重要である。ハワイから、サキマ・アキラが来た、といえば飛んで迎えに行く。知己だからです。戦場となり荒野と化した沖縄に、500頭以上の豚や700頭ものヤギを送るのに奔走してくれるなど、お世話になったという、人間本来の関係があるからです。それに加えて、ウチナーンチュの「ちむぐくる」（まごころ、思いやり）の精神が働くので、ちょっと特別かもしれませんがね。

　しかし、ハワイのエド・クバや、ジョン・タサト、ジューン・アラカワ、サキマ・アキラのような人びとがいなくなってしまえば、ハワイと沖縄の関係は疎遠になってしまうでしょうね。

　ただし、悲観する必要はない。世代が変わっても、ハワイと沖縄が繋がる接着剤はある。それは、文化伝統。何故、ハワイの中で沖縄が活発かというと、文化・芸能があるからですよね。

（4）沖縄とハワイをつなぐ接着剤としての文化・芸能とメディア

　ハワイの日系社会のなかで、何故、沖縄（だけ）が母県とつながり、（県人会の）世代交代が上手くいっているのか、と問う人がいます。私は、文化・芸能があるからだと答えている。沖縄では、なお新しい文化・芸能が作り続けられているし、海外の移民地でも伝統文化が希求されている。つまり、沖縄とハワイは同じ文化を共有できるということです。このときに、重要なのは、メディアの役割だったし、今後もそうだろうと思います。特に、日本語放送局KZOOアナウンサーのウラ・ケイコ（宇良啓子）の役割は大きかった。オキナワン・フェスティバルはなくならないでしょうね。ウチナーンチュの団結の証であり、アイデンティティを獲得するキーポイントとなっているからです（35回目の2017年のオキナワン・フェスティバルも例年通りのにぎわいを見せた）。

（5）WUBの活動について

　私はロバート・ナカソネとWUBを作り、WUBの副会長を3年間やっていた。それぞれの国で、WUBの活動の仕方が違う。一番、WUBらしくない活動を行なっているのが沖縄支部ではないだろうか。南米、本土（東京・関西）などでは、健康ブームに支えられ沖縄の物産を売ることができる。アルゼンチンでは、泡盛やオリオンビールを輸入すると売れる。ところが、沖縄は、他国から何を入れればいいのか？という疑問がついてまわる。アルゼンチンからワインを輸入しているが、ワインは、どこからでも輸入でき、競争相手が多いので商売になりにくい。

　沖縄支部のメンバーはG氏が、自社の取引相手に声をかけて集まった人たちが中心です。会員は、100名程度。会費は年に2万円。しかし、商売に繋がっていないという人が多いのが現状のようです（2005年のインタビューの時点での話）。WUB沖縄支部としても、何かしなければいけないので、（2005年）4月10日からのIDB米州開発銀行沖縄総会の前に、4月7日、8日に関西に於いてWUBの大会を行い、4月9日に沖縄でWUBの交流パーティを行なうということになっている。ただ、WUB沖縄支部は、パーティばっかりしているという批判もあります。おそらく、会長が最も悩んでいるのではないでしょうか。

　WUBの将来は、けっして予断を許さない。6年間、実績がいまひとつだからです。その理由のひとつは、片手間にやっているからかもしれない。ただ、これから四世や五世の時代になるとWUBに入る人が増えるでしょう。現在は、（海外ウチナーンチュと沖縄は）ハワイのサキマ氏とのつながりのような、人と人との関係で繋がっているのだが、その人たちがいなくなったら、文化・芸能やWUBのようなビジネスでつなげてゆくしかないからです。

　その意味で、WUB沖縄はしっかりしなければならない。沖縄の物産は世界のどこに出しても恥ずかしくないものです。もっとも、実際に長寿国となったのは、豚といっても少ししか食べず、海からの贈り物を多く摂っていたからですがね。生産する側（沖縄）が、しっかりしたもの、すなわち、長生きする、体調がよくなるというものをちゃんと提供しなければならない。

　伝統芸能は、世代が変わってもずっと、接着剤となるでしょう。日本（ナイチ）

のものと異なるし、また、サンシンなどの誰にでもマスターしやすく、裾野の広い文化がある。これは、琉球王国の恩恵だと思います。原材料や、武力のない独立国であった琉球王国は、「ちむぐくる」、すなわちソフト面（芸能、料理）でもてなすしかなかった。移民と沖縄をつなぐものも、文化・芸能、そして「ちむぐくる」、王朝時代からつづくもてなしの心なのではないかと思います。

現在は、「ちむぐくる」だけで、WUBは繋がっているといってもよいかと思います。あるブラジル支部の会員は「ウチナーンチュと取引するときは、用心や警戒をしなくてよい」という。これはメリットですね。今後はこの「ちむぐくる」のうえにさらに輸出できるものを考え出さねばならないでしょうね。

6．世界のウチナーンチュを繋げるもの

以上、沖縄の識者やWUB関係者の話を聞いてきた。

ハワイのオキナワン・フェスティバルを見ている限り、たとえばハワイのオキナワン・コミュニティは当分安泰のように思える。しかし、その内情に深く思いをいたすと、リーダーたちの奮闘によってそれが保たれているのがわかる。

戦前の沖縄とその移民地はまさに地縁・血縁でつながるムラと、その親類縁者からなる第二のムラとの関係であった。そして移民が稼いだ金がムラへもたらされた。戦後は、戦場となって荒廃した母県を救うという必死の関係から始まった。移民地から沖縄への富の流れは変わらないが、単位がムラから沖縄（県）へ変わった。それからさらに時代が移り、移民地が二世や三世の時代になると、沖縄も海外ウチナーンチュ・コミュニティも相対的に豊かになり、移民地からの富の流れは細くなった。そのかわり、移民地ではイメージとしてのウチナーが求められた。沖縄産の芸能や武道、そして食文化までがウチナーンチュ・ムーブメント遂行のための文化シンボルとして用いられた（白水，1998；HuiOLaulima，2000）。文化シンボルなどのエスニシティ資源が祖地沖縄から移民地へ流れ始めたのである。

しかし、世代を経ると、こうした祖地イメージで満足できる人ばかりではない。祖地との関係、エスニシティを基礎としての関係といっても、より「実質」を求める人びとが出てきた。

こうした声を実体化したのがＷＵＢである。華僑の活躍を見て始まったこのシステムも、国によって経済や産物等事情が異なり予断を許さない。だが、いまのところ、エスニシティを基礎とした世界ウチナーンチュの交流は、芸能等の固有の文化の威力に頼るか、ＷＵＢのような経済的なメリットに頼るかしか道はないというのが沖縄の識者の見解のようである。

　ここにみるように、今日、世界に 23 支部を擁するようになったＷＵＢも、発足からしばらくはいろいろと心配する向きがあった。その後、ボブ・ナカソネ氏の奮迅の働きやエド・クバ氏、ジョン・タサト氏といった初期からのコアメンバーたちの協力もあり発展を続けている。マンパワーの不足からくると思われる様々な問題も抱えているようだが、いまや各地のオキナワン・コミュニティになくてはならない組織として活動している支部も少なくないという。

　ＷＵＢはビジネスというリアルな世界で生きようとする人びとの集まりである。5 年に一度の世界のウチナーンチュ大会に集う人びとがエスニック・アイデンティティ（心情）だけで世界のウチナーンチュと繋がることができるのと対照的である。シビアなビジネスの世界に挑むＷＵＢは、ウチナーンチュ性というエスニシティを、どのようにして、どの程度生かしていけるか。筆者は他人事ではない気持ちで見守っている。

注
(1) 「世界のウチナーンチュ大会」については、筆者は第 2 回大会（1995 年）から第 6 回（2016 年）まで毎回参加してきた。第 2 回の時も宜野湾のコンベンションセンターにおけるイベントの規模と世界中のウチナーンチュの熱気に押されて我を忘れるほどであった。筆者のような非ウチナーンチュにしてそうなのだから、参加したウチナーンチュの心情たるやいかばかりであったろう。
(2) この項は HUB のサイトを参考にしている。http://wubhawaii.com/2017conf/ 2017 年 10 月 6 日閲覧

参考文献
新垣誠（1998）「沖縄の心（Uchinanchu Spirit）」『移民研究年報』第 4 号
Hui O Laulima (2000) *Okinawan Mixed Plate.* Honolulu: Hui O Laulima
白水繁彦（1998）『エスニック文化の社会学』日本評論社
白水繁彦（2004）「エスニック・メディア研究」明石書店
白水繁彦・佐藤万里江（2006）「エスニック・コミュニティのリーダーシップ」『武蔵

section II

リーダー群像

評伝・インタビュー

リーダー群像

第6章 アキラ・サキマ　Akira Sakima
［1918年〜2007年　二世］
——オキナワン・ルネサンスの種をまいた男——

アンクル・アキラとの出会い

　アキラ・サキマ（佐喜眞彰）がいなかったら、今日、ハワイの芸能がこれほどの隆盛をみることはなかったかもしれない。彼はハワイのオキナワン・ルネサンス（沖縄文化復興運動）の種を蒔き、水をやり続けた人である。それを花開かせたのが1980年代の三世の若者である。

　文化、とりわけ芸能はハワイのオキナワン・アイデンティティの核心である。そのことにいち早く気付き、ハワイに沖縄芸能を根付かせ、それを発展させよう、それをオキナワンの精神の拠りどころにしようと夢見た人こそがアキラ・サキマであり、それを終始支え続けたのが妻のジェーン・サキマである。

　太平洋戦争の勃発を機に、米本土同様「適性国民」とされたハワイの日系人は、大多数が強制収容されなかったものの[1]、その拠りどころである言語や宗教、芸能、武道から日々の習俗にいたるまで、およそ日本的なるものは心の奥底に仕舞い込まざるをえなかった。島々の至る所で徹底したアメリカ化が押し進められた。4年の後、日本の敗戦というかたちで戦争が終わり、ようやく自分たちの文化を自由に楽しむことができるようになったが、当時の若者たち、つまり二世市民のアメリカ文化への同化はすでに相当進んでいた。そして、その後、ますますアメリカ的生活様式に染まっていく。音楽やダンスはその最たるものであった。それはオキナワンの青年たちとて例外ではなかった。そんな中、アキラ・サキマはウチナーンチュ精神を追い求め、人びとに沖縄文化の素晴らしさを認識させようと働き続けた[2]。

　アキラ・サキマが沖縄文化の先覚者で、戦後のオキナワン・コミュニティのリーダーであり、縁の下の力持ちでもあると筆者が気づいたのはずっとあと、80年代の半ばになってからである。それまでは、そんなに偉大な人とは気が

付かなかった。

　アンクル・アキラ（アキラおじさん）は、1978年3月に出会って以来30年間、ハワイにおける筆者の伯父のような存在だった。奥さんのジェーンを筆者はアンティ・ジェーンと呼んだ（写真-4）。かれらは筆者の父母とほとんど年が違わなかったのである。ふたりはウチナーンチュでもない筆者を家族のように扱ってくれた。筆者を親族のリユニオン（親睦会）にまで招いてくれた。かれらが次々とキーパーソンを紹介してくれたおかげで、その人たちを介して、この本に登場する人たちをはじめ、ハワイの沖縄系社会の人びと、そして沖縄県の沖縄ハワイ協会の真喜屋明前会長や高山朝光現会長、大城眞幸現事務局長、その会員諸氏などすばらしい人びとと知り合うことができた。その意味でアンクルとアンティは文字通りの恩人である。だから当然のごとく、おふたりの葬儀（メモリアル・サービス）には、いの一番に馳せ参じた。そして、その参列者の数の膨大さにふたりの偉大さを再確認した。とくにアンクルの時は会場となった広大なハワイ沖縄センターが人びとであふれかえっていた。参列者はウチナーンチュが多かったが、ハオレ（白人）、ナイチ、ハワイアン系などあらゆる人種民族の顔があった。あらためて、アンクルの人徳を思った。そしてアンティの胸中に思いを巡らせた。

人目につかないところでも

　宜野湾二世のふたりは1942年に結婚した。ホノルル市内の日系社会では中流の娘だったジェーンがアキラ・サキマと一緒になるといったとき、彼女の母親は訊いたそうだ。「えっ、豚飼いさんと結婚するの？」。もちろん反対したわけではない。びっくりしたのである。「当時、養豚業者はちょっと下に見られていたのよね」とアンティは解説してくれた（2002年12月21日ホノルルのサキマ氏宅にて）。ホノルル市内の町娘だったアンティはそれから10年以上、ほとんど毎日、郊外で豚の世話に明け暮れることになる。アンクルの人柄に惚れたとしかいいようがない。

　筆者は、最初の数年は、ハワイに行くととても親切なおじさん、おばさんに会える、という感じで接していた。だが、付き合うほどにその偉大さ感じるようになった。沖縄から伝統芸能のお師匠さんたちが来ると公演期間中ずっと、

[**写真-4**] 第3回世界のウチナーンチュ大会、宜野湾市歓迎会でのサキマ夫妻（2001年11月1日＠宜野湾市、白水撮影）

会場がどこであろうと、ホテルとの間を送り迎えした。お弟子さんたちのなかには公演期間中ほとんどサキマ家で寝泊まりした人もいる。のちに、ある人に聞いた話だが、1980年代後半のハワイ沖縄センター（豪壮な県人会館）建設の時は屋根ふき職人さんたちの宿舎までの毎日の送り迎えはもちろん、アンティ・ジェーンにいたっては職人さんたちの作業着まで毎日洗濯したうえ、沖縄の料理が恋しいだろうと、母親（一世）に習った家庭料理を建設現場に届けたという。それが数週間も続いたのである。少々やり過ぎではないかと思った筆者は、思い切って訊いてみた。

「なんでアンクルやアンティたちが、そんなことまでしたの？」

すると、アンティが代弁していった（なにしろアンクルはことば数が少ないのだ）

「長い期間だからタクシー代だって、洗濯代だってばかにならないでしょ。その分、会館建設に使ったほうがいいじゃない」

900万ドルもの寄付が集まって始まったハワイ沖縄センター建設だが、じつ

は、それでも費用が足りなかったそうだ。自分たちの手で節約できる分は節約しようと思ったという。ここにかれらの当事者意識がみごとにあらわれている。

ハワイ沖縄センターといえば、その建設費の寄金集めのため、アンクルは1987年から88年にかけて数か月間ずつ沖縄に滞在したという。そうして旧知の人たちを介して寄付の輪を広げて行った。「たとえば沖縄ハワイ協会の会長だったナカムラ（仲村）さんやマキヤ（真喜屋）さんに紹介してもらった人たちに会い、それからまたその人たちの紹介で人に会うという感じだったよね。たくさんの人たちに寄付を呼びかけ、ほんとに多くの人が寄付に応じてくれた」たという。彼が40年かけて築いた人脈が、ここで生きたわけである。この募金キャラバンで沖縄に滞在した同志のなかに帰米二世のジューン・アラカワの姿もあったという（2002年12月21日ホノルルのサキマ氏宅にて）。

この時のインタビューもそうだが、筆者がアンクルに話を聞くときは、いつもアンティが付いてくれた。これが私にとってはありがたかった。アンクルは口数が少ないうえに、その発音が筆者にはむずかしいのだ。とにかく、アンクルの「正統な」ピジン英語（一種の方言）がわかるようになるまでに10年近くかかった。

そんなアンクルのところへ市長選、知事選、州の議員選など、およそ選挙のたびに候補者や関係者が相談にやってきた。アンクルはほとんど聴いているだけ、という感じだったが、きっと的確な助言をしていたのだろう。みんな、納得したような顔で帰っていった（筆者はフィールドワーカーの作法として、こういう時は遠くで見ているだけにした）。

ともかく顔が広いし信頼されている。そして、来るものを拒まない。人の見えないところで世話を焼く。少なくとも筆者はそう見えた。この人はいったい何者なのだ？

少し注意をして「参与観察」をさせてもらうことにした。1980年代半ばのことである。それから10年余り、なにしろ親戚みたいに扱ってくれるから観察の機会はいくらでもあった。そして、アンクルの比類のない人間性がわかりかけてきた。

ヤギ輸送で初めて沖縄へ

　アキラ・サキマ（以後サキマ氏とよぶ）は1918年ハワイ島ヒロ生まれの二世。2007年4月6日逝去。89年の生涯であった。父マツ、母カマはどちらも宜野湾新城出身で、まずヒロの砂糖耕地に渡り、のちオアフ島に転じて養豚を始める。サキマ氏はマッキンレー高校を1937年に卒業、それまでも手伝っていたが、本格的に父と養豚に従事。妻ジェーンとの間に娘（元公務員。宜野湾市人会の会長や女性ボランティア団体フイ・オ・ラウリマの会長などを歴任）と息子（元小児科医。カリフォルニア在住）があり、4人の成人した孫、4人の曾孫（五世）がある。ホノルル在住の曾孫は現在、沖縄舞踊や三線を学んでいる。

　養豚業だったサキマ氏は1958年、カリヒ地区を地盤としてハワイ準州（のちハワイ州）の下院議員として初当選。以後1976年まで9期務める（写真-5）。下院時代サキマ氏は教育・高等教育委員会の委員長を務めた。彼は議員を辞した後、こんどはハワイ州教育委員会委員選挙に当選する。公立学校の環境整備のために尽力したのである[3]。

　いっぽうで彼はハワイのオキナワン・コミュニティのためにも力を尽くした。ある意味、彼は典型的なウチナーンチュである。彼は1930年代、40年代にカリヒバレーの養豚地域で成長するが、そこは沖縄系や日系の農民が多く住むところであった。若きサキマ氏は農村青年として、すでにそのリーダーシップで目立つ存在であった。

　第二次世界大戦後、戦争で荒廃した沖縄では栄養失調で人びとが苦しんでいた。とりわけ深刻だったのが乳幼児や育ち盛りの子どもたちである。ハワイの沖縄系社会は、1949年、搾乳用のヤギ約700頭を沖縄に送って子どもや母親を助けることにした。問題はこの大量のヤギを生きたまま沖縄へ運ぶことである。先に行われた、沖縄の農業振興のための550頭の豚輸送に続く難事業である。このヤギ輸送団の一員として若きサキマ氏に白羽の矢が立った。この時、彼は31歳で、他の団員とは親子ほども年が離れていた（他の団員の多くは沖縄出身の一世だった）。サキマ氏は明らかに餌運び要員と目されていたのである。じっさい、米軍の巨大な輸送船の船底から甲板まで毎日毎日餌を運び上げるのは重労働だった。「ところが、道中、最も船酔いが酷かったのが僕で、日々の餌やりに関しては年長者たちの目論見はみごとにはずれたというわけ」（サキ

［**写真-5**］州下院議員時代のサキマ氏。50歳代後半か。*Hawaii Herald*「アキラ・サキマ特集号」Vol.21, No.9. May 5, 2000.

マ氏談）。

　ともあれ、この時のヤギ輸送で、彼の人生は大きく転回した。沖縄の荒廃ぶりは想像をはるかに超えていた。屋内も屋外も建物や設備はボロボロで、衛生状態も酷いものだった。そんな中でも沖縄の人びとは彼に暖かく接してくれた。「ハワイ育ちの僕をまったく区別なく、仲間のひとりとして扱ってくれた。まるで故郷にいるみたいだった。チムググル（胆心）というのはこういうものかと納得した」（2002年12月21日ホノルルのサキマ氏宅にて）。

　それからというもの、彼は事あるごとに沖縄へ出かけた。「第二のふるさと」沖縄を助けたい一心だった。

　サキマ氏といえば戦後沖縄へのヤギ輸送が有名だが、これ以外にも数々の貢献をしている。筆者の手許に、サキマ氏および戦後のハワイのオキナワンが沖縄復興支援のために手掛けたさまざまな活動について氏自身が書いた文章がある。サキマ家から筆者が譲り受けたものである。これは、サキマ氏がイーストウェスト・センターの同窓会の大会（1993年11月5日〜7日）に招かれて読み

上げた、いわゆるスピーチ原稿である。沖縄とハワイとの関係が彼自身の言葉で綴られている貴重な文章であるので紹介したい。なお、スピーチタイトルを、サキマ氏は謙遜して「沖縄の戦後の発展とハワイ」としているが、ハワイのウチナーンチュの懸命な救援、支援を思うと、「沖縄の戦後の発展とハワイの貢献」としてもよいのではないかと筆者などは思うものである。貴重な資料なので、以下訳出する。

サキマ氏のスピーチ「沖縄の戦後の発展とハワイ」

　本日このような席で、私と沖縄との関係を語る機会をいただき誠に光栄に存じます。
　私に、戦後沖縄の救済という使命を最初に与えてくれたのはタロウ・ヒガとタケジロウ・ヒガでした。タロウとタケジロウは戦争中アメリカ軍の語学兵として沖縄に上陸しました。彼らは帰米二世で幼少時に沖縄で過ごしたため日本語とウチナーグチの両方が話せました。ふたりとも親は中城村の出身です。ふたりはガマ（洞窟）などに隠れているウチナーンチュにウチナーグチで投降を呼びかけ、多くの人の命を救いました。

戦後沖縄復興救済活動
　タロウ・ヒガは1945年の9月にハワイに戻るやいなや英語と日本語を使って島々に出向き演説を開始しました。その目で見た沖縄の惨状を伝え、かれらが最も必要としてるのが食糧、衣類、避難所であるし、事は急を要すると訴えました。彼の訴えはハワイのオキナワン・コミュニティの人びとの心を動かし、オキナワンの「チムグクル」の精神、つまり heart and love が嵐のように広がりました。それはまるで台風のようでした。だれもが「シマンチュ」を助けたい、救いたいと思ったのです。ウチナーンチュだけでなく、ほかの人種民族の人びとを巻き込んで沖縄救済の大きな車輪が回り始めました。最初の組織的な会合は1945年10月29日に開かれ、そこで会長にセオドア・リチャーズ牧師が、会計にサダオ・アサトが選ばれました。きっと他のところでも同じように沖縄救済の会合が持たれていたはずです。

とにかく必要なのは着るものだ、ということで先ず衣類作戦がスタートしました。そして1769個の箱、重さにして150トンの衣類が、米軍の好意により輸送船で沖縄に運ばれました。この衣類作戦にはハワイの全ての島が参加しました。衣類の箱詰めはカリヒの慈光園本願寺を中心に、カリヒバレーのいたるところで行われました。カリヒは当時豚飼いがたくさんいて、まるで沖縄の小さな村のようでした。私はカリヒに住んでいましたから、てんてこまいの衣類の段ボール詰め作業をいまでもはっきりと思い出すことができます。

　1946年6月、シューエイ・ヤマシロ医師の夫人であるミサ・ヤマシロが婦人会を組織しました。このグループは衣類、本、学用品、ミシン、謄写版、理容器具、灯油、眼鏡、種、蓄音機、靴、おもちゃ、お菓子などを沖縄へ送りました。

高等教育支援

　1947年、ハワイのウチナーンチュの一団は沖縄に高等教育機関すなわち大学の建設を目指して基金募集運動を開始しました。ハワイの人びとは高等教育機関の重要性を認識していたのです。戦前、沖縄には大学に相当する高等教育機関がありませんでした。ハワイの人びとは沖縄人が世界で活躍するには高等教育機関が必要だと強く思っていたのです。（当時沖縄を占領していた）米軍政府も同様に沖縄の大学の必要性を感じていたようで、大学創設に動き始めました。その結果、今日見るような素晴らしい琉球大学が出来上がりました。

　この、沖縄の高等教育に関心をもつグループは、沖縄の学生を留学させようという考えを持っていました。最初の留学生がホノルルに着いたのは1948年の8月でした。みなさんもその名を憶えていることと思いますが、ブンイチ・シマブクロ、ヒロシ・セナガ、トシモリ・ハヤマ、リョウカン・イゲ、フミオ・ナガミネの面々です。それ以後、米軍政府はたくさんの留学生を送り出し、ハワイもその多くを受け入れました。これがハワイと沖縄を結ぶ「イチャリバチョーディ」精神の美しい絆の始まりでした。（ハワイを経由して全米の大学へ行った）金門クラブ（米国留学生の同窓会）のみなさんは沖縄に帰ってから沖縄発展にリーダーシップを発揮されたと思います。

子どもたちのためにヤギを運ぶ

　1948年1月、ハワイの沖縄系の医師や歯科医、薬剤師などが医療用品救済会を組織、2万ドルの基金を集め、薬品等の医療用品を沖縄へ送りました。同じころ4万8000ドルの募金をもとに豚550頭が米本土で買い集められ、米軍の好意により、輸送船で沖縄に運ばれました。この船の甲板に急造された豚小屋で豚550頭を運んだハワイウチナーンチュ7人の苦闘は想像を絶するものがあります。なお、この船には、ほかに医薬品や野菜の種、綿花の種なども積まれていました。ところで、戦前の沖縄の豚は脂肪分が多くアンダー（あぶら）ブタと呼ばれていたくらいですが、今日の豚はきわめて脂分が少なく、これが新品種の特徴でもあります。

　1949年には約700頭の搾乳用のヤギが沖縄へ運ばれました。このプロジェクトはセブンスデー・アドベンチスト教会の会員が、新生児がミルク不足のため栄養失調に陥っているという情報を得て、率先して開始したものです。かれらは沖縄復興救済キリスト教徒グループと呼ばれました。このヤギ輸送団の一員に私も選ばれたと知った人びとは、沖縄の親戚や友人たちにお金を届けてもらいといって、次々と「コトヅケ（言付け）」を持ってきました。託されたお金はたいていが1ドルか2ドルでしたが、受け取った沖縄の人びとはみんなとても喜びました。そのころの1ドルは今とはもちろん価値が違います。当時の沖縄はウチナーグチでいう「ヒンスー、ヒンスー」（とても貧しい）という状態だったので、みんな大喜びしたのです。

　ヤギ輸送船で思い出すのは先ず、波の荒さです。毎日大揺れに揺れました。われわれヤギの世話係はみんな船酔いをしてしまい、そのなかでも私が最もひどかった。しまいには台風に突っ込んでしまい、ホワイトビーチに着くはずが、那覇港へ入るはめになったほどです。

農業等産業の復興支援

　1954年、沖縄の農村の若者を集めて「篤農青年計画」が始まりました。6か月間ホームステイしてハワイの農業技術を学ぶというものです。我が家にもふたりの若者、トクジロウ・イサとマサヒデ・シロマに泊まってもらいました。この「計画」はその後も長く続きました。

1958年、ハワイのワイアケア製糖の製糖所が沖縄の企業家に買収されました。ハワイで解体された機械類は沖縄に運ばれ、真玉橋で組み立てなおされました。これが戦後の沖縄初の民間製糖所になったはずです。

　1959年、2年間にわたる苦難に満ちた交渉のすえ、チョウキチ・イゲ氏は家禽を扱う事業のための海外投資受入れの認可を得ました。この事業には牧港における飼料製造、孵化場、鶏卵鶏肉の生産などが含まれていました。イゲ氏は同時に沖縄におけるパイナップル生産の父という称号も与えられてよいでしょう。イゲ家の人びとはマツオカ（松岡）主席の要請によりハワイから200万本ものパイナップルの苗木を沖縄に運びました。ちなみに、イゲ氏もマツオカ氏も金武町の出身です。

　1960年、高等弁務官の招待で、ドナルド・ブース中将とわれわれ沖縄系の州議員8名が沖縄を訪れました。新聞によれば、来沖時、空港には200名におよぶ親戚に加え、300余名の友人知人が出迎えたとあります。沖縄系議員団のリーダーのアラシロ州上院議員は来沖の目的を次のように述べました。「わたしたちは親戚知人に会い、話し、学ぶためにはるばるやってきました。そして、沖縄のためにわれわれに何ができるか知りたいと思います」

　ハワイ大学教授のヘンリー・ナカソネ博士は琉球大学で、観賞用の植物や菊、パイナップルやハイビスカスの栽培等について1年間教鞭をとりました。

　1964年、当時のイーストウェスト・センター副所長バロン・ゴトウ氏の支援により、ハワイ大学熱帯農業学部の専門家5人が沖縄へ派遣されました。そのなかには農業経済学のケン・オオタガキ博士、豚の専門家ビル・ハフ博士、家禽の専門家トク・タナカ博士が含まれていました。この時、私は彼らを沖縄へお連れする栄に浴しました。彼らのワークショップは沖縄本島だけでなく、宮古や八重山でも行われました。沖縄では今日成功した農協が独自の会館なども備えていますね。

　このころハワイ大学と琉球大学の交流は盛んに行われていて、ハワイ大学の経営経済学部長トーマス・イゲ博士は琉球大学の卒業式の祝辞でマツオカ主席に、沖縄の経済発展のためのゴルフ・コースの建設を提言しています。

医療・健康推進支援

1964年、ホノルル随一の外科医ショウエイ・ヤマウチ博士は具志川市の中央病院で医師や研修医の教育訓練を行いました。博士はこの病院における大きな貢献が認められ、1992年、日本政府から勲章を授かりました。ハワイ最高の病院の一つであるクアキニ医療センターで長年勤務したスティーブン・チネン氏は、その経験と知識を中央病院に注ぎ込みました。氏は同病院で5年間にわたり、実験施設の組織化を手伝ったのです。

沖縄とハワイのシュライナーズ・クラブとホノルルのシュライナーズ病院は共同で、沖縄からの大勢の肢体不自由児の治療にあたりました。その後もこの病院はこうした活動を続け、今や最新の知識と技術を用いて医師や看護師、理学療法士の教育訓練にあたる病院として知られています。沖縄からの医療関係者もここで訓練を受けています。沖縄の中央病院の長嶺医師はハワイのチョウユウ・ギマ医師と共同でこの活動を続けています。私はこの活動のもとにハワイで訓練を受けたすべての医療関係者と、治療を受けた患者さんの名前のリストを持っています。

孤児救援

1965年、私の妻ジェーンとヤマシロ夫人は、フレンズ・オブ・オキナワ（ハワイ支部）を代表して、ハワイからの寄付金を沖縄へ持参しました。この孤児などの子どもたちを救うための寄金は与那原の隣愛園をはじめ様々な施設に贈られました。彼女らの団体はフイ・オ・ラウリマ（ハワイ語で「お手つだいの会」の意）となり、今般その25周年を祝いましたが、彼女らは沖縄の孤児救援などにも大いに尽力しました。この団体は毎年クリスマスの季節になると、子どもたちのために寄付を募っています。

ここに述べた活動以外にも、個々の家族、親族、そして友人の間でハワイと沖縄との交流が行われ、戦後の沖縄の発展のための活動が続けられたはずです。戦後、事あるたびに協力を惜しまなかった人びと、そして、たびたびの支援をくださった沖縄やハワイのマスメディア関係者、沖縄芸能のみなさんにも厚く御礼申し上げる次第です。

沖縄県民は戦中・戦後の度重なる苦難を乗り越え、「沖縄精神」（オキナワン・

スピリット）の火を消しませんでした。だからこそ今日、胸を張って堂々とその功績を誇ることができるのです。われわれハワイのウチナーンチュは、沖縄県民の忍耐と勤勉さで勝ち取った今日の姿をともに喜びたいと願うものです。

　今日は、このような機会を与えていただき、厚く御礼申します。

　イッペー　ニフェー　デービル

オキナワン・ルネサンス活動へ

県人会長として

　以上、戦後の沖縄復興のためにどれだけサキマ氏およびハワイのウチナーンチュが力を尽くしたかを紹介した。戦後20年余り、何度も沖縄を訪問し、友人知己も増え、第二の故郷と感じた沖縄だが、そこには素晴らしい文化があった。とくに芸能は、師匠連との付き合いが深まっていたこともあり、沖縄の宝であると確信していた。

　サキマ氏がUOA（県人会）の会長だった1972年-73年は、沖縄にとってもハワイにとっても激動の日々であった。1971年の初頭、沖縄では、ハワイ公演のために古典の音楽や舞踊の演者たちが組織化されていた。もちろん、招待側にはサキマ氏がいた。ハワイでは、オキナワン・フェスティバルの先駆けともいうべき「カルチュラル・ジュビリー」（オキナワ文化祭）が催された。このイベントを主催したのは女性団体フイ・オ・ラウリマだが、この団体にはサキマ夫人ジェーンがいた。この時期、沖縄文化の栄光と、一世パイオニアとその子である二世の功績を讃えんとする「ルネサンス」が始まったといってよい。サキマ氏はハワイから沖縄への親善使節団の一員だったし、その家族は沖縄からの学者や学生がハワイに滞在する間ずっと世話を続けた。サキマ氏がUOAの会長だった1972年、偶然にも沖縄が日本に復帰し、沖縄の政治、経済、社会の大変革が始まった（Chinen,K, *Uchinanchu* May/June 2007）。そのころジャンボジェット機が就航し、ハワイと沖縄の間も行き来が簡単になった。

　2006年10月、サキマ氏は、第4回世界のウチナーンチュ大会に車椅子で出席したが、結果的にこれが彼の最後の沖縄訪問となった。そして、この旅は彼の愛する孫デレックにとっての最初の沖縄訪問であった。筆者はデレックと、

それにその父ハワードと交替でサキマ氏の車椅子を押した。この時、サキマ氏はまさに命を賭して「第二のふるさと」である沖縄に渡ったのである。沖縄の彼の友人たちは、このことを涙を流して喜び、歓迎してくれた。筆者は彼が泊まった那覇のホテルの部屋にずっと詰めていたが、サキマ氏に会いたいと訪ねてくる訪問客が長蛇の列をなした。サキマ氏はかれら一人ひとりに丁寧に接した。この訪問客の多くが沖縄古典芸能の名だたる大師匠だったが、かれらは35年前、初めてハワイで芸を披露した人びとであった。かれらが手に手にたくさんのお土産を持参するものだから、それを収納するのに大型の段ボールが1ダース以上も必要となった。

そのパーソナリティ

　サキマ氏は誰に対しても親切だったが、どちらかといえば、口数が少なかった。筆者などは、彼がハワイでも最も長く議員を務めた政治家だという話を聞いたとき、にわかに信じられないほどだった。これほどお世辞をいわない政治家がいるだろうか。しかし、筆者は彼の傍にいるだけで落ち着き、いい気持ちになるのが常だった。彼は気取るというところがなく、静かに、頬に含羞を浮かべながら微笑みかけた。それは誰に対しても同じだった。

　有名な話がある。おそらくハワイ沖縄センターの落成式の時だと思うが、西銘知事を筆頭に沖縄県の高官も多数招待されていた。マイクをもって挨拶に立ったサキマ氏は冒頭はっきりとした声で「ハイサイ・・・Youのトゥジグァチャーガンジューカ？」といったのである。満場の人びとは耳を疑った。ウチナーグチの、それもあまり上品でないいいかたで、奥さん元気にしているか？と訊いたのである。こともあろうに、来賓である県知事に向かって。それに対し西銘知事は、驚くどころか、満面の笑みを浮かべたという（Chinen,K, *Uchinanchu* May/June 2007）。相手が政府高官だろうが、だれであろうが、彼が誰に対しても変わらず、ただ誠意をもって接する男であったという一例である。

　彼の後を継いでカリヒ地区から州下院議員になったデニス・アラカキは次のように観察している。「（サキマ氏は）議員の職を退いても地域の面倒を見続けた。それはとても時間と根気がいる仕事で、それをやったからといって何かの

得になるわけでもない。それでもアキラはなにか自分にできることはないかと様々な会合に顔を出していました。彼は生涯、人のために役に立とうと思っていた。彼は正真正銘の〝本物〟なのです」(Chinen,K, *Uchinanchu* May/June 2007)。

　1982 年、今日ハワイ最大の民族祭といわれるまでに発展したオキナワン・フェスティバルが開始された。1980 年代にオキナワン・コミュニティで展開された文化活動を筆者は第二次ウチナーンチュ・ムーブメントと呼んだが、その種を蒔いたうちのひとりがサキマ氏であり、それを支えたのがジェーン夫人だったといってよい。そして、その前の第一次ウチナーンチュ・ムーブメントは戦後の荒廃した沖縄を救うオキナワン・コミュニティの活動であったが、サキマ氏はすでにその時点でヤギや救援物資を沖縄に送る運動などで尽力している。第一次ウチナーンチュ・ムーブメントの折に沖縄と交流を持ったことで彼はそれまでのやや無自覚的なウチナーンチュから「自覚的なウチナーンチュ」に生まれ変わった。そしていち早く民族文化主義、彼の場合ウチナー文化主義（本書「総論」参照）に目覚めた。

　ウチナー文化主義に裏打ちされたサキマ氏は以来、50 年以上に及ぶ沖縄との交流、沖縄への貢献を続けた。じつはサキマ氏の口癖は「チムググル」と「イチャリバチョーディ」であった。だからオキナワン・コミュニティの外でも教会や地域社会のために「チムググル」の精神で働いた。こうした彼の活動は様々なところで知られるようになり、夥しい数の賞状や感謝状が贈られた。その中には日本政府からの叙勲もある（2000 年秋の叙勲。11 月 28 日ホノルル総領事館で勲章を受章）。2005 年の夏、例によってサキマ氏の家でくつろいでいた時、何気なくソファーの近くに置いてあった段ボールに目をやった。そこに賞状らしきものが見えたからである。中を見ると賞状が大量に収められている（100 枚はゆうに超えていたと思う）。そのなかには日本政府からの叙勲の証書もあった。それがホノルル市やハワイの福祉関係、教育関係、奨学金関係の感謝状や賞状とともにかなり無造作に入れられている。筆者は少し拍子抜けがしたが、しかし、よく考えてみると、彼はこういう賞状や褒美のために働いていたわけではないのだ。そのことをこの段ボールが物語っているのではないか。だが、筆者が密かにアンクルらしいと思ったのは、そのサキマ宅のリビングの最も目

立つところに掲げられていたのが、大きな額に入れられた琉球新報賞の賞状だったことである。最後の最後まで、彼の心の中には沖縄があった[4]。

注
(1) 米本土西海岸の日系人12万人はひとり残さず、内陸部に急造された10ヵ所の強制収容所に抑留された。それに対し、ハワイからは日系人15万7000人のうち、リーダー層を中心に1000人余りが抑留された。
(2) 同じ二世でも日本や沖縄で育った「帰米二世」のなかにはハワイに設けられたホノウリウリ収容所などに抑留されたものもいる。彼ら帰米二世は総じて一世同様、日本的メンタリティを有しており、日本の歌舞音曲を好むものが多かった(白水・鈴木,2016)。サキマ氏は帰米二世でないにもかかわらず、沖縄文化、とりわけ伝統芸能に価値を見出したことに注目したい。
(3) この項の執筆にあたり、Karleen Chinen の下記の記事を参照した。引用を許可してくれたカーリーンに感謝する。
AKIRA SAKIMA AWARDED IMPERIAL DECORATION　www.huoa.org/kizuna/archives/.../2000/sakima.htm
(4) サキマ氏は琉球新報賞を1991年、73歳の時に受賞している。

付記

ジェーン・サキマ　Jane Sakima

アキラ・サキマの傍にはいつも愛妻ジェーンがいた。もの静かなジェーンもまた、オキナワン・コミュニティにおける女性リーダーであった。そしてそのリーダーシップのスタイルは、万事控え目で、自己主張の少ない「伝統的な女性」のそれであった。彼女の死を悼む感動的な文章が英語紙 *Hawaii Herald* の編集長カーリーン・チネンによって書かれている。カーリーンの許諾を得て、訳出する。

ジェーン・サキマ追悼記

Memoir Jane Asato Sakima

Karleen Chinen　*Hawaii Herald*　2016年8月19日号

「オキナワンの母」のいないオキナワン・フェスティバル

今年のオキナワン・フェスティバルは、昨年の第33回同様スムーズに始まりそうだ。もちろん、沖縄からさまざまな演者たちが訪れるし、地元ハワイの新顔の演者たちもセンセイから学んだ技をちょっと緊張しながらも誇らしく見せてくれるだろう。

　だが、今年は、なにか、これまでとは違う……だれかが欠けている……そう、「オキナワンの母」ことジェーン・サキマが7月26日に亡くなったのだ。93歳であった。当地ハワイのウチナーンチュ・コミュニティの多くが知っているように、ジェーンは故アキラ・サキマの妻であった。アキラは、自分の出自がカリヒの豚飼いであることを誰にでも率直に語った。彼はそのことに誇りを持っていたのだ。むろん、アキラはそれ以上の男であった。彼は、1949年、沖縄に搾乳用のヤギ700頭を輸送した10人のうちのひとりなのだ。当時、父母の故郷沖縄は日米が熾烈な戦闘を演じたため焼け野が原になり、人びとは栄養失調で苦しんでいた。彼は沖縄の人びとを助けようと率先して立ち上がったのである。さらに、アキラは教会での奉仕を欠かさない信仰心の篤い男であり、カリヒ地区選出のハワイ州下院議員であり、州の教育委員会委員であり、ハワイ沖縄連合会（沖縄県人会）の会長であり（彼が会長時代は沖縄人連合会という名称だったが）、カリヒYMCAやコクア・カリヒバレーといったボランティア団体の理事であり……と、数え上げればきりがないほどの役職をこなした。まさに彼は、文字通りの公僕であった。

　そうしたアキラの活動の傍らには、いつも、彼のもっとも信頼のおけるパートナーであるジェーンの姿があった。彼女は、いわば、時代の産物である。つまり、伝統的な沖縄人の家庭に育った二世である彼女は、「アキラ・サキマ夫人」という、個性を無視したような紹介のされかたをしても、ことさら不平をいう風ではなかった。

　とはいえ、ジェーンには自分の人生もあった。働きながらふたりの子ども、エレンとハワードを育てた。さらに、夫のアキラが沖縄県人会活動に深く関与していたこともあり、1968年、フイ・オ・ラウリマという沖縄系の女性ボランティア団体の創立に参加し、初代の副会長も務めた。フイ・オ・ラウリマは、創立当時は県人会の一種の補助団体のような見方をされていた。実際、同団体の歴史について、彼女らが出版した最初の沖縄文化の本『沖縄の料理と文化』

(1975年刊）には以下のように書かれている。

「当時沖縄県人会長だったトミー・トウマが、沖縄文化に興味のある女性の組織化の必要性を説いた。そうした団体ができれば、県人会を助けて、沖縄からの女性訪問客や沖縄県の幹部が夫人同伴で来布（ハワイに来ること）した際に接待を担当してもらえるというのである」

ジェーンはまたパーランクー（小太鼓）の踊り手でもあり、センセイでもあった。その稽古が彼女やその仲間の女性たちの健康や体形の維持にも貢献した。こうして、ジェーンは、フイ・オ・ラウリマの初期メンバー同様、新たな「家族」を作り上げていった。ジェーンと同世代の女性たちの多くは、団結して夫たちを懸命に支え、その後で自分の人生を築いていった。リーダーシップの技能を磨き、それまで自分にはなかった力や才能を見出し、多くの新しい友を作っていったのである。ジェーンのような女性、すなわち「オキナワンの母」の世代の女性たちはわれわれに、その気になれば大抵のことは成就できるということを示してくれている。

もうじきオキナワン・フェスティバルの季節がやってくる。「オキナワンの母」ジェーンの「クーブイリチー」（昆布の炒めもの）のレシピが『沖縄の料理と文化』に載っている。この料理をつくりながら、ジェーンや「オキナワンの母」の世代の女性たちのことをあれこれ考えてみてほしい。

＜以下、ジェーン・サキマ流クーブイリチーのレシピが再掲されているが、ここでは割愛する＞

[写真-6] ジェーン・サキマ（右）卒寿祝。左は筆者（2013年9月7日@ホノルル、夏の家）

エレン・ヒガ　Ellen Higa

　※アキラ、ジェーンの娘エレン（Ellen Higa）もフイ・オ・ラウリマの会長や宜野湾市人会の会長などウチナーンチュ・コミュニティの要職を歴任したエスニック・リーダーである。その息子（四世）もウチナーンチュ・コミュニティのイベントの際は必ずボランティアで駆けつけるし、その娘と息子（五世）は沖縄舞踊や三線を学んでいる。このようにハワイのウチナーンチュ・コミュニティきっての文化継承の家系である。筆者は、かつてエレンに「いつごろどのようなきっかけでボランティアにコミットするようになったのか」訊いてみたことがある。エレン曰く「あまりその気はなかったんだけど、大学を出て就職（公務員）してすぐの頃、母（ジェーン　写真-6）がフイ・オ・ラウリマ（沖縄系女性ボランティア団体）の会費を払っておいたから、出席するように、といったのね。だから会合に出るようになったの。市人会のほうは小さい時から行っているし、いつの間にかアンダーギー製造の責任者にされたの。それ以来もう50年もなんらかの役をやってるわね」。彼女もまた、役職を与えられる毎にエスニック・エージェントとして成長していった事例のひとつといってよいだろう。

リーダー群像

第7章 エド・クバ　Edward Kuba
［1944年生まれ　二世］
——ザ・火の玉リーダー——

「20代後半、東海岸に住んでいる頃、オキナワンとして生まれ変わった。再びウチナーンチュになった」

I　インタビュー

　エド（Edward Masayuki Kuba：1944年ハワイ生まれ、二世）は、若い頃は「火の玉リーダーズ」（第2章参照）の代表格で、多くの人が有能なリーダーだと認める人物のひとりである（ヘンリーも指摘している。次章参照）。筆者は1990年代の初めに彼と挨拶を交わして以来、何度も彼のスピーチを聴き、彼が書いたものを読んできた。夫人のボビーとも顔見知りである。彼女が沖縄県人会の女性団体であるフイ・オ・ラウリマの会長をしていたこともありインタビューをしたこともある（白水, 2008, 17-20）。そういうわけで、そのうちインタビューをさせてほしいという意思表示はしていたが、実際のインタビューは思ったより遅くなった。その理由のひとつは、筆者の基本的な関心と方法がグラスルーツの人びとの価値観や欲求、志向の追究にあるからで、まず、そう人たちの中の活動家からインタビューを始めたからでもある。

　エドは州知事からハワイ大学の評議会の議長に任命されるほどの人である。つまり、ハワイ全体社会のなかでもエリート中のエリートの弁護士なのである。ようやくこのたび、筆者は第35回オキナワン・フェスティバルの会場（於カピオラニ公園）でエドにインタビューする機会を得た。

　ここでインタビューの概略を述べておこう。インタビュー日時はフェスティバル二日目（2017年9月3日）の午後2時頃である。筆者はアンダーギー作りのシフトが終わり、エプロンを掛けたままステージのパフォーマンスを見に行こうと歩き始めた。その時、向こうのほうからエドが塵取りを手にやってきた。彼はWUBのメンバーでもあり、WUBはフェスティバル会場のゴミ拾い

（Gomigumi＝ゴミ組と自称している）を担当しているのである。「やぁ、エド」「やぁ、センセィ」と互いに声をかける。以前からお願いしていた件だが、小一時間ほど時間があるか、と尋ねると、あるという。われわれはステージのラウドスピーカーの音があまり届かないところの木陰まで歩いて行った。

以下、Sは筆者、Eはエド。斜体字はエドが日本語で語った語句。〈　〉は筆者の質問意図や補足、説明である。

1．年齢、世代など社会的属性

〈まず、導入の質問。じつは彼はさまざまな場で年齢のことを語っているから大体はわかっていたが、入りやすいところから年齢のことを訊く〉

S：エドさん　時間をつくっていただきありがとうございます。まず生年月日あたりからお伺いします。

E：いいですよ、シラミズさん。私の名前はエド・クバ。1944年3月12日生まれ、戦争中です。二世、ワカイニセイ（若い二世）です。父母は沖縄首里の出身。だから私は首里・那覇クラブの会員です。

S：エドさんの年齢だと三世が多いですね。行動傾向も三世と似ているといえますか？

E：そう、ワタシノ年齢だとサンセイ（三世）が多い。ハワイの日系人の友人はほとんどが三世だから、彼らと同じような行動様式だといえるかもしれませんね。

〈超有能なリーダーといわれる彼はどのような教育を受けたのだろうか。学歴を知りたいが、いきなり訊くのも失礼である。したがって次のように質問した〉

S：二世や三世にはずっと公立学校に行った人が多いようですが、エドさんも公立ですか。

Eそうです。小学校から大学までずっと公立です。大学はハワイ大学の工学部でエンジニアリングの学位を取り、大学院はカリフォルニア大学バークレー校、これも州立ですから公立ですが、そこでエンジニアリングの修士号を取得。その後エクソン、つまりアブラガイシャ（石油会社）に就職しました。2年働

いた後、弁護士になるために東海岸のボストン大学の法科大学院に入りました。

Ｓ：大企業のエンジニアという仕事も立派な仕事だと思いますが、なぜキャリアを変えようと思ったのですか？

Ｅ：エンジニアとして２年働いた後、将来の18年を考えてみたのですが、かなり予想のつくものでした。それに比べ弁護士という仕事は予測できない、なにが起こるかわからない、とても挑戦的な仕事ではないかと思えたのです。それがキャリアをスイッチした主な理由です。

〈彼は大学院の修士を終えてから20年くらいはエンジニアリングの仕事をするだろうと考えていたそうだ。ところが２年ほど先輩や上司の仕事を見ていて、将来の予想がつくようになったという。それにしても進学した大学院が２校とも超有名校というのは珍しいケースである〉

２．エスニック・アイデンティティの目醒め

〈ここ30年の間、ウチナー文化主義の旗振り役でもあった彼はそもそもいつオキナワンつまりウチナーンチュであることを意識したのだろうか〉

Ｓ：ところで、自分がオキナワンであると意識したのはいつごろですか？

Ｅ：私は沖縄系の家に生まれ小さい頃はピクニックや新年会に連れていかれました。しかし、高校、大学と進み、だんだんとロックンロールに染まったりしてオキナワンというよりアメリカンになっていった。ところが、大学院でボストンに行ってみると、アイルランド系の人は自分はアイルランド人であると、自分の民族的出自を誇りにしている。イタリア系なども同様で誇りにしている。アフリカ系の人びとは Black is Beautiful といっている。さらに弁護士になってニューヨークに行ってみると同じ事が起こっていた。みんな（マイノリティの人たちは）自分の民族的背景を誇りにしている。当時東海岸はそんな感じだった。そこで、自分のことを考えてみた。そうだ自分はオキナワンなのだと思った。オキナワンとして生まれ変わった、再びウチナーンチュとなったわけです。私の子どもたちのことを考えるとかれらにオキナワンであることを伝えていくのはとても価値のあることだと思います。

S：日系人、ジャパニーズとは思わなかったのですか。

E：親が沖縄から来ているし、とくに私たちの世代はジャパニーズというよりはオキナワンであるという意識のほうが強い。私の妻のボビーは福岡系の三世だから子どもたちはオキナワンとジャパニーズの両方の文化を受け継ぐことができるという点でとても有利である。ただ、どちらかといえばオキナワンのほうが〈コミュニティとしての活動が〉より活発なので、どうしても沖縄系の催しに参加することが多くなる。こうして子どもたちはオキナワンという意識のほうが強くなったようです。

3．ハワイ沖縄センターの建設

E：文化的活動といえば、30年前に県人会館を兼ねたハワイ沖縄センター（HOC：Hawaii Okinawa Center）を造ったときは一種のギャンブルだったが、これを造ったおかげで若い人たちが音楽や踊りの発表会にさかんに利用するようになった。

S：そうですね。文化活動には発表する「場」が必要ですよね。

E：文化の継承という点ではもう心配することはない。次の世代も続けてセンターを利用して沖縄文化を継承していくでしょう。

S：HOCといえば、1980年の沖縄移民80周年の折に会館建設の宣言がなされたけれども、いっこうに進捗しない。たしかあなたが資金調達委員会の委員長になってから建設が本格的に動き出したという記憶がありますが。

E：いきさつを説明すると、1979年、80年のHUOA会長が沖縄へ行った折に〈移民80年を記念して〉ハワイに文化会館を兼ねた県人会館を造ろうということになった。以来歴代の会長は造る気はあるが、なにしろ会長の任期は1年だから継続して資金を調達するということができない。そこで、資金調達から建設までを課題とする委員会を〈エドとスタンリーを共同委員長として〉立ち上げようということになった。これが3、4年がんばって1990年の沖縄移民90周年の年に落成まで漕ぎつけたのですが、とても熱心な人たちが協力し合った結果です。

S：委員長をはじめ、まだ元気だった二世リーダーたち、アキラ・サキマ氏やジューン・アラカワさんたちが何度も沖縄へ行ったりしてたいへん熱心に資

金集めをされたという記憶が私にはあります。そうした努力に加え、経済状態もよかったですね。

　E：日本はバブル景気で、建設のタイミングとしてはパーフェクトだった。おかげで日本や沖縄から大きな寄付を得ることができた〈約10億の資金のうちの２億円以上が沖縄や日本からの寄付であった〉。

4．標語の設定　エドが始めた？

　S：あなたがHUOAのリーダーとしてやった数々の業績のうち、会館建設とならんで私が注目しているのが、会長の標語（theme）の作成です。毎年新しい会長が選ばれると、彼または彼女はIchariba ChodeとかChimugukuru、Yaaninjuといった自分なりの標語、それも多くがウチナーグチの標語を作成し、会員、つまりオキナワン・コミュニティの人びとへ提示しています。一種のコミュニティにとっての努力目標だと思いますが、私が調べたところ、これを始めたのはあなたではないかと思うのですがいかがですか。

　E：私が会長のころに標語を掲げていたのは憶えているが、私が始めたかどうか、という点に関してはポジティブではない。私がHUOAの第三副会長、第二副会長、会長を務めているときに何度も沖縄へ行き、古典音楽の先生などとも交わり、ウチナーグチ（沖縄語）に馴染んではいたが、自分が始めたかと問われれば、その点に関しては私ははっきり憶えていないとしかいえませんね。

　　　　　　〈筆者の調査によれば標語らしきものは1986/87年の会長であったエドのChibariyoo, Hamariyoo（がんばろう！）が最初である。その前の会長は掲げていない。しかし、エド自身は創始者であることをやんわりと否定する。筆者の考えではエドまでは試行期で、意識的に制度化しようとしたのは次の代のモーリス・ヤマサト会長からではないか。ちなみにモーリス　はIchariba chode（イチャリバチョーディ）を標語としている[1]〉。

5．オキナワン・コミュニティの今後

　S：あなたは最近はHUOAに関っていないのですか。顧問などにはならないのですか。

E：いや関わっていない。いまは若い人たちがちゃんとやっている。私がやることといえば、ハワイ沖縄センターの庭園の世話に週2回通ってくるボランティアのために時折オリオンビールを寄付したり、女性ボランティアのためにお菓子を寄贈するくらいだ。

S：つぎに、個人的な質問をさせてください。あなたはHUOAの会長などを歴任し、オキナワン・コミュニティでめだった活動をしてきたわけですが、そのことがあなたの弁護士という職業に役に立つということはあったのですか。

〈実際、過去には会長などをするとビジネス上、有利ではないかと思われる職業の人もいた。すこし率直すぎるが、思い切って訊いてみた〉

E：私は10年前に引退したが、現役のときもオキナワン・コミュニティをビジネスのために利用しようとしたことはない。もちろん私のクライアントにはオキナワンは少なくないが、じっさいは沖縄系だけでなく、日系、中国系、コリア系、フィリピン系、ハワイアンなどいろいろな人種民族が私のクライアントなのです。ただ、沖縄系の人びとに特徴的なことはある。かれらは花の苗などを持ってきてくれることがあるのですが、これはありがたいことです。

S：あなたはずいぶん沖縄との関係が深いと思いますが、何回も沖縄を訪問したのではないですか。

E：私がはじめて沖縄に行ったのは1983年でHUOAの第3副会長のときです。以来49回訪問しました。沖縄の友人たちは、50回目に沖縄でパーティをしてくれることになっている。あなたも何回も行ったのではないですか。

S：1972年の春、いわゆる本土復帰の前の沖縄を見ておこうと思って行ったのが最初です〈なお、沖縄が公的に「本土復帰」したのは1972年5月15日〉。この訪問時、わずか数週間でしたが、この島々の人びとの魅力、歴史の重みや深さに思い至り、以後何度となく訪問しています。

E：そうですか。いつか沖縄で乾杯しましょう。オリオンビールで。

S：ところで、私の観察するところ、ここ数年オキナワン・フェスティバルにおけるボランティアの数が減ってきているようにみえます。このオキナワン・フェスティバルは今後どうなると思いますか。

E：私も同じような感想を持っています。ボランティアの年齢が上がってきたこともあり、かつてのような勢いは感じられない。しかし、HUOAの幹部

は来年からオキナワン・フェスティバルをハワイ・コンベンションセンターで催すことにしました。これで、ベテランのボランティアがテント張りや水道などの施設の準備など事前のやっかいな仕事をする必要がなくなるし、昨年度（2016年）のようなハリケーンのためにフェスティバルが中止になることもない。そして、これを機に「コンベンションセンターでのフェスティバルというのはどのようなものだろう」と人びとが好奇心を持ってくれて、ボランティアが増えるかもしれない。いずれにせよ、来年以降もコンベンションセンターで催すとなると、借りるのに10万ドルからの出費となるので、財政的なことも十分に考慮しなければならない。

　ともあれずっとコンベンションセンターでやるべきかどうかについてはいろいろな意見があるので、HUOAの今のリーダーは、メンバークラブ（市町村人会など）からの意見を吸い上げることにしました。各クラブの会長にお願いして、会員の意見を訊いてきてもらう。グラスルーツ（一般会員）の意見を訊こうというわけです。グラスルーツがカピオラニ公園に戻ろうといえば公園に戻るし、コンベンションセンターがいいといえばコンベンションセンターでつづけることになる。まさにボトムアップですね。

　S：最後に、ハワイのコミュニティ間の関係についてお考えがあったら聞かせてください。

　E：わがオキナワン・コミュニティは、少なくとも組織としてはうまくやってきたし、ほかのエスニック・コミュニティにも請われれば助言をしてきた。たとえば、フィリピン系や日系、コリア系に助言してきたが、だからといって、彼らはわれわれ沖縄系と同じようにやる必要はなく、独自の道を歩めばよい、と思っています。なかでもわれわれが注目しているのはフィリピン系のコミュニティです。このコミュニティはとても大きく、将来性がある。いまのところ財政的には苦労をしているようですが、フィリピン系としてのプライドを持つべく奮闘中であると理解しています。

　ところであなたは20年以上もオキナワン・フェスティバルでアンダーギーを揚げていますね。あなたにはウチナーンチュのこころ（心）がある。私の妻のボビーと同じUchinanchu-at-heartだ。とてもありがたく思っていますよ。

　S：じつは私は皆と会ってボランティアをするのが楽しくてしかたがないの

です。ほんとうに気持ちのよいつきあいです。長年来ているので、そのたびに友人が増え、かれらが、必ず、別れ際に、また来年会いましょう（See you next year！）といってくれる。だからまた来ることになるのです。

　ところでエドさん、先日のWUB（World Uchinanchu Business Network）の会議〈2017年9月1日於：East West Center〉でのあなたの民間大使時代の業績についてのスピーチ、とても感動しました。私はその場で録音したのですが、これを翻訳して私の本に載せていいですか。

　E：もちろんです。どうぞ載せてください。

　S：今日はゴミ拾いで忙しい時に来ていただいてありがとうございます。

Ⅱ　スピーチ　沖縄県任命の民間大使としての業績

　以下は、前述の、民間大使セクションでのエドのスピーチである。司会であるジョン・タサトの要請で、ハワイ選出のエドのほか、米本土や南米選出の民間大使が活動報告をした。エドのスピーチは彼がこの30年余り、いかに大きな働きをしてきたかがわかる内容だった。

　　　〈民間大使というのは沖縄県が各地のリーダー的存在の人を選出任命。
　　　沖縄系コミュニティ内外へ沖縄文化の普及啓蒙が期待されている〉

1　推薦者

　30年前、私を沖縄県の民間大使に推薦してくれたのは、長年、沖縄ハワイ協会の会長を務めた仲村亀助さんでした。

　　　〈沖縄ハワイ協会とは那覇に本部をもつハワイ関係者の親睦会。元ハワイ在住者やハワイに留学した人、研究者などが多い。現会長は高山朝光氏〉

　県庁から実際にオファーがあった時、もちろん私は喜んでその役を引き受けました。それから25年間、ハワイから選ばれた民間大使として活動したわけです。

　仲村さんの気持ちを推し量った私は民間大使として、ふたつのことに力を入れようと思いました。ひとつは、沖縄の高等教育の推進に力をつくすこと。も

うひとつは、ハワイにおける沖縄文化の継承に力をつくすことです。

2　沖縄の高等教育を支援

そのころ私は時のハワイ州知事ジョン・ワイヘエ〈任期 1986-1994〉から任命されてハワイ大学の評議員会の議長を務めていました。つごう2期8年務めました。そこで私はハワイ大学と琉球大学とを結び付けられないかと考えたのです。当時、ハワイ大学は世界の100校と姉妹校関係を結んでいましたが、沖縄の大学とは結んでいなかったのです。考えてみればハワイ大学（UH）はハワイ州の最高の大学であり、マノア校はその頂点にある。一方、琉球大学は日本に90校ある国立大学のひとつで、沖縄県唯一の国立大学である。これを結ばない手はないではないか。私どもはハワイ大学マノア校と琉球大学の姉妹校締結のために奔走し、1988年、ついに姉妹校提携へと漕ぎつけました。以来、両校は活発に交流し強い絆で結ばれています。この成功をみて、その後、ハワイの大学、短大と沖縄の大学、短大との姉妹校提携が盛んになったように思います。例えば、UH ヒロ校と名桜大学、リーワード・コミュニティカレッジと沖縄女子短期大学、カウアイ・コミュニティカレッジと沖縄キリスト教学院大学、カウアイ・コミュニティカレッジと沖縄県立看護大学などです。

さらに、ロバート・ナカソネとともに、琉大の法科大学院やハワイ大学沖縄研究センターの創設にも協力しました。いま、ハワイ大学は世界の約300の大学や学部と提携関係にありますが、琉大との関係が最も強く、活発だと思っています。たとえば、ハワイ大学に新学長が赴任するたびに欠かさずその新学長は琉大をアイサツ -visit しています。私は極力同行していますが、これは約30年におよぶので今や慣行といってよいと思います。

〈エドが琉大の法科大学院の創設にも協力したと語っているのは同大学院のホームページの「（琉大法科大学院は）ハワイ大学ロースクールとの間で交流協定を締結し、2004年の開設以来、毎年ハワイ大学ロースクールでの短期研修プログラムを実施してきました」の部分と関係があると思われる[2]〉

3　文化の方面の活動について。

　沖縄県は日本の47都道府県のうちのひとつであり、ハワイは全米50州のなかのひとつです。ハワイには現在約20の県人会がありますが、HUOA オキナワケンジンカイはそのうちのひとつです。この20の県人会のなかで自前の文化会館を持つのは HUOA だけです〈オアフ島ワイピオにあるハワイ沖縄センター Hawaii Okinawa Center〉。この巨大なセンターのほかにマウイにも立派な文化会館をもっています〈マウイ島ワイルクにあるマウイ沖縄文化センター Maui Okinawa Cultural Center のこと〉。

　ハワイ沖縄センターの建設は大きなプロジェクトでした。ちょうど30年前 HUOA の会長だった〈1886-87年〉私は、その後センター建設のための募金委員会の委員長に就き、スタンレー・タカミネ氏と力を合わせて資金調達に邁進しました。その結果、500におよぶ個人、団体からの寄付（そのなかには古典芸能の師匠や生徒、大小の企業からの寄付もありました）や沖縄県などからの援助を合わせ、当時のお金で900万ドル（約10億円）が集まりました。そのうち700万ドルがハワイから、200万ドルが沖縄など日本からの寄付でした。このセンターは3年後の1990年、ちょうど沖縄移民90周年の年に完成しました。センターは1000人前後の観衆が入れますし、舞台は本格的な音響やライティングの設備がほどこされており、オープニングセレモニーでは、ハワイの芸能のセンセイたちだけでなく沖縄からの芸能のセンセイたちも、よい会館ができたとたいへん喜んでくれました。以来、芸能の研究所や教室の発表会など、数限りない公演が行われ、大いに沖縄の伝統文化の繁栄、継承発展に役立ってきました。ハワイではこうした活動のなかから、新しい民間大使として次世代を担う古典芸能の師匠（グラント・サンダー・ムラタ）も就任するまでになりました。彼は27年前にセンターの完成を喜び、私に感謝を述べてくれた若いセンセイのひとりです。

4　最近の活動「レイ外交」ハワイから沖縄の反基地運動へのエール

　ご承知のとおり、沖縄では、住民の85％が米軍基地の辺野古への移設に反対しています。また県内の多くの市町村の長も辺野古移設に反対しています。

こうしたなか、2年前に沖縄から遠く離れたカリフォルニア州のバークレーの市議会が移設反対運動の人びとへの支持を決議をしました。そして、さらに遠くのマサチューセッツ州のケンブリッジの市議会も同様のアピールをしました。私どもは、もっと近くのハワイで、しかも沖縄系がたくさんいるハワイで同様の決議ができないか、沖縄県の人びとに応援のメッセージを発することができないか、考えました。そして160人からなるHui（団体）をつくり、辺野古反対運動への支持表明の決議をすべく市議会に提案しました。しかしイゲ知事が反対し、頓挫しました。そうしたことをすると日米関係が損なわれかねないし、ハワイへの観光客も減るかもしれない、というのです。私は米軍や日本政府に対しては反対できるが、わがイゲ知事〈沖縄系初の知事〉には反対できない。そこで戦略を変えました。

　レイ外交への転進です。首からかけるハワイの友好のシンボルであるレイを辺野古などの基地反対の人たちに送ろうと考えたのです。20名のかたが資金援助をしてくれ、40名がレイ作成に参加しました。レイの色は深い青緑色にしました。辺野古の海の色を表している。そしてその辺野古の海はハワイにもつながっているからです。こうして200個のレイが辺野古のデモンストレーターたちに送られました。かれらはとても喜んでくれました。その贈呈式の様子は沖縄のメディアでも取り上げられました。われわれと辺野古の人びとのこころがつながったと感じた瞬間です。今後、こうしたレイ外交は嘉手納など、ほかの基地反対運動をしている人びとにもひろげて行きたいと思っています。とにかく忘れてはならないのは、県民の85％が米軍基地に反対している。そして翁長知事も、那覇市長や名護市長をはじめ多くの市町村長も反対しているということです。ご清聴ありがとうございました。

　注
　(1) 筆者は歴代HUOAの会長の標語を分析したことがある。白水繁彦(2004)「エスニック文化とエスニック・アイデンティティの世代間継承」『移民研究年報』第10号。なお、その改訂版が本書の第4章である。
　(2) 琉球大学法科大学院は、その理念である「地域にこだわりつつ世界を見る法曹の養成」の実現に向けて、ハワイ大学ロースクールとの間で交流協定を締結し、2004年の開設以来、毎年ハワイ大学ロースクールでの短期研修プログラムを実施してきました。これは全国的にも例がなく、高い評価を受けています。同プログラムでは、

英語による特別授業を受けたり、現地の学生とともに講義を聴講したりしています。同プログラムは、英米法研修プログラムとして単位認定されます。また、ハワイ州最高裁判所、法律事務所、州議会なども訪問しており、これにより、参加した学生の法曹になるモチベーションも高まっています。

「琉球大学法科大学院の特色」（同大ホームページより）　2017年10月1日閲覧
http://www.law.u-ryukyu.ac.jp/information/information-outline/information-specialty/

参考文献
白水繁彦編（2008）『移動する人びと、変容する文化』御茶の水書房

リーダー群像

第8章 ヘンリー・イサラ　Henry Isara
［1932年生まれ　三世］
——ボランティア・ビデオジャーナリスト——

「ジジがカチャーシーが大好きだった。私がカチャーシーが好きなのはそのせいかもしれない」

　筆者がヘンリー・イサラ氏（以下、筆者のいつもの呼び方ヘンリーとする）に初めて会ったのは2001年であった。その年もハワイのオキナワン・フェスティバルにゼミの学生10人と参加し、コミュニティ・メディアに関心を持つ学生といっしょにヘンリーの仕事ぶりを参与観察したのが最初の出会いである。ヘンリーはHUOA（いわゆるハワイ沖縄県人会のこと）のビデオチームの責任者として長年にわたってテレビ番組 *Hawaii Okinawa Today* の制作に携わって来た。毎週のテレビ番組を制作するというのは気の遠くなるような労力と時間と神経を使う仕事である。それを20年以上にわたって続けている。しかもボランティアで（こうした貢献が認められて2013年度のHUOAレガシーアワード（文化功労章）を受賞している）。ヘンリーの娘のダナ（Donna Isara）もビデオの編集等を手伝う、4代におよぶ文化継承の家系である。

　なにが彼をこれほどに衝き動かすのか。強い関心を抱いた筆者は、以来、オキナワン・フェスティバルのアンダーギー作りのボランティアでホノルルを訪れるたびにヘンリーに会い、さまざまな話をし、また彼のビデオ制作過程を観察してきた。

　ヘンリーへのインタビューとしては、これまで、2006年3月21日、2007年9月3日、2009年8月26日、2016年8月20日と、4度行った。2009年までのインタビューの内容の多くが、ヘンリーが中心となって活動してきた沖縄県人会のビデオチームの貢献についてであった。4度目の2016年8月20日のインタビューはそれに対し、彼のエスニック・ライフストーリーともいうべき彼の民族的出自にかかわる経歴、経験を幼少時にさかのぼって聞いた。

　こうしたインタビューを企図したのは自ら設定した以下の問（リサーチクェ

スチョン）への回答を導き出すためである。1．どのような家庭に育ち、どのような文化状況で育ったか。2．どのような教育を受け、どのような職業に就いたか。3．コミュニティ活動はどのような契機で始め、どのような経過をたどったか。4．エスニック・ジャーナリストになるためにどのような訓練を受けたか。5．エスニック・ジャーナリストとしてどのような送り意志（志向）をもっているか。そしてそうした考えはどのような過程で獲得したか。6．自らのアイデンティティをどうとらえているか。7．繰り返し語られる語句はあるか。あるとすれば、それはなにを含意しているか。以上の7点である。

　ここで、4度目のインタビューの調査仕様について改めて概略を示すと、インタビュー相手はヘンリー・イサラ、インタビュアーは筆者、インタビュー時間は2016年8月20日10時〜13時（その後場所を移して1時間余り食事をしたが、その間も彼は話し続けた）。インタビュー場所はホノルル市内のホテル、私用言語は英語（ヘンリーは時折日本語の単語を交えた）。以下はその内容と筆者の説明、考察である[1]。なお、略号のSは筆者、Hはヘンリー・イサラ氏、（　）は筆者による補足、〈　〉は筆者の説明、考察である。

インタビューの開始

　S：今日はお時間を取っていただき、ありがとうございます。これまでもあなたがHUOAのビデオチームのリーダーということで何回かコミュニティ・メディアに関心を持つ学生といっしょにインタビューをさせていただきましたし、私単独でもお話を伺いました。にもかかわらず、今回またお話をお聞きするのは、私が日本語で書こうと思っているハワイのウチナーンチュの活動についての本に、お許しくださるなら、あなたのライフストーリーを収めたいと思っているからです。できるだけ正確を期したいと思いあらためてインタビューさせていただきたいと思います。ときどき質問を挟みますが、それに対する答えだけでなく、それに関係あることでも無関係でもかまいませんから、思い出すことや気が付いたことをどうぞ自由に話してください。もし私の質問に答えたくない場合や、話はするけど本には書いてほしくないときはどうぞ、率直におっしゃってください。

　H：もちろん、載せていいよ。答えたくないときは「答えたくない」というから。

話者のプロフィール、個人的なバックグラウンド

S：ありがとうございます。ではまず、お名前と生年、世代、出自などから教えてください。

H：ヘンリー・ハジメ・イサラ（Henry Hajime Isara）。三世。1932 年 12 月生まれ。祖父の名はキチゾウ・イサラ。コチンダソン（東風平村）、アザ・トモリ（字富盛）の出身。祖母はグシチャン（具志頭）の出身。いまはコチンダソンとグシチャンソンは一緒になってヤエセチョウ（八重瀬町）になっている。

祖父の本当の苗字はイシャラ（Ishara）だが、ハワイに移民した時、移民局で h を省かれてイサラとなったと聞いている。いま沖縄ではイシハラ（石原）という人が多いらしい。

私は 10 人きょうだいの長男。長男だから日本名はハジメ。7 歳違いの弟がいて、いまカリフォルニアに住んでいる。あと 8 人はすべて女性で、みんなこのオアフ島に住んでいる。

妻はエヴェリン・ヒロコ（Evelyn Hiroko Isara）。同じく三世。私たちの間には息子ひとり、娘ふたり。私は元公務員（市役所勤務：土木、建設関係）。その間、公務員としての勤務時間以外はパートで建設会社で土木製図関連の仕事をした。1990 年にすべて引退し、その後オキナワン（沖縄系）・コミュニティをはじめ、地域のためのボランティアに専念している。

HUOA[2]では Kochinda　Chojinkai（東風平町人会）会員[3]。

S：奥さんのエヴェリンさんはたしかヤマトゥンチュ、つまり出自が日本本土ですよね。いわばインターマリッジ（異民族婚）？

H：妻のエヴェリンとインターマリッジだって？（大笑）

エヴェリンも三世、お父さんはたしか熊本のはずだ。結婚した 1960 年ころは日系（ナイチ）が異なるエスニック集団に属するなんて誰も思っていなかった。それに、私が育ったのはカリヒという低所得層が多く住む町で、フィリピン人やハワイ人も多く、日系人といえば豚飼いの沖縄系が圧倒的多数派で、内地出身者は数人しかいないような土地柄だった。だから日系人とは自分たちのことだと思っていたくらいだ。そのようなわけでエヴェリンとの結婚も彼女がナイチつまりヤマトゥンチュであるということはまったく気にしなかった。

S：ご家族のことを少しさかのぼって教えてくれますか？

H：ジジ（祖父）キチゾウ（1888 - 1986）は、1907年頃にハワイへ来たはずだ。1934年、東風平出身の6人（6家族）を誘って東風平村人会を創設した。したがってわが親族はすべて東風平村人会（現在は東風平町人会）の会員。父（1909 - 1978）も会長や会計をやった。

　父は帰米二世[(4)]。ハワイで生まれ、幼児のころ沖縄に連れて行かれたらしい。13年くらい沖縄にいた。16歳くらいでハワイに帰ってきたようだ。おそらく沖縄で小学校を終えたはずだが、ハワイでの学歴がないということで、小さい子らに交じって小学校に通ったという。彼は、ウチナーグチ、日本語、ピジン（ハワイ方言英語）、英語と、四つの言葉ができた。初等教育だけでこれだけの言語ができたということは典型的な独学（self-taught）というやつだ。彼は沖縄滞在の13年間について、「苦労した」といった類いの話はいっさいしなかった。実際はそうとう辛い思いをしたはずなのだが。

　父は、ハワイに帰って来てからは（祖父がやっていた）養鶏場や野菜農場で働いた。その後、ハワイの離島を巡る蒸気船の船員になった。したがって、仕事でビッグアイランド（ハワイ島）に行くこともしばしばだった。そこで母に会ったわけだ。そのとき彼女が15歳で、父は23歳。ずいぶんと若いカップルのように感じるが、その頃はさほど珍しいことではなかったようだ。自分は彼女が16歳の時の子で長男だった。母は気丈な女性で、戦後は家計を助けるためにパラマ地区で雑貨屋のようなものをやっていた。

　いま住んでいるのは父母の家。両親の老後の面倒を看たので家を譲ってくれた。私が結婚したのは1960年。私が27歳で妻のエヴェリンは25歳だった。

29歳で村人会長、県人会の公用語を英語にすることを提案

　S：ヘンリーさんは県人会のビデオチームの中心的なメンバーとしてハワイにおける沖縄文化の維持、発展に尽くしてきたわけですが、小さい頃から沖縄的な文化が身の回りにあったのですか？

　A：あなたも知っているように沖縄県人会の場合、県人会ができる（1951年）はるか前に互助・親睦組織として同郷団体（町・村・字人会）があった。私が所属する東風平町人会の場合、私の祖父などが中心となって1934年に東風平村人会として結成された。祖父は東風平村人会の創設に参加したくらいだから、

村人会活動に熱心だった。その影響で父も熱心だった。

　私は物心ついたらもう村人会の夏のピクニックや新年会（新年宴会）に参加していた。ほとんどの日系、沖縄系の家では親が子供を連れてピクニックや新年会に参加するのが戦前からの習わしだった。私の父も欠かさす村人会のイベントには子どもたちを連れて行った。小さい頃のピクニックや新年会で憶えていることといえば、祖父が芸能好きだということだ。祖父は自分でもジカタ（地方）として太鼓を叩いていたし、カチャーシー(5)などは率先して踊っていた。私が芸能好きになったのは、小さい頃のこうした祖父の活動を見ていたことと関係があるかもしれない。

　みんなそうやって参加するから、村人会の人たちとは子供のころから顔見知りだった。年齢が上がるにしたがいそれなりの役割が回ってくるが、私が東風平村人会の会長に選出されたのは1961年、29歳だった。1962年まで務めた。

　市町村人会の会長になるとオフィサーとして県人会のボードミーティング（幹部会議）に出席する。村人会長になって初めてボードミーティングに出てみたら会議が日本語で行われていた。そのころはまだ一世も存命のかたがけっこういたし、戦後移民してきた新一世や帰米二世はもちろん、日本語のわかる二世も少なくなかった。だからオフィサー（役員）のなかで日本語がわからないのは三世である自分だけだった。当時の県人会長はウォーレン・ヒガ(6)。彼は帰米二世だから日本語ができる。当時は、県人会に若い人をひき入れなければならないという議論が行われていた。そこで私はウォーレンに言った。

　「若い人（三世）を県人会に参加させたいと思うなら会議を英語にすべきではないか」

　ウォーレンはすぐにこれを聞き入れ、次の年から会議は英語で行われるようになった。

　〈それに比べればナイチの県人会の公用語が英語になるのはずいぶん遅れた。筆者の観察によれば30年以上の違いがあると思われる。ナイチのかなりの県人会がつい最近まで日本語が「公用語」だったところも少なくない。したがって、英語族（英語を第一言語とする者）の若い人が入りにくく、「県人会の集まりは老人ばかり」といわれたものである。こうして自然消滅する県人会も少なくない(7)。30年の違い

といえば、ちょうど一世代違うということだ。その間ずっと若い世代の理事等の世話役を輩出してきた沖縄県人会と世代交代しないでやってきたナイチの県人会の違いは、それぞれの県人会の会員数や、主催したり後援したりするイベントの大きさ、賑わいの差となって表れているといっても過言ではない。その伝でいえば、この時のヘンリーの発言は画期的だといわねばならない。ヘンリーとの20年近い付き合いの中で、何度かこの「英語移行」の話が出たが、彼は自分の「おかげ」で英語移行が成ったとは一度もいったことがない。あたかも自然の成り行きだった、といわんばかりである。ヘンリーも謙虚だが、実際のところ、そのころすでに県人会内部にそういう機運があった可能性は高い。日米戦争を契機にリーダー格の一世（日本語族）は米本土の収容所に抑留され、日系社会の主導権は二世（英語族）のリーダーに移行しつつあったが、戦後リーダー層が帰還して日本語に戻ったナイチ系の県人会に対し、ヘンリーの「進言」をチャンスととらえたヒガ会長は英語使用に踏み切ったと考えられる。ともあれ、その後の沖縄県人会の発展を考えれば、この時沖縄県人会は大きく舵を切ったといってよいだろう。〉

ピクニックと新年会：２大イベントの内容と機能
────ウチナーンチュ・アイデンティティのインキュベーター

S：若くして村人会長になったわけですが、村人会長になったきっかけや村人会の役割などについて思うところを話しくれますか？

H：1961年に東風平村人会長になったのはエレクション（選挙）で選ばれたからだ。村人会といえども会長職は忙しいから、自薦はあまりない。私は会長を２年間務めた。覚えなければならない仕事の内容を考えれば２年でも短いと思うが、かつては１年任期だった。それを私どもが率先して２年にした。ともあれ、短期間で交代するのは、できるだけ多くの人に幹部をやらせて、コミュニティ（村人会）はみんなで力を合わせて作り上げるのだという自覚と責任感を醸成するためだ。私は任期満了後はアドバイザー（顧問）として10年間ほど後輩会長の相談に乗った。アドバイザーを何年やるかは個人によって異なる。

会長やアドバイザーとして私は経費節約も考えた。たとえばそれまでレストランでやっていた定例の役員会を自宅でやった。レストランでは長い時間は居られないし、食べ物や飲み物をオーダーしなければならないので金がかかる。だから自宅を役員会やクラブミーティング（村人会の集会）に使うこともあった。妻のエヴェリンの理解があったからできたことだ。こうして、村人会の年会費をわずか5ドル（家族単位）に抑えたのである。いまはそれではやっていけないというので家族15ドル、個人10ドルになっている[8]。

　村人会の元来の目的は相互扶助だが、メンバー間の交流を維持促進するためにピクニックや新年会といった年中行事の開催も村人会の重要な任務である。我が家は特にそうしたイベントをだいじにしてきた。父にとって新年会、ピクニックはとてもだいじだった。父が死んだあとはわれわれが引き継いでやっている。私自身、その両方にずっと参加してきた。欠席したのは兵隊に行っているときだけ。それ以外は全部出席。会長の時はもちろん、アドバイザーになってからもそれを盛り上げようと努力した。

　S：それほど新年会やピクニックは大事なんですね。

　H：私は村人会を創設した7家族のひとつの家に生まれ、村人会のビッグイベントである夏のピクニックと春の新年会に参加した。当然のように家族親族がうち揃って参加してきた。私の家だけではない、ウチナーンチュはかつて皆そうだった。それがウチナーンチュのウチナーンチュたる所以だ。ウチナーンチュはウチナーンチュの家に生まれれば、小さい時から楽しみながらウチナーンチュとして育っていくというわけだ。

　とにかく幼いころから私にとって新年会やピクニックはとても楽しいものだった。だれも私を無理やりに連れて行ったわけではない。私は喜んで父に付いていった。それが私には娯楽だった。とくにカチャーシーを踊り、沖縄舞踊を身近に楽しむことのできる数少ない機会のひとつだった。ジジやみんなとカチャーシーを楽しく踊ったものだ。そうやって私はウチナーンチュになった（笑）。

　S：東風平町人会の場合、ピクニックや新年会にはどれほどの人が参加するのですか？

　H：ピクニックは最近はイサラ・ファミリーとチネン・ファミリーだけが参

加する。多くて50人。かつてのように子どもが集まらないので成立しないゲームもある。創設の7家族のうち、だんだんと減っていった。

　おとなが来ないとその子どもが来ない。するとかれらがおとなになっても来ない。こうしてその家族はずっと来ないということになる。

新年会はピクニックより参加者が多い──その理由
　S：では新年会のほうはどうですか。やはり年々寂しくなってきているのですか？
　H：新年会のほうはそうでもない。ピクニックよりは盛況である。100人以上が集まり、多い時には150人にもなる。だいたい料亭の「夏の家」大広間（舞台付のほう）でやる。
　ピクニックよりはるかに参加者が多い理由は、私が思うにいくつかある。まず村人会のメンバー以外の人もゲストとして連れてきてよいこと。ピクニックは屋外だから頭が熱くなるが料亭（夏の家）だと快適なこと。座っていてごちそうが食べられるし、話したい人といくらでも話せること。おまけに沖縄芸能を楽しめる。エンタテイナーを雇うからだ。たとえばデレック・シロマ、グラント・サンダー・ムラタ、ジェーン・カネシロなどローカルのセミプロが比較的リーゾナブルな出演料で来てくれる。このように、新年会は老いも若きも楽しくすごせる。
　それに、沖縄民謡のリサイタルに行かない人は新年会でしか沖縄文化に触れる機会がない。その意味で新年会は沖縄文化とりわけ沖縄芸能の維持永続（perpetuation）にとっても重要な役割を果たしているといってよいと思う。
　S：ディレックやサンダーなどはウチナーンチュのさまざまな集まりで演奏していますね。あれほどの出演数なのですからプロになれるのではないかと思いますが、それぞれ「本業」をもっていますね。
　H：出演料といってもハワイではチップや交通費といった類いの謝礼なのだ。ここハワイではエスニック文化関係では職業として成り立たない。その点、沖縄や日本とは違う。ハワイでは「本業」が必要。ハワイではハワイアン関連以外では民族芸能のプロフェッショナルはほとんどいないのではないか。それでもかれらは懸命に沖縄芸能を修練しわれわれに見せてくれる。沖縄の大師匠の

ところにしばしば行って技を磨いてくるものも少なくない。私はかれらをセンセイと呼ぶ。なぜならかれらを心から尊敬しているからだ。彼らは自分の生活を犠牲にして（sacrificing）文化の維持永続に努めているからだ。だから相手が若くてもセンセイと呼ぶ。たとえばサンダーは自分の息子に相当する年齢だがセンセイと呼ぶ。

だからかれらのリサイタルや芸能関連のワークショップなどさまざまな文化イベントを手伝う。そうやって肩入れする。ビデオチームを続けてきたのもそうしたかれらの活動をアーカイブ（記録保存）したいという思いがあるからだ。

オキナワン・フェスティバルで子ども向けのアトラクションを始める

S：村人会の役割といえば、オキナワン・フェスティバルでも村人会は重要な役割を果たしますね。フェスティバルにはHUOA傘下の50のメンバー・クラブ（市・町・村・字人会など）がほとんどすべて参加しますね。あるクラブはサーターアンダーギー（いわゆる沖縄ドーナッツ）を作り、あるクラブは沖縄そばを作るという具合に。東風平はどんなことをするのですか？

H：そう。祖父や父が村人会長としてやらなかったイベントで重要なものは1982年から始まったオキナワン・フェスティバルへの参加である。私はオキナワン・フェスティバルにも子どもを連れてくるべきだと思っていたので、東風平町人会は子どもに喜ばれるもの、子どもが行きたくなるものをやろうと考えた。確かな年度は憶えていないが1985年前後だと思う。そこでは子どもの大好きなシェーブアイス（かき氷）も出したし、さまざまなゲームをやらせた。それもすべて無料かそれに近い額で。そのうちに糸満市人会が加わり、新たなゲームを付加したりして子ども向けのブースを充実させた。人気が上がり、ゲームの数も増えると少人数の東風平町人会の手に負えなくなって数年前に糸満に任せて撤退。現在は足ティビチ（豚足スープ）などのフード提供に切り替えた。

〈ハワイの日系社会、沖縄系社会のピクニックは夏に行われるのが一般的で、かつての日本の小学校、中学校の運動会とほとんど同じ内容である。それも道理で、戦前の日本語学校が日系社会の中心的な存在であったころから続いている制度なのだ。子どもや親たちが種々の徒競走やパン食い競争、二人三脚等の障害物競走などゲームを楽しむ。

ノートや鉛筆、キャンデーなどの賞品が豊富に用意される。おとなの入賞者には台所用品や掃除用品など実用品も用意される。昼休みやゲームの出番がないときは家族・親族とビニールシートの上で持参の弁当をみんなで楽しむ。筆者は1980年代の半ばから宜野湾市人会のピクニックに断続的に参加しているが、親や子どもたちはほんとうに楽しそうである。それを見る祖父母たちはもっと楽しそうである。

　いっぽうで子どもたちの夏休みの行事や家族の娯楽も多様化し、ピクニックに参加する家族が減っていく傾向にあるのも事実である。また参加する家族が減っていく背景には生活圏の拡大もある。戦前の日系人は、砂糖きびプランテーションの日系人住区はむろんのこと、市内でもいくつかの地域に集住する傾向にあった。それが高学歴化やそれに伴う就職先の多様化で本土に住む者も増えていった。ホノルルの家賃の高騰で郊外や他島に住まざるを得ない人も増加した。暑いさなかにわざわざホノルルの日差しの強い公園に出かけるためには高いモチベーションや強い社会規範が必要である。初代が沖縄から出て来て100年以上が経つ家系も少なくない。少しずつモチベーションが低下し、参加しなければならないという社会規範にも陰りが生じてくる。

　以前のピクニックの活気にあふれる興奮を知っていればいるほど、ちょっと参加者が減っただけで物足りなさを感じるものである。こうしてひと家族減り、ふた家族減りという傾向にある。親が子どもを連れて来ないと、その子が親になっても子を連れてこない。要するにおとなが子どもを連れてこないという傾向が拡大するとピクニックという日系社会の伝統的な制度は廃れてしまうのだ。

　筆者は村人会を「ウチナーンチュ・アイデンティティの孵化器（インキュベーター）」であるという仮説をもっている。具体的には、子どもたちが幼少時からムラ単位のイベントであるピクニックや新年会などにおいてウチナーンチュとウチナーンチュ文化に触れ続けることで意識の深層部分にウチナーンチュとしての心構えがインプリントされるというものである（白水・佐藤, 2006）。筆者のこの仮説が正しいとすれば、ピクニックが廃れていくということは将来のオキナワン・コ

ミュニティにとって由々しきことである[9]。東風平町人会の場合、新年会はあまり減っていないようなのでインキュベーター仮説からいえばまだ大丈夫といえそうである。さらに、オキナワン・フェスティバルでも子ども向けのブースが設置され、年々そのサービスは充実して、ミニゴルフや巨大滑り台などテーマパークのようになっている。それに伴い、子連れの入場者数は急増した。始めたのが東風平町人会というのは興味深い。村人会のピクニックや新年会をとおしてウチナーンチュとしての素地が形成されていくということを経験上知っているヘンリーは、オキナワン・フェスティバルにも子どもを招き入れ、小さい時から沖縄的文化に曝そうと考えたのであろう。〉

第1回リーダーシップツアーの衝撃　心に火が点いた若者たち

S：オキナワン・フェスティバルといえば、その創始に関った若者たちはその前に研修旅行で沖縄に行っていますね。あなたはその時どうしていたのですか？

H：そう、1980年10月（那覇大綱挽まつりの時期）に沖縄県人会（HUOA）は沖縄へハワイのウチナーンチュの若者をリーダーシップツアー（研修旅行）に連れて行った[10]。この時は各市町村人会から選ばれた若者37人が参加した。ハワイ沖縄県人会初の試みであるこのツアーは大成功だった。というのは、このツアーに参加した若者の多くが、後にオキナワン・コミュニティのさまざまな分野でリーダーシップを発揮することになったからだ[11]。私はこの時は事情があって行けなかったが、何とかして私の村人会からも派遣しようと若者を説得、最後の最後に数人が行くことになった。私が初めて沖縄に行ったのは1985年の研修旅行の時で、妻と一緒だった。この時は夏休みの時期ということもあり、多くの学生が参加した。この旅で私は不思議な体験をした。初めての沖縄のはずなのになぜか初めてという気がしなかった。訪問というより、帰郷、まるで故郷に帰ってきたような懐かしさを感じたのだ。

以後、私のボランティア活動にも拍車がかかり、それまでどちらかといえば村人会中心の活動だったのが、次第に県人会（HUOA）の活動にも進んで参加するようになった。

まず、県人会のカルチャーセクションの座長になり、1987年にはエド・クバ会長体制の監査役になった。そして、前に話したとおり、1997年、県人会にビデオ制作チームが結成されたとき参加したというわけだ。

沖縄との交流を円滑にするために日本語を勉強

　S：あなたは近頃、私との会話のなかで、ハイサイとかニフェーデービルとか、しばしばウチナーグチ（沖縄語）を挟むが、あなたはそのうち「HUOAの公用語をウチナーグチにしよう」といいだすのではないですか？

　H：そうなると最高だね（笑）。叶わぬ夢だね（大笑）。なにしろウチナーグチはおろか日本語も難しいからね。じつは、われわれの世代にとってウチナーグチは非常に難しいというイメージがある。日本語より難しい。それに、われわれの世代と付き合いのある沖縄県の人びとは全員日本語を話す。よほど田舎の年寄でないかぎり、われわれにウチナーグチで話しかける人はいない。しかし、伝統芸能を理解するにはウチナーグチがわからなければならないし、ウチナーンチュらしさを表現するにはやはりウチナーグチになる。県人会の会合が英語になって随分楽にはなったが、これほど沖縄との交流が盛んになると日本語やウチナーグチ（沖縄語）ができないことのデメリットも少なくない。

　ちゃんとした日本語（標準語）ができるに越したことはない、というのは一世のころからいわれたことだ。日本語が上手に話せないということでヤマトゥンチュに差別された経験があるからだ。私は県人会の諸活動にかかわるようになったら、沖縄から来る人、とくに芸能団の人びとと交際する必要が出てきた。特に県人会のビデオ制作チームを引き受けてからは率先して会い、映像記録を撮るようにした。かれらはかなり頻繁にやってくる。各流派のハワイ支部に指導を兼ねてやってくるからだ。それらの多くの面倒をこまめに見るキヨシ・キンジョウの熱意に感じるところもあった私は、できる限り沖縄からの芸能団には付き合うことにした。

　問題は、彼らは英語がわからないし、私は日本語がわからないということだった。キヨシは戦後にハワイに来たから日本語はわかるが、彼がいないときは大変だった。じつは私も小学校4年生まで日本語学校に通ったが、そのあと戦争になって通えなくなった。戦争中は（適性語である）日本語を話してはいけな

[**写真-7**] オレロのバン（2000年9月2日　白水撮影＠ホノルル、カピオラニ公園）

いという風潮だったし、戦後も日本語を話す機会はまったくなくなった。そんなわけで、もともと大して話せなかった日本語をすっかり忘れてしまった。一般に帰米二世は家で日本語を話す人が多いが、母が純粋の二世であまり日本語が得意でなかったので帰米二世の父も母に対してもっぱら英語を用いた。それもあってわれわれきょうだいは日本語があまり話せなかったのだ。

　そのようなわけで、沖縄から芸能団などが来るたびにボランティアで通訳してくれる人（戦後移民の新一世や帰米二世）を探さなければならなかった。しかし、かれらも仕事があるからあまり頻繁に頼むわけにいかない。そこで一念発起、自分で日本語を話せるようになろうと決心し、勤めが終わってからナイトスクールに通うことにした。おかげでなんとか日本語で意志の疎通はできるようになった。沖縄から来る人も私が下手ながら日本語を話すので随分助かると言ってくれた。

伝統芸能の映像アーカイブ化──ビデオ制作チームのリーダーとして

　S：あなたはいろいろとコミュニティのためのボランティアをやっていますが、そのなかでもビデオ制作チームでの活躍で知られています。まずビデオ制作の話を聞かせてください。

　H：そうだね、いろいろボランティアをやってきたが、なかでもビデオチームの仕事が最も忙しいし、自分にとって重要だと思っている。このチームが

HUOA（県人会）の中ににつくられたのは 1997 年。中心的なメンバーは 10 人くらい。それに加え 10 人程度が絶えず出たり入ったりしている。自分は沖縄芸能をはじめ沖縄文化が好きなので、映像番組を制作したり、映像記録として残すという計画に賛同し、最初から参加している。番組を作り、ケーブルチャンネルのオレロ[12]（'Olelo）で放送するためにはちゃんとした技術が必要だ。幸いオレロがディレクションやカメラワーク、編集などの技術講習プログラム（ビデオ制作コース）を持っており比較的安価に学ぶことができる。私もほかのスタッフ同様、このコースに通って基本的な技術を身に付けた。費用はもちろん県人会が出してくれた。オレロはオキナワン・フェスティバルの際など大きなイベントの時はスタッフも提供してくれるし、編集用の器材を備えた大型バンも貸してくれる（写真-7）。とても頼りになる存在だ。

われわれが作っている番組は *Hawaii Okinawa Today* というチャネル 53 で放送されている番組だ。ケーブルテレビかインターネットで視聴することができる。かつては毎週放送分制作していたが現在は基本的に月 2 回分である[13]。

ビデオ制作で最も骨の折れる作業は編集（editing）である。ハワイ沖縄センターにある映像編集専用の部屋に籠りコンピューターに向かって編集作業を長時間にわたり行うのは心身とも疲れるものである。2009 年、チームリーダーの座をスティーブに譲ってからも私は編集作業のかなりの部分を担当している。

リーダーとして最も厄介かつ重要な仕事はオキナワン・フェスティバルだ。このイベントは、あなたも知っている通り、毎年レイバーディ週末の 2 日間盛大に行われる。この祭のステージ上のパフォーマンス全てや会場内の様子など朝から夕方までびっしり撮影し、*Hawaii Okinawa Today* の主要なコンテンツとする。リーダーはオレロとの交渉、スタッフ（ボランティア）の確保、かれらのシフトの作成、カメラワークの確認、編集作業等々、忙しいうえに責任の重い仕事だ。プロデューサーとディレクター、編集作業と様々な役割を一手に引き受けている感じだ。

私はリーダーの座を譲った今もフェスティバルの 2 日間、朝 7 時からその日のフェスティバルのスケジュール終了まで（初日土曜はステージが終わったあと恒例の盆ダンスがあるから 8 時くらいまで、2 日目の日曜は 6 時くらいまで）オレロのバンの中で粗編集をやる。ぶっ続けの仕事で、時にはシシ（小便）に行く

暇もないほどだ。

　オキナワン・フェスティバルのためのスタッフは30人いれば理想だが実際は20人来ればいいほう。20人とはいえすべてが2日間いるわけではない。朝だけの人もいるし午後3時間だけという人もいる。現場で絶対に欠かせないのはステージのパフォーマンスを撮るカメラマン。炎天下の撮影なので、シフト制にしているが最低2時間は撮影しなければならない。どうしても7人は必要。いまはオレロから職員（インストラクター）や生徒が来てくれるので何とか回っており、助かっている。長女のドナが2日間、粗編集などを手伝ってくれるのも大きな助けとなっている。

放送番組のコンテンツ制作

　S：コンテンツ制作の話を詳しく聞かせてください。

　H：オキナワン・フェスティバルの2日間はステージのパフォーマンスを中心に合計ざっと20時間で、それを素材として *Hawaii Okinawa Today* のために11番組つくる。それに、ホノルルや他島で開かれる沖縄芸能のリサイタルのたびに撮る。幸いハワイには流派別にたくさんの沖縄芸能の「研究所」（三線教室、箏曲教室、琉球舞踊教室など）がある。かれらが頻繁にリサイタルを開くので、それを撮る。とくに沖縄から大師匠が来訪してハワイの孫弟子たちと催すリサイタルは格好のコンテンツである。ほかにコンテンツになるものとして、ハワイ大学の沖縄研究所や東西研究所（イーストウエスト・センター）のボブ・ナカソネなどが企画する沖縄文化関連のレクチャーやワークショップ、セミナー、さらに、ハワイ沖縄センターのホールやセリカクチャヤ（勢理客茶屋）での諸アクティビティなども撮って、コンテンツにする。今までで最もイベントが多かったのは、ハワイ沖縄移民100周年の2000年。おびただしい数のイベントがあった。

　私たちが県人会（HUOA）のなかにビデオ制作チームをつくるきっかけをあたえてくれたのは沖縄芸能のセンセイであるバイオレット・オガワの息子チエで、彼は当時オレロで働いていた。彼がビデオチームを始めるように勧めたのである。すぐに伝手を頼って14人ほど集めた。そのほとんどがオキナワンで、さらにその多くが若者だった。しかし、かれらは学業やスポーツなどやること

が多く、忙しいといって次々と辞めていった。結局残ったのは比較的年配者ということになった。現在の主要なメンバーのなかではトビーが一番若くて65歳、ケビン・ウエハラ、ロン・キンジョウなど、多くが70歳を超えている。

職業生活――コンピューターとの出会い

S：あなたは編集作業のデジタル化にも対応しているし、失礼ながら、年齢の割に容易にコンピューターを操作しますが、職業上のキャリアと関係があるのですか？

H：小学生のころから建築関係で働きたいと思っていた。だから高校時代も土木製図の授業を履修したくらいだ。その後は短大に入り土木製図を学んだ。しかしすぐに朝鮮戦争（1950年6月25日-1953年7月27日休戦）が始まったので沿岸警備隊に入った。隊ではニューヨークやハワイで勤務した。1954年の除隊後、大学に入り本格的に製図等の勉強を続けようとしたが、下に9人もきょうだいがいるので家計を助けるためにも働かなければならなかった。結局大学は卒業できなかった。そうして、見習い配管工になった。その後建設現場で監督の仕事などをしているうちにホノルル市郡の職員（公務員）として雇われた。昼は公務員として土木製図の仕事や公共住宅関連の検査官などを務め、1985年に市役所を退職。32年間の公務員生活であった。市役所を退職してからは市役所時代から夜間パートで働いていた建設会社にフルタイムとして復帰、1991年まで働いた。ホノルル市郡では幹部でなければ公務員であってもアルバイトは認められていたのだ。

　この建設会社にいてよかったのはコンピューターの操作を習得したことだ。というのは建設会社の二代目社長がコンピューター製図を導入したのだ。私はすでに53歳になっていたが、コンピューターを駆使してさまざまな仕事をすることを学んだ。

　　　　〈このときコンピューターに慣れていたのが幸いし、後にビデオの編集作業に生きることになる。80歳をとうに超えてコンピューターで映像編集をする人はハワイ広しといえども多くはないだろう。ところで、ヘンリーもかつて公務員であった。これは偶然ではない。オキナワ・コミュニティの様々なイベントの際に活動しているボランティ

アは過半数が年配者である。かれらの多くがリタイアした人で、その多くがかつて公務員だった人たちである。その背景には日系、沖縄系の人びとの公務員志向がある。二世以降は公立学校の教員や市郡、州それに軍関係など国家公務員になる人が多い。私が連れていく日本からの学生や院生が「かつて公務員だったが人が多い」という印象を語ることが一再ならずあるが、むしろ日系、沖縄系の公務員の絶対数が多いのである。公務員は比較的高学歴でありリタイア後の生活基盤も比較的安定している。かなり込み入った計算や文案作成などを含む多種多様な役割からなるコミュニティ・イベントの遂行には適合性の高い人材であるといえよう。ヘンリーはその典型のひとりである。高齢者の彼の存在はリタイア組に勇気と希望、そして何より無言の叱咤激励を与え続けているようである。〉

沖縄とハワイの家族が交流、協力して作り上げる家系図

S：あなたは県人会傘下のハワイ沖縄系図研究会の2代目会長を務めるなど家系図作成にも関心をもっているようですね。ご自分の家系については調べているのですか？

H：私は1992年に大掛かりなリユニオン（親族会）をホノルルで催した。ハワイの離島に住んでいる親族や米本土に住んでいる親族のほとんどが集まってくれた。これを機に、ハワイに来た祖父（一世）から五世まで続いている我が家の歴史を後世に残すために家系図づくりを試みた。いっぽう沖縄の東風平では、後にわかったことだが、祖父のきょうだいの子孫たちも家系図を作っていた。後に、ハワイの分と沖縄の分を合体させてひとつの家系図にした。いまイサラ家の家系図は英語版と日本語版がある。

私は家系図にも関心を持っており HUOA（県人会）傘下のハワイ沖縄系図研究会（Okinawan Genealogical Society of Hawaii）にも早いうちから参加していた。自分は1990年代に2代目会長に推され2年間務めた。初代はかつての HUOA の会長だったジョン・タサトである。

まず母方のほうの家系図ができたので今度は父方のほうをつくりたいと思っている。とにかく、沖縄の親戚であるクニオがいたから幸運だった。沖縄の親

[**写真-8**] イサラ家の家紋、屋号入りTシャツ（2016年10月31日＠那覇市内ホテル。八重瀬町教育委員会提供）

族とハワイの親族の両方が書いてある家系図はまさにハワイと沖縄の協力の賜物である。

2014年にハワイ側が招待して、イサラ家の日米合同リユニオンを催した。ハワイ、アメリカから20人、沖縄からはクニオが5、6人連れて来たので総勢25名ほどになった。

リユニオンの際に家紋入りのおそろいのシャツをつくった（写真-8）。私はこうした親族イベントを開くごとに子供や孫の世代に字（あざ）や屋号（やごう）を教えるようにしている。沖縄系のように同姓が多いところでも、出身の字や屋号を知っていると、家系を正確に辿ることができるからだ。

ジャパニーズかオキナワンか　アイデンティティをめぐって

S：話は少し変わりますが、最近「自分はジャパニーズではない、ウチナーンチュだ」と主張する人が出てきました。私は1978年の3月、初めてアキラ・サキマ[14]に会った。彼は、あなたもよく知っているように、妻ジェーンとともに戦後のオキナワン・コミュニティをリードしてきた。サキマ夫妻は人間的

にも素晴らしく、かれらに惹かれて、以来ずっとハワイに通い、オキナワン・コミュニティを観察してきた。二世であるかれらがオキナワン・コミュニティのリーダーだったころは、多くの人が「自分はジャパニーズだ、ただし先祖が沖縄から来たジャパニーズだ」といっていた。それが、いつのころからか、とくに若い三世や四世の中に「私はジャパニーズではない、オキナワンだ」という人が出てきた。そうした現象は多分、1990年代に入ってから顕著になったと思う。これはオキナワン（ウチナーンチュ）というエスニック・アイデンティティの表明だといってよいかと思う。かれらはジャパニーズというエスニシティではなくオキナワンというエスニシティを「発見」もしくは「創造」しようとしているのではないか[15]。

　こうした現象をあなたはどう思いますか。また、自分のアイデンティティをどうとらえていますか？

　H：私は、「自分はオキナワンだ、ジャパニーズではない」というような人はあまり多くないと思う。あなたはオキナワン・フェスティバルに何年も通ったり、「世界のウチナーンチュ大会」や沖縄芸能の集まりなどに出かけることが多いからそういう連中の話を聞く機会も多いだろう。しかし、それほどの知識や関心を持つウチナーンチュはむしろ少ないと私は思う。

　ともあれ、私は何者かと問われれば、最初にアメリカンつまりハワイのアメリカン、次にジャパニーズ、三番目にオキナワン。オキナワンは最後に来る。もっとも、心情的にはオキナワンが最も強いと思うが。ハワイのアメリカンが最初に来るのは、まず、ハワイはアメリカの州のひとつであることだ。そして私はハワイに生まれて育った。ハワイの文物に囲まれて育ったわけで、沖縄の文物に囲まれて育ったわけではない。私は長年ボーイスカウト活動をしてきたので立派なアメリカ国民であることの重要性を学んだ。また、私の子どもたちにもボーイスカウトやスポーツ活動などに勤しませたので、私は地域の親たちの活動にも熱心に取り組んだ。だからアメリカのことハワイのことを重要だと考えるようになったと思う。

　私は自分がジャパニーズではないなどとは思わない。じっさいのところ沖縄県は日本の一部だし、そこからわれわれの先祖がやってきた。それを取り去ることはできない。現に私はセンサス（国勢調査）の民族の欄にはジャパニーズ

であると書く。中にはわざわざオキナワンと書く人もいると聞いたことがあるが、私はジャパニーズと書く。とはいえ、単なるジャパニーズではない。沖縄の歴史を学び、かつては琉球王国という独立国であったことや独自の素晴らし文化があるということを知れば、単なるジャパニーズであるとは思わないだろう。じっさいジャパニーズでもありウチナーンチュでもあるということはアイデンティティの上でも少しも問題とはならない。先にふれたように、ハワイのウチナーンチュにも沖縄の文化のこと、歴史のことを全く知らないという人は意外と多いものだ。ましてや沖縄の文化に触れるチャンスのない他州や他国のウチナーンチュは自分が何者であるか皆目わからないだろう。そういう人が「アイデンティティ・プロブレム」に直面するのだ。私の場合、沖縄の歴史や沖縄文化のことを学べば学ぶほど自信をもって「ウチナーンチュである」といえるようになった。だからといって、私のなかではジャパニーズとウチナーンチュは対立するものではない。たくさんいるウチナーンチュの中には「自分はアメリカンであり、ウチナーンチュであるが、ジャパニーズではない」という人がいるかもしれない。それはそれでよいと思う。人それぞれなのだから。

　ハワイの場合、多種多様の文化が共存しており、民族祭など、それぞれが自分たちの文化を表出することが自由に行われるところだ。私はそうした祭に行って、独特の料理を食べるのが大好きである。なにしろ、少数派のギリシャ人でさえもギリシャ祭を催している。かれらはオキナワン・フェスティバルより2、3年早く始めたから創始は1980年頃ではないかと思う。その後1982年にオキナワン・フェスティバルが開始され、さらにハワイ系が始め、そしてコリアンもやるようになった。さらに、ポルトガル系もやるようになった。コリアン祭といえば、今日きわめて盛大になったが、そのスケジュールや会場のセッティングを見るとオキナワン・フェスティバルによく似ていることに気付くだろう。これはかつてのHUOA会長のアイザック・ホカマやそのスタッフがコリアン祭の創設の際にアドバイスしたからである。

　こうしたハワイの多文化的文化状況のなかだから、われわれも自信を持ってウチナーンチュ精神や文化を謳歌することができるし、ウチナーンチュだけでなく、多くの人がそれを楽しんでくれるのである[16]。

コミュニティ活動の原動力

S：あなたは50年以上にわたってコミュニティ活動とりわけ沖縄文化の維持永続ためのボランティア活動をしてきたわけですが、その原動力は何だと思いますか？

H：難しい質問だ。たぶんジジがカチャーシーが上手で、芸事が好きだったのが影響を与えたかもしれない。自分は幸運なことにウチナーンチュの家に生まれウチナーンチュとして育ったということだろう。私は長年いわゆるボランティアをしてきたが、楽しいからやってきたのだ。そのことははっきりいえる。そして一緒に働いた人が私を楽しくさせてくれた。

S：その人びとがあなたのボランティア活動の原動力のひとつになったのかもしれませんね。そのなかで特に名前を挙げることはできますか？

H：私は長いボランティア活動をとおして、ハワイのオキナワン・コミュニティでリーダーと呼ばれる人たちを多数見てきた。そのなかでも身近に見た人に限って挙げてみたい。基準は自分の生活を犠牲にして（sacrificing）コミュニティのために尽くした人、後世になにか残した人、そして私が一緒に仕事をして楽しかった、ずっと一緒に仕事をしたいと思わせた人を挙げると、まずエド・クバ。彼は、約10億円を要した「ハワイ沖縄センター（HOC）」建設の際、募金委員長として1987年からわずか3年で竣工に漕ぎつけるなど、さまざまな分野で辣腕を振るった。

次いでゲイリー・ミジョウ。彼はHUOA会長の間、土日はほとんどオキナワン・コミュニティのために自分の生活を犠牲にして働いた。彼が音頭をとって始まったオキナワン・コミュニティのソフトボール大会やバレーボール大会は今も盛んに行われている（写真-9）。

次いでロイ・カネシロ。彼は1982年、オキナワン・フェスティバルを創始した若者のリーダー格である。かれらが始めなかったら今日ハワイで最も大きな民族祭といわれるオキナワン・フェスティバルはなかったかもしれない。そしてキヨシ・キンジョウ。戦後移民の彼は沖縄から来る芸能団とハワイの芸能家をつなぐコンタクト・パーソンとして、両者の面倒を実によく見た。沖縄やハワイの芸能家のリサイタルや発表会の裏方としても、彼がいないところはないほどの働きぶりだった。キヨシとならんで私が長時間一緒に仕事をしたのは

［写真-9］ミジョウ氏（左）、ヘンリー、筆者（右）（2008年8月26日佐藤万里江撮影@オアフ島）

ショウエイ・モリヤマ。彼はデザイナー、アーティストとして、フェスティバルのステージの背景を作ってきたし、守礼の門やパレードで使う旗頭、各種リサイタルの背景幕などデザインから製作まで実に多くの作品を残した。私はケネス・オオシロと一緒に何度も彼を手伝った。ショウエイはアートやデザインをとおしてウチナーンチュの心の集結のために無私の精神で働いた。とにかく私はキヨシやショウエイ、ケネスと一緒に働くのが楽しかった。

以上挙げたような人びとは沖縄文化を維持永続する（perpetuate）するために、自分の生活を犠牲にして（sacrificing）働いた。そして、かれらと働くことが私にとって喜びだった。

〈この後、インタビュー相手ヘンリーから、筆者がなぜ沖縄系の研究をするようになったかという質問があり、それについて筆者が答え、それにまたヘンリーが質問するという展開になった。たいへん意義深い会話となったがこのレポートの本筋とは異なるので割愛する。

なお、ヘンリーは2013年度のレガシーアワードを受賞したことに感謝し、HUOAの機関新聞 *Uchinanchu*（No.147, Nov/Dec/2013号）に御礼広告を寄せている（写真-10）。これには、氏のハワイのウチナーンチュやオキナワ文化（ハワイの沖縄文化）に寄せる思い、そしてその因ってきたるところが率直に述べられている。本論の趣旨からみて

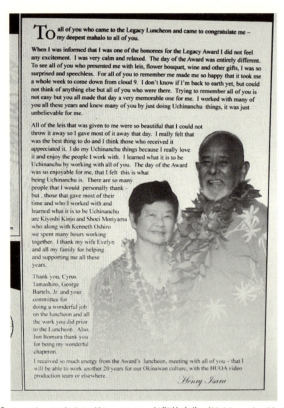

[写真-10] ヘンリーによるレガシーアワード御礼広告 (Uchinanchu No.149, 2013)

きわめて意義深いこの文章を、ヘンリーの許諾を得て、抜粋し訳出する。〉

「Ippei Nihei Deebiru, Arigato, Mahalo and Thank you very much」

　レガシーアワード（ハワイ沖縄連合会の文化功労賞）授賞昼食会に来てお祝いをくださったかたがたへ厚くマハロ[17]を申し上げます。
　先日、レガシーアワードの受賞者の一人に選ばれたという知らせを受けたとき、私はさほどの興奮を感じませんで、きわめて冷静な気持ちでおりました。しかし、受賞の当日はまったく違いました。レイ、花束、ブーケ、ワインなど

など、さまざまなお祝いを持ってきてくださったたくさんの人びとを目にしたとき、驚きのあまり、言葉さえ失いました。私はみなさんのおかげで、幸せの絶頂ともいうべき状態で、それからの1週間というもの地に足が付かない有様でした。祝ってくださったかたすべてのお顔を思い出そうとしているのですが、それさえ困難なほどの喜びで、生涯忘れられない日となりました。私は多くの人びとと、ただウチナーンチュのことをやってきただけなので、ほんとうに信じられない気持ちです。（中略）

　私がずっとウチナーンチュ・コミュニティのためのボランティアをやってきたのはそのことが好きだからですし、ビデオ制作をはじめさまざまな活動を楽しみながらやってきました。そしてウチナーンチの仲間たちと活動することで、ウチナーンチュの何たるかを学びました。レガシーアワードを頂いた日、私は仲間たちからの祝福を浴びながら、ウチナーンチュであることの喜びを心の底から感じていました。

　私はたくさんの人びとに感謝をしているのですが、なかでも特に御礼を申し上げたいのは、ずっと一緒にボランティアをやり、私にウチナーンチュの何たるかを教えてくれたキヨシ・キンジョウ、ショウエイ・モリヤマ、そしてケネス・オオシロの諸氏です。また、私をずっと支え、協力してくれた妻のエヴェリンをはじめ家族にも感謝しています。（中略）

　この賞を頂き、たくさんの人びとに祝っていただいたおかげで、私はいっそう元気になりました。このぶんだとまだ20年はHUOAのビデオ制作チーム等の仕事をとおして、わが沖縄文化のために働けそうな気がします。

ヘンリー・イサラ

　〈ヘンリーは私と食事の時間も含めれば4時間以上にわたって話し続けた。筆者との長年にわたる付き合いによって気楽に話す雰囲気もあったことも大きいだろう。きわめてハワイ訛りが強く、ぶっきらぼうな物言いをするヘンリーを最初はとっつきにくい人かと思ったが、付き合えば付き合うほど、人情味のある、暖かい人であるということがわかってきた。誠実に包み隠さず語ってくれたヘンリーの厚情に深く御礼申し上げたい。〉

まとめ

　先に本稿の課題として7点ほどの問を挙げておいた。本章では一応のまとめとして、それぞれについて考察を加えたい。
　1．どのような家庭に育ち、どのような文化状況で育ったか。この研究課題を構えた理由は、第一次集団における文化的刷り込み（インプリンティング）など基本的社会化の実態を知りたかったからである。
　ヘンリーは祖父が村人会結成に関り、父が帰米二世すなわち少年期まで沖縄で過ごしたという色濃い沖縄文化の家庭に育った。しかも幼少時より村人会活動にどっぷりと浸ったという意味で基本的な社会化は沖縄文化のなかでなされたと考えてよいだろう。将来コアなウチナーンチュになるための「文化的刷り込み」換言すれば「下染め」[18]はできていたといえよう。
　2．どのような教育を受け、どのような職業に就いたか。これは第二次集団における社会化の実態を知るため、また職業とボランティア内容との関連性をさぐるための研究課題である。
　小学生の段階ですでに建築関係の道に進みたいと思っていたそうだが、それが誰の影響によるものなのかは語られなかった。ともあれ、高校、職業学校まで土木製図関連の教育を受けた。朝鮮戦争の影響で入隊し、ニューヨーク勤務を経験するなど「外の世界」を見ることになる。ここで、正真正銘の「ロコボーイ」（ハワイローカルの少年）から国防、国域、対外国を考える「国民」、それもかなり国家主義的な考えを受け継ぐ国民へと脱皮する。このことがヘンリーのアイデンティティと大きく関わることとなる。除隊後、土木、建設の仕事に入る。この段階からしばらく製図はいわばアナログであったが、後年コンピューターが導入され製図関係もデジタル化される。コンピューターやデジタルとの親和性が後のビデオ編集作業に生きてくる。年齢の割に編集のデジタル化に適応し、長くビデオ制作に携わることができた素地が職業生活でできあがっていたのである。どのようなボランティアに関るかということもどのような技術的素地を持っているかでかなり決まってくるといえそうである。
　3．コミュニティ活動はどのような契機で始め、どのような経過をたどったか。
　エスニック・エージェントへの道は、家庭環境、近隣関係（沖縄系住民の多いカリヒ地区育ち）といった第一次集団の影響もあってか、比較的順調に進ん

だようである。29歳という異例の若さで村人会長に選出されている。比較的小規模なメンバー・クラブ（HUOA傘下の市・町・村・字人会など）とはいえ、会長になれば本体であるHUOAのオフィサーの会議（幹部会議）に出席する。いわば、準拠枠がコチンダマンから文字どおりのオキナワンへ拡大する大きなチャンスを比較的若い時期に得たことになる。この時点で注目すべきは、29歳の新米オフィサーの氏が時の会長にHUOAの「公用語」を英語にしたらどうかと進言したことである。いかに自分が日本語が苦手だといっても、相手がウォーレン・ヒガというかなり年長のしかもビッグネームの人物に対して物申したわけだ。実に思い切った行動であるといえよう。こうしたエピソードにも氏の性格が見て取れる。長年の付き合いからも、氏が竹を割ったような、裏表のない素直な性格であることがわかる。ときとしてそれが裏目に出て周囲と物議をかもすこともあるようだ。だが、気に入った相手とはとことん付き合うという性格である。キヨシやショウエイ、ケネスといった筋金入りのウチナーンチュたちとの長年にわたる交流の中でヘンリーのウチナーンチュ・スピリットはさらに強固なものへと鍛えられていったと思われる。

4．エスニック・ジャーナリストになるためにどのような訓練を受けたか。

職業的コミュニティ・ジャーナリストは大学やマスメディアで専門的教育・訓練を受けた人が多く、専門的な教育・訓練を受けていない人はボランティアコミュニティ・ジャーナリストになることが多いという先行研究で得られた知見はヘンリーの場合にも当てはまる。ヘンリーは別に職業を持ち、いわば余暇にボランティアとしてビデオ制作チームで働いた。ビデオ制作の技能は基本的にはオレロのコースで学んだが、かなりの部分が実地の経験のなかで学んだことである。彼の後継者たちもまた同様である。だから本格的なコンサートのDVDやCDを作るときはプロの制作者に依頼する。ヘンリーおよびそのチームメンバーは典型的なエスニックコミュニティ・ジャーナリストであるが、こうした人材が一定数いないと日頃の動画制作は回らないという意味で貴重な存在である。

5．エスニック・ジャーナリストとしてどのような送り意志（志向）をもっているか。そしてそうした考えはどのような過程で獲得したか。

ヘンリーは多くの芸能団体のアドバイザーを務めただけでなく、自らも太鼓

や三線、ウチナーグチを学ぶなど、伝統文化の実践も試みている。また、彼は沖縄文化になじみのない人には「アイデンティティ・プロブレム」が生じると考えている。このことから、彼は筆者のいう民族文化主義（ethnoculturalism）を志向しているのではないか。民族文化主義というのは、エスニック集団の成員はエスニック・アイデンティティを確立し、エスニック文化の継承、発展に寄与すべきであるという考え方や主張のことである（本書4頁参照）。ヘンリーはエスニック・エージェントとして、エスニック・ジャーナリストとして、コミュニティの人びとに民族文化主義を植え付けたいのではないか。そうすることによって彼のいう「アイデンティティ・プロブレム」に陥ることから救われると考えているのではないか。

そうした考え方は、キヨシやショウエイ、ケネスら、より強い民族文化主義、この場合はウチナー文化主義（Uchina-culturalism）を持つ人びととの長年にわたる交流のなかで育まれたと思われる。

6．自らのアイデンティティをどうとらえているか。

筆者の観察では、ハワイのオキナワン・コミュニティの人びとをはじめとして、1990年代頃から「私はジャパニーズではない。オキナワンである」と自らのアイデンティティを表明する人が出てきた。それについて、彼は、そういう人は多くない、という見解を述べ、自分はジャパニーズであり、オキナワンであると表明した。筆者の観察でも氏のような考えの人は比較的多い。それも年齢が上がるほど「ジャパニーズでもありオキナワンでもある」という人が多いようだ。

ヘンリーのユニークなところは、アイデンティティに順番を付けることだ。自分にとって最初に来るアイデンティティはアメリカンであり、次いでジャパニーズが来る。オキナワンは3番目である、という。アメリカ市民なのだからナショナル・アイデンティティであるアメリカンが最も重要だ、そして沖縄県は日本の一部なのだからジャパニーズであるというのは当然のことであるという。こうした彼の考え方は多分に軍隊（沿岸警備隊）で染めあげられた部分も大きいだろう。これはかなり公式的、タテマエ的なアイデンティティ表明であるともいえそうで、じっさい、彼は沖縄が最後、3番目に来るといいながら、でも一番重い、最も重要だ、ともいう。たぶんそれがホンネの部分であろう。

そして、さらに注目すべきは、沖縄の歴史、文化を学ぶほどオキナワンが強くなる。しかしジャパニーズであるということとなんら矛盾しないという点である。一般にはそうした場合アイデンティティ・クライシス（危機）に陥るといわれる。しかし彼は沖縄文化を知らない人が問題を抱える、アイデンティティ・プロブレムが生じると断言する。彼によればオキナワン・アイデンティティを持たないことは問題であるということのようだ。

　ではジャパニーズであるということとオキナワンであるということがなぜ矛盾しないのだろうか。なぜクライシスに陥らないのだろうか。おそらく彼のなかではアメリカンであることとオキナワンであることが矛盾しないように、ジャパニーズであることとオキナワンであることも矛盾しないのだ。なぜならアメリカンであることはナショナル・アイデンティティの問題であり、オキナワンであることはエスニック・アイデンティティの問題である。もしジャパニーズもエスニック・アイデンティティであると考えるなら心の中に矛盾が生ずるが、ジャパニーズも一種のナショナル・アイデンティティであると考えれば矛盾は生じない。なぜなら別のカテゴリーとして意味づけられるからだ。心情レベルとタテマエレベルに分けられている、といっていいかもしれない。心理構造が二階建てになっている。同レベルで異なるアイデンティティが存在するとコンフリクトを起こすが、異なるレベルに存在すればコンフリクトを起こさない。人間は自分で心の中に部屋（コンパートメント）をつくり、コンフリクトを起こさないようにそれぞれ別の階もしくは箱の中に収納することができるようである。

　7．繰り返し語られる語句はあるか。あるとすれば、それはなにを含意しているか。

　ヘンリーは沖縄文化について語るとき何度も perpetuate という単語を使った。沖縄文化の維持・継承とか永続という文脈のなかで使われることが多かった。おそらくこの語のなかに沖縄文化にかける彼の覚悟と強い願いが込められているのであろう。さらに彼は犠牲的精神の重要さを強調し、sacrificing、sacrifice という単語を何度も使った。文脈的には、エスニック・エージェントたる仕事をしている人は人知れず努力をし、自らの生活を犠牲にして文化の維持永続に努めているというところである。彼によればその典型は沖縄芸能の教

師たちである。彼はそうした人を心から尊敬するといっている。だから自分よりずっと若くてもかれらをセンセイと呼ぶ。これを深読みすれば自分を含め、そうした人びとの尊い志のおかげで人びとは文化を享受できるのだということであろう。時として彼は最近の HUOA 会長について辛口の評をすることがあるが、その口の端に上った会長は筆者からみても県人会への貢献の時間も度合も浅い、いわば sacrificing が、相対的に、いまひとつ足りない人たちばかりであることに気付く。

　さらに、ヘンリーが繰り返したのは村人会の働きである。明らかに、彼は村人会が人を確固たるウチナーンチュにするための下染めの機能をもつと信じていると思われる。彼は下染めという言葉を使わないし、一種の経験則だと思われるが、こうした彼の考え方は筆者の「村人会孵化器（インキュベーター）仮説」（村人会は幼少年期の子どもたちをウチナーンチュへと脱皮させるための下染めの装置である）とも適合性が高いので、筆者にとって心強い味方である。

　ヘンリーは物心つく前から、濃密なウチナー文化の中で育った点や大学・大学院教育を受けていない、いわば「非エリート」のエスニック・エージェントのひとりである。彼のこうした側面と、その類い希な人間的魅力とはおそらく深いつながりがあるであろう。

　　　本稿のもととなった調査研究は平成 28 年度駒澤大学特別研究助成および平成
　　　28 年度武蔵大学総合研究所研究助成（代表 アンジェロ・イシ社会学部教授）を受
　　　けている。関係諸氏に厚く御礼申し上げたい。

注
(1) このインタビューに加えて、考察や「まとめ」の部分では筆者が行った 2006 年 3 月 21 日、2007 年 9 月 3 日、2009 年 8 月 26 日のインタビューで得た情報も適宜付加する。なお、筆者が第 6 回世界のウチナーンチュ大会に参加するために訪れた沖縄に滞在中、やはりヘンリー夫妻も同大会に参加していた。筆者は氏の祖父母の出身地八重瀬町の町史制作スタッフがヘンリーにインタビューを試みる場面に遭遇、筆者が通訳と解説の役を務めることになった（2016 年 10 月 31 日、那覇市パームロイヤルホテルにて）。そこで話されたことのほとんどはすでに筆者がヘンリーとの何回かのインタビューで聞いてきたことであったが、ヘンリーの家系図についての話は詳しくは聞いたことがなかった。その詳細はいずれ八重瀬町史に反映されるであろ

うから、本稿では筆者がかつて聞いた内容にとどめた。なお、文中に使用したイサラ家がつくったTシャツの写真はその時にスタッフが撮影したものである。記して感謝したい。なお、『八重瀬町史　移民・出稼ぎ編』は平成34年に発刊予定であると聞いている。

　なお、本稿の縮小版ともいうべき論考を『成城文藝』に発表した（白水 , 2017, 161-185）。

(2) HUOA = Hawaii United Okinawa Association は 1951 年 United Okinawan Association 沖縄人連合会として発足。1972 年、母県沖縄の「本土復帰」に伴い日本語名称をハワイ沖縄県連合会へ、そして 1995 年、Hawaii United Okinawa Association、ハワイ沖縄連合会と改称し今日に至る。ヘンリーが所属する東風平町人会をはじめ約 50 の市・町・村・字人会等が HUOA を組織している。多数の村人会等が集まって作った県人会ということでハワイ沖縄「連合会」と称するようになった。非公式的には沖縄県人会と称されることも多い。

(3) 東風平村人会は沖縄の東風平村が東風平町となった（1979 年）ことに伴い東風平町人会と改称。なお、沖縄県東風平町は 2006 年、南隣の具志頭村と合併して八重瀬町となる。

(4) 帰米二世とはハワイを含む米国で生まれた二世のうち、沖縄を含む日本で養育を受け、第二次世界大戦前または戦後に米国へ帰ってきた人のことである。正確な統計はないが、米本土、ハワイを合わせて 2 万人以上の帰米二世がいたと思われる。そのほとんどが米国籍を有する。

(5) カチャーシーとは沖縄の手踊り。三線の速弾きもいう。結婚式や祭の際にみんなで踊り楽しむ。カチャーシーは参加者が多いほど盛り上がる。ヘンリーは宴会等でいち早く舞台上に上がりカチャーシーを踊り始めるので有名。自ら「カチャーシーマン」と名乗る。

(6) ウォーレン・ヒガは太平洋戦争時 MIS（陸軍情報部）で活躍。帰米二世の彼はウチナーグチも話せる人材として有名。

(7) ハワイ報知社発行の 1977 年版『アロハ年鑑』には県人会として 21、市郡町人会（ナイチのみ記載）として 30、地方人会（ハワイ内の地域親睦会）として 16、合計 67 の団体名と代表者、電話番号が掲載されている。それに対し、手許にある最新の『アロハ年鑑』2011・-2013 年版には、県人会として 45 の団体が挙がっている。細かな分類はなく、ただ北海道人会、ホノルル福島県人会、コナ広島県人会といったように、地方の県人組織が羅列してあるだけである。これらはほとんどがナイチの団体で、沖縄関係は「沖縄県人連合会」（HUOA のこと）、「マウイ沖縄県人会」、「フイ沖縄」の三つしか載せられていない。一般には、ハワイの県人会数は約 20 といわれる。ところで、HUOA 傘下の市・町・村・字人会だけで 50 近くあるのだから、オキナワン・コミュニティの隆盛ぶりがここからも見て取れる。

(8) ちなみに、筆者が属している宜野湾市人会の年会費は個人で 20 ドルである。

(9) 筆者はハワイのコリアン・コミュニティのピクニックも参与観察したが（2008 年 9 月 1 日、カピオラニ公園）、戦後移民の比率が高いこともあり、ピクニックも活気があり、運動会も盛り上がっていた。司会者の言語はコリア語だった（オキナワ・

フェスティバルは英語)。筆者が注目したのは、プログラムや雰囲気も日系のそれと驚くほど似ていたことである。これもまた新たな研究テーマとなり得るだろう。

(10) 沖縄からのハワイ移民80周年を契機にハワイの沖縄系の若者を沖縄の自治体が招待することになった。これは戦後戦争で荒廃した「母県」を救おうと膨大な救援物資を送ったハワイのウチナーンチュへの胆心（ちむぐくる）へお礼の気持ちだったといわれる。なおこの救援物資のなかに農業振興のための種豚550頭や幼児の栄養補給のための搾乳用ヤギ700頭（600、750頭など諸説あり）も含まれていた。

(11) かれらは「心に火が点いた」「ほんとうのウチナーンチュとして生まれ変わった」などと自らを表現した（本書2、3章参照）。たとえばオキナワン・フェスティバルの創始（1982年）や、ハワイ沖縄センター建設（1990年竣工）の原動力になったりした。

(12) オレロとはハワイ語で「声」とか「話す」という意味。地元ケーブルテレビ会社の出資で賄われる非営利放送局。少数派の意見発表の場、すなわちアクセス権確保の場として発足。こうした制度は全米で行われている。詳細は同組織のウェブサイト http://www.olelo.org/ 参照。

(13) Hawaii Okinawa Todayの放送は毎週行われ、現在は毎週木曜日午後5時から約1時間オレロの53チャンネルで見ることができる。インターネットでも視聴可能である。http://www.olelo.org/tv/

(14) アキラ・サキマ（1918-2007）は戦後のオキナワン・コミュニティの偉大なリーダーのひとり（第6章参照）。1972年-73年のUOA会長。1958年、地方議会初当選以来9期務め、その後は教育委員、同委員長としてハワイの、特に低所得層の福祉と教育のために尽力する。戦後荒廃した沖縄の幼児のために1949年、700頭のヤギを送り届けたグループのなかの最年少であった。このときの経験が彼の人生を変えたと思われる。

(15) たとえば「世界のウチナーンチュ大会」のヤング・オキナワンの集まりなどでは、南北米の若い沖縄系のスピーカーが口々に「自分はジャパニーズではない、ウチナーンチュだ」と声高らかに表明した。筆者は1995年の第2回大会、2000年の第3回大会でそれを目撃している。

(16) 先行する民族祭としては1950年代から続く中国系の「水仙まつり」や日系の「桜まつり」がある。桜まつりはホノルル日本青年会議所主催で毎年1月から3月にかけて開催される。桜祭りのメインイベントは「桜の女王（Cherry Blossom Festival Queen）」を決定するコンテストである。なお、多くのエスニック集団が民族祭に本格的に参入するのは1980年代以降の傾向である。

(17) Mahaloとはハワイ語で感謝をあらわすことば。ハワイでは普通にThank youの代わりに、またはThank youと並べて用いられる。なおIppei Nihei Deebiruとはウチナーグチで「たいへん・ありがとう・ございます」の意。他にIppee Nifee Deebiruなどさまざまな綴りが用いられる。ウチナーグチの発音の難しさ故の結果である。

(18) 「下染め理論」。もともとは柳田國男の説だといわれる（民族学者鎌田久子氏の教示による）。真っ黒に染めるためにはまず赤などで染めておき、それを黒い染料に浸すと、より黒く染めあがるという。文化の獲得も同様のプロセスを経るというもの。村人会で下染めし県人会の活動で真っ黒に染め上げる、強靭なウチナーンチュへと変貌するというわけである。

リーダー群像

第9章 ジョイス・チネン　Joyce Chinen
［1948年生まれ　三世］
——沖縄研究センター初代所長——
「ヌチドゥタカラ（命こそ宝）とユイマールの精神」

　ジョイスと筆者（写真-11）は同世代で同じような研究テーマということもあり長い間親しく付き合ってきた。ハワイ大学ウェストオアフ・キャンパスの彼女の授業に参加したこともあるし、彼女が学生たちを連れて沖縄系住民が集住する横浜市鶴見区に来た時は彼らのインタビューを手伝ったこともある。彼女を見ていてわかることは、とにかく行動的で、面倒見のいい先生であるということだ。

　ジョイスは2008年にハワイ大学マノア・キャンパスに開設された「沖縄研究センター」Center for Okinawan Studies の創設にかかわり、その所長を長年にわたり務めた。彼女は海外オキナワン（Okinawan Diaspora）の心情の分析、海外オキナワンと沖縄との関係の研究などで大きな業績をあげている。この研究所を中心になされた沖縄や海外オキナワンの研究成果は現地ハワイの沖縄系社会や海外のウチナーンチュの人びとに公開され、その知的共有財産となっている。このことがまた現地ハワイや海外のオキナワンのアイデンティティの確立やプライドの創出につながっていると思われる。

　注目すべきはこの研究所の創設に際して大きな助勢をしたのが、HUOA（Hawaii United Okinawa Association）や WUB（World Uchinanchu Business Network）という沖縄系文化の発展と沖縄系ビジネスの促進をはかる二大推進装置であるという事実である。とくにエド・クバ（Ed Kuba）とボブ・ナカソネ（Bob Nakasone）の貢献は大きいという（同センター公式ウェブサイトによる）。

　研究者という立場から沖縄系社会の文化発展に貢献してきたジョイスに対しては、筆者の学生（当時のゼミ生）がインタビューを試みている。その報告をここでみてみよう。その前にインタビュー調査の概要を記すと、インタビュー日時は2012年9月1日。インタビュアーは駒澤大学学生（当時）の金澤碧依

[写真-11] ジョイス・チネン（左）と筆者（2015年9月5日＠オキナワン・フェスティバル、カルチュラル・テント）

と内藤尋乃。インタビュー場所はオキナワン・フェスティバルのカルチュラル・テント。使用言語は英語。インタビュー相手のジョイスのプロフィールを記すと、姓名ジョイス・チネン、女性、1948年生まれの三世。父方、母方とも沖縄系（旧美里村、現沖縄市）。HUOA傘下のBito Doshikai（美東同志会）所属、ハワイ大学ウェストオアフ校社会学教授、ハワイ大学沖縄研究センター長（2008年～2017年）。

略号：K：金澤・内藤、J：ジョイス。〈　〉は筆者による補足、説明など。

1．オキナワンの集い、その楽しみ

K：このフェスティバルに参加したのはいつごろからで、なにが楽しみですか？
J：今回でちょうど30回目の参加ね。このフェスティバルが始まった1982年から参加しているから。このフェスティバルの楽しみは、ここで得られるすべて。それと人びとに会えるという楽しみもある。私がハワイ大学沖縄研究センター長もしているので（忙しくて）あまり会えない人たちにここでは会える。会って話をする。そのとてもいい機会よね。

〈ジョイスがオキナワン・フェスティバルの楽しみは「ここで得られるすべて」と言っているのは、中央の舞台で終日繰り広げられる沖縄関連の歌舞音曲、舞台を取り囲むたくさんのテントで提供されるオキナワン・フード（沖縄そば、サーターアンダギー、アシティビチなど）、それにウチナーグチ（沖縄語）や空手、宮廷衣裳などの伝統文化展示など指すと思われる〉

2．ウチナーンチュ精神の神髄
K：ところで、ウチナーンチュ精神ってなんだと思いますか？
J：他の人に手助けすること。他者に貢献すること。自分たちの文化伝統を維持すること。
K：ウチナーンチュの文化や精神のなかでも最も重要なことは？
J：父母や先祖から伝えられた価値、（とくに）ユイマールね。相互扶助、お互いに助け合う精神であると思う。

3．オキナワン？ジャパニーズ？
K：オキナワンはジャパニーズとは別の独自のエスニック集団だと思いますか？
J：両方だと思う。というよりオキナワンはたくさんの文化の恩恵に浴している。なぜなら、私たちの先祖の（沖縄の）オキナワンはずっと日本や中国、東南アジアの影響を受けてきた。それはまたハワイでも同じで（なにかひとつといえない）。じっさい、ここのオキナワンは、先住ハワイアンやフィリピーノや沖縄のオキナワンなどから影響を受けてきた。いろいろな文化が混ざり合っている。それは、例えば、チョコアンダギーやアンダードッグのようなもので、アンダーギーとチョコレートやアンダーギーとホットドッグのミックスで出来上がっているのに似ている。オキナワンはチャンプルーのようなものね。

4．ハワイのオキナワンに考えてもらいたいこと
K：ハワイのオキナワンが考えなければならないことはなんだと思いますか？
J：ハワイのオキナワンの歴史をきちんと知ることだと思う。沖縄のオキナワ

ンがハワイに対してどのような貢献をしたか、ハワイでハワイのオキナワンがハワイのためにどのような貢献をしたかを知ることよね。オキナワンの貢献といえば、沖縄のオキナワンは世界に対して大きな貢献をしている。たとえば、沖縄の平和祈念公園にある「平和の礎」(へいわのいしじ) を考えてみるといいわ。平和の礎には沖縄人、日本人だけでなく、コリアンもチャイニーズもフィリピン人もアメリカ人も、およそ第二次世界大戦の沖縄戦で亡くなった人たち全ての名前を刻んであるでしょ。一般に戦争記念碑というと自国の犠牲者の名前しか刻んでいない。しかしここではそうではなくすべての犠牲者が祀られている。こんな施設は世界にここだけではないかと思うわ。

戦争には勝者はいない。全ての人が何かを失くす。沖縄ではヌチドゥタカラ、「命は宝」という言葉がある。これが沖縄の価値観であり、(世界中の人にとって) 重要なことであると思うわ。

〈学生による感想〉

インタビュー相手 (Joyce 先生) には、カルチャーテントの中のハワイ大学沖縄研究センターのブースでお会いし、インタビューをさせて頂いた。最初会った時から、なんとなくではあるが、一般の、普通の人ではない感じがしていたが、教授だと聞いてとても納得したのを覚えている。

Joyce 先生のお話の中で、印象に残ったことは、「助け合い」という言葉と、戦争についてである。たびたび「助ける」「助け合う」という言葉が出てきた。先生のお話を聞いて、助けるという言葉は簡単に発してはいけない言葉のように感じた。助けるという言葉には、重みがあるように思う。また助けるという言葉は、一方的な言葉であるが、助けるという行動を通して、自分に返ってくるものが必ずあるように思う。助けることで助けられ、助けられることで助けるようになる。その繰り返しによって、人との絆であるとか、信頼性であるとか、そういうものが築かれていき、「助け合う」という感情が生まれるのではないかと考えた。

また、戦争のお話が出てきたとき、突然だったのでなぜその話をし

ているのかまったくと言っていいほどわからなかった。しかし、「命どぅ宝」という言葉を聞いたとき、われわれは一般に文化や技術などを大切にしているが、人がいてこその文化や技術であるということに改めて気づかされた。私たちはハワイの民族文化の継承問題などを調べてきたが、そのまえに人を、若い世代を愛することから、大事にすることから問題解決への一歩が踏み出されるような気がした。

リーダー群像

第10章 カーリーン・チネン　Karleen Chinen
［1952年生まれ　三世］
――エスニック・ジャーナリスト――
「民族文化主義の伝道者」

　筆者のカーリーンとの付き合いも長い。最初はたしか、1985年の夏、筆者が日本語日刊新聞『ハワイ報知』（1912年12月7日創刊）の社屋を訪ねた際、同社が発行する日系人のための英語新聞 *Hawaii Herald*（1980年9月3日創刊）の編集室で挨拶したはずだ。彼女はハワイや北米でも珍しい主流言語で書かれたエスニック新聞でレポーターとして主要な記事を書き、特に特集記事の多くがエスノグラフィーと呼ぶにふさわしい重厚な調査報道となっていた。もともと、その文才、対象へ迫る情熱に感じるところがあった筆者は、以来、ハワイを訪ねるたびに彼女に会い、意見の交換をしてきた。

　エスニック新聞は別名「移民新聞」と呼ばれることもあるように、移民の母語（たとえば日系移民なら日本語）が用いられることが多く、主流言語（ハワイ、北米なら英語）が用いられるとしても全体の1割程度（2ページ前後）が英語欄になるくらいである。それに対し、*Hawaii Herald* の場合、タブロイド判16〜20ページのすべてが英語で書かれている。完全に英語族（日系人でいえば二世以降の世代）を読者として設定している。つまり日系「移民」ではなくハワイという多民族社会のなかのひとつのエスニック集団としての日系人、ハワイの日系アメリカ人をターゲットとする新聞なのである。問題は、二世以降は英語が母語であるという点である。つまり彼らは英語で書かれた主流新聞を読む人たちだ。

　では、そんなかれらに対して、なぜ「わざわざ」英語の新聞を出すのか。よほどの特徴、相対的優位性がなければならない。ではそれらはどこにあるのか。特集記事の長年の読者である筆者の見解では、レポートの底流をなすものは民族文化主義（本書4ページ参照）である。このイデオロギーを源泉として、彼女や他のレポーターたちが日系人としてのあるべき姿を追い求め、抑えた筆致

で示す。特に筆者がこころ惹かれるのは、日系人といっても必ずしも有名人ではない、まさに市井の人、庶民や庶民の代表のストーリーである。それこそが、*Hawaii Herald*の特徴であり、相対的優位性なのではないか。

　これからカーリーンとのインタビューのうちのひとつを紹介するが、その前に少し調査概要を述べておこう。インタビュー日時は2001年9月3日。場所はホノルルのホテルW.B.。調査主体は筆者と当時筆者が勤めていた武蔵大学のゼミ生。使用言語は英語。インタビューの方法は、質問文は用意するがほとんどが自由回答からなる「半構造化インタビュー」を用いた[1]。なお、この時は、*Hawaii Herald*の主要レポーター兼編集長という立場のカーリーンに対してインタビューをお願いした。そのせいもあってか、彼女の語りは、同紙の「ハワイの日系アメリカ人」のための新聞という大前提に相当配慮したものとなっている。しかし、その後、沖縄系の人や活動のレポートに紙面を割くようになったようで、「近年、沖縄やハワイのオキナワンの記事が目立つよね」（あるハワイ在住日本人談）といわれるようになった。

　そうした沖縄系エスニック・ジャーナリストとしての側面はこのインタビューのどのようなところに見られるのか。また、民族文化主義に裏打ちされたレポートというのが筆者の見立てであるが、果たして当の本人はどのような考え、スタンスで書いたり編集したりしているのか。そうした点にも留意して彼女の語りに耳を傾けてみたい。なお、半構造化インタビュー法を用いたが、インタビュー結果は紙幅の都合も考慮して編集構成方式でまとめた。また、前稿（白水,2004）を今回再掲するにあたって、前稿で省略した部分等を付加するなど加筆修正をほどこした。なお、文中の（　）は筆者による捕捉である。

（1）ジャーナリストになるまで

1．大学での専攻：ジャーナリズムとエスニック・スタディーズ

　高校のとき、学校新聞の記者をやっていたが、大学（ハワイ大学）では、最初、スピーチ病理学（speech pathology）を専攻した。しかし、それを修めるためには、数々の自然科学のコースを取らなければならないことがわかり、断念した。どうも自然科学は苦手である。そこで、（なじみの）ジャーナリズムを専攻することにした。ジャーナリズムを学びながら、同時に、エスニック・スタディー

ズのコースも履修し始めた。そこでは、ハワイのエスニック集団の歴史を学ぶことができた。ポルトガル系、日系、中国系、沖縄系、コリア系、フィリピン系……じつに様々な国・地域からハワイにやってきて、ハワイの住民になっていった人たちのことである。そしてもちろんネイティブ・ハワイアン（先住ハワイアン）の歴史も学んだ。

先住ハワイアン以外のほとんどのエスニック集団の人びとが、砂糖耕地（sugar plantation）の労働者としてやって来ており、大体においてその境涯に共通するものがあることがわかった。先住ハワイアンも砂糖耕地の労働者として使われたものが多い。すなわち、そのほとんどが、低賃金の肉体労働者として使われた。灼熱のなか、早朝から夕方までの長時間労働であり、休み時間が短く、ルナ（現場監督）の監視も厳しかった。これらは砂糖耕地労働者に共通の体験である。

社会学を学んでいる人には興味深いことだと思うが、かれらはそのような苛酷な扱いを受けながら、エスニック集団間に協力関係が生まれることは（ある時点まで）なかった。お互い反目しあい、競争しあった。というのは、耕主（plantation ower＝多くが白人だった）がエスニック集団別に居住区を区切り、しかもエスニック集団によって異なる賃金体系にした。ポルトガル系は日系より高く、日系はフィリピン系より高く・・・・という具合だった。住むところも賃金も違ったのである。これは分割統治の典型で、お互いに闘わせ、怨嗟の方向が真の支配者へ向かうことから逸らす巧みな統制方法である。じっさい、長い間、労働者同士が憎しみあっていた。それが変化するのは労働運動の思想が入ってきて、組合が組織されるようになってからである。その結果、同じ労働している者には同等の賃金を払えという運動を、協働して行うようになった[2]。

大学時代、エスニック・スティーズの授業で特に関心があったのは、日系人の歴史、とりわけ沖縄系の歴史である。もちろん自分が沖縄系であるというのは知っていた。というのは自分の母親は「帰米（二世）」[3]であり、沖縄色の強い家庭のなかで育ったからである。しかし、この授業を取って初めて、それまで沖縄系を理解していなかったのだということを悟った。母の体験を思い出すと、エスニック・スタディーズの研究材料がたくさんあることに初めて気付い

たのだ。なお、ついでながら、帰米二世の口述記録をとることが緊急に必要である。その理由のひとつは、一世のほとんどが亡くなった今、一世にもっとも近い体験をしたのは帰米だからであり、かれら自身が老齢に達しているからである。私は母から沖縄のことを数多く聴いて育ったが、意識してインタビューしたことがなかった。84歳で亡くなったが、悔やまれてならない。

2. 母の体験とエスニック・スタディーズ

　母はマウイで生まれてすぐに、祖母（一世）に連れられて沖縄へ行った。祖母の父に当たる人が病気になり看病が必要になったからだ。母が12歳になったころ、祖母は母にアメリカ市民権があることを思い起こし、母だけをハワイに戻した。母は（母語の形成期を沖縄で過ごしたことになるので）家でもよくウチナーグチ（沖縄語）を話した。母の体験では、当時沖縄では学校で「方言札」という制度があり、方言（沖縄語）を使うとこの札が首からかけられる。次のだれかが方言を使ったらそれをその人に渡すことができる。つまり、札をいつまでも掛けているということはとても恥ずかしいことだったわけで、方言はそれだけ下品で価値的に低いものであるということを徹底的に教え込まれていたのだ。これは沖縄文化のすべてにいえることで、日本本土からの移民は沖縄の生活文化すべてにわたって、いや沖縄人そのものを差別した。こうしたことに対して、エスニック・スタディーズの授業では、各エスニック集団の文化はいかに対等で、それぞれにいかに重要なものであるかということを学んだ。

　たとえば「ハワイのジャパニーズ」というクラスで、ポトラックという試みがあった。要するに、食事の持ち寄りで、受講生それぞれの家庭に特有と思われる食事をつくって持ってくることになった。わたしはジューシというご飯の中によもぎの葉っぱを炊き込んだ（炊き込みご飯のような）ものをつくろうとした。母はそれを見て、「だめだめ、そんなみっともないことしないで」と言って止めにかかった。わたしは、「いいの、こういうものを持ってくる授業なんだから」と言って、かまわず学校へ持っていった。みんなでそれを食べたが、他の人が持ってきた照り焼きだの焼き鳥だのと同様、喜んで食べてくれた。

　こうして、沖縄の文化が決して他とくらべて劣るものではない、ということを学んでいった。ひとたび、沖縄文化に関心を抱くと、実に豊かな文化的伝統

を持つことに気付く。その音楽、舞踊、武道などなど、沖縄では多岐にわたる文化が花開いていたのだ。

　エスニック・スタディーズの授業で学んだことで、とりわけ印象深かったのは、ハワイと沖縄との類似点である。両者とも観光に依存しており、農業では砂糖きびが主要作物であり、軍事基地として重要な地位を占めており……という具合だ。しかし、類似点でもっとも重要なものはその歴史と言語である。歴史的には、両者ともかつては独立の王国であり、自分たちの意志に反して属国にされ、ついにはその大国の版図の一部に組み入れられた。言語も同様である。それぞれの言語を持っていたのだが、ハワイは英語を、沖縄は日本語を強要された。両者とも自らの言語を使うことを禁じられた。

　両者に共通なのは、さらに、軍事基地として重要な役割を負わされていることである。去年（2000年）わたしは沖縄に行き、初めて自分の目で米軍基地を見た。もちろん知識としては基地が有ることを知ってはいたが、これほどのものとは思わなかった。そのスケールの大きさだけでなく、ショックだったのは、その場所である。ハワイも基地を有するが、都心からは遠く、多くが市民の目に触れないようなところにある。それに対して沖縄のそれは町の真ん中の、とてもいい場所に位置している。その場所はビジネス地区にも好適だろうし、学校を建ててもいいだろうし……と思うと、複雑な気持ちにならざるを得なかった。

　私がエスニック・スタディーズの授業を履修していたのは、ちょうどベトナム戦争のころで、アメリカはまさに政治の季節であった。黒人が白人に対して、平等を求めて立ち上がっていた。マーティン・ルーサー・キング牧師をはじめ公民権運動のリーダーたちのことも学んだ。われわれは次第に自らのエスニシティについて強い関心を抱き始めた。

　中国系アメリカ人、ベトナム系アメリカ人、日系アメリカ人、メキシコ系アメリカ人、フィリピン系アメリカ人……そしてオキナワン。自分たちエスニック・マイノリティは決して二級市民ではない。

　いずれにせよ、アメリカ人として、白人同様の権利をもってしかるべきである、という確信をもつようになった。そしてハワイにおける数々のエスニック集団の歴史をもっともっと知りたいと思うようになっていった。さらに、当時

（70年代）のハワイは土地問題で揺れているころでもあった。政府や開発業者は農業用地を次々に埋め立て、高級住宅地やビジネス用地に転換していった。（そういう場所で農業をしていたのは自分の土地を持たない、先住ハワイアンを中心とするマイノリティの人たちであったために）私はそうした問題にも関心を持つようになっていったのである。

　そのようなわけで、私は結果的に長く大学にとどまることになった。一般的には4年で卒業するところを6年かかったのである。最初はスピーチ病理学のために（自然科学系を含めて）授業を取っていたし、なによりエスニック・スタディーズの授業をたくさんとったので時間がかかったのである。

　結局自分はハワイ大学でジャーナリズムとエスニック・スタディーズの両方を学んで卒業したわけだが、それは私がどのようなジャーナリストになるかということに関わる、とても重要な意味をもつことになった。たとえば、もし私がジャーナリズムだけを学んで卒業していたとすれば、ハワイのエスニック・コミュニティについてこれほどの関心を持たなかったであろう。エスニック集団の歴史についても関心を持たなかったであろうし、エスニック・マイノリティの気持ちも理解できなかったであろう。

　よい例がある。昨日（2001年9月2日、オキナワン・フェスティバルの会場で）白水先生にインタビューしたNBC系のテレビリポーターは、なぜ白水先生がここにいるか、理解できなかった。だから、「沖縄県人でもないし、ましてハワイの住民でもないあなたが、なぜ毎年オキナワン・フェスティバルに参加しボランティアをしているか」といった質問をしたのだ。ハワイの沖縄系の勉強をし、その人たちと深く交わればOkinawan-at-heartとしてオキナワン・フェスティバルに参加することはなんの不思議でもないのだ、ということを彼には理解できない。オキナワンとはそういう人たちなのだということを知らないからだ。オキナワンは自分たちと知り合いになった人ならだれでも受け入れる、歓迎する人たちなのだ。イチャリバ、チョーデー：行き会えば、みな兄弟、という言葉があるくらいである。

　ジャーナリズムだけを勉強して卒業するとそうした側面の理解、関心が欠如しがちである。たとえばジャーナリズム学科の卒業生は戦時の日系人の強制収容の歴史をあまり知らないし、欧州で戦った日系人部族隊の442連隊のことも

第100大隊のことも詳しくは知らないはずだ。そうしたことは学ばないからだ。かれらが学ぶことは記事の書き方、原稿を書くためのデータの集め方（取材の仕方）などであって、住民の歴史などは学ばないからだ（その後ジャーナリズム学科にも、ジェラルド・カトウ教授のように、マイノリティの活動に関心を寄せるスタッフも赴任してきた）。もし、エスニック・スタディーズも学んでいれば、住民にインタビューするにしても、より掘り下げた質問ができるし、独自のポイントから質問ができるはずだ。

(2) ジャーナリストとして

1. 大学卒業後：主流メディアからエスニック・メディアへ

　大学卒業後、主流メディア（mainstream media）で、テレビ局のプロデューサーやラジオ局のアナウンサーとして8年間勤めた。その間、*Hawaii Herald* のために、フリーランスのライターとして、記事を書き始めた（一種のアルバイト）。最初のころ書いた記事で憶えているのは行商についてである。肉や魚やおかず、なんでも車に積んで、コミュニティからコミュニティに売り歩く人がいる。かれらは別に特別な人たちではないが、マーケットに行けない老人や、忙しい人たちにとってなくてはならない人たちである。私はかれらにインタビューして、レポートを書いた。そうした「ふつうの人びと」については、主流メディアにいては書けないことである。だから、フリーランス・ライターという立場で *Hawaii Herald* の仕事を楽しんだ。

　そのうち、*Hawaii Herald* から専属で来ないかとのオファーがあった。私は、このまま主流メディアにいて時々好きなことを書くか、いつも書きたいと思ってなかなか書けないでいることをどんどん書いていくか、決断を迫られた。私は考えたあげく、書きたいことを書くというほうを選んだ。おかげで、かねがね、この人（日系人）の人生はおもしろい、この出来事は伝えたい、この場所は貴重だと思っていて（主流メディア勤めのため）書けないでいたことをどんどん書くことができた。そうして、都合6年間ライターとして、書くことだけに専念した。それは仕事をしているというよりは、人に会うことを楽しみ、それを書くことを楽しんでいたように思う。しかし、1990年に入ると、編集長をやるようにという要請を受けざるを得なくなった。

編集長職は、4、5人しかいない編集部であるために、様々な仕事を代行する大変忙しい役割である。それでも3年余り勤めた。だが、いよいよ耐え難くなり、辞めて、United Way という NPO に職員として勤めた。数年勤めたが、どうも自分に向いていないような気がしたし、書く仕事に未練があったので、そこも辞めた。以来、フリーランスの ライターとして *Hawaii HeIald* をはじめさまざまなメディアに書いている。

　ここ2,3年はロサンジェルスの全米日系人博物館のハワイ担当という仕事も引き受けており、同博物館の広報や情報提供活動（Public Relations and Publicity）を中心に受け持っている。同博物館の大展示イベントである「弁当からミックスプレートへ」という企画にも参画した。この展示は同博物館に始まり、ハワイ、沖縄、そして大阪の国立民族学博物館でも行われた（この展示は1990年代の終わりから2000年代の初頭にかけて各地で行われ大きな反響を呼んだ。http://www.janm.org/exhibits/bento/　2016年10月19日閲覧）

2．エスニック・メディアである *Hawaii Herald* で働くということ

　Hawaii Herald で働くということは、少なくともサラリーのためではない。実際、主流メディアなどに比べれば、給与は信じられないくらい少ない。しかも重労働である。しかし、たとえば、記者としてのキャリアを始めるにはいいところだろうし、書きたいことを持っている人にはいいところだろう。私の場合は、主流メディアで、警察沙汰や火事、議会の決定などを追いかけてカバーするという仕事は性に合わなかった。私は人（people）について書きたかった。日系人の隠された歴史を書きたかった。私には、日系人 やオキナワンについて、十分に書かれてきたとは思えなかった。日系人は真珠湾攻撃で 傷つき、米本土やハワイで抑留され、日系人だけで編制された部隊が激戦地へ派遣されるという具合にとても特殊な経験をしている。そして日系人以外の人たちの多くはそのことを知らない。そこで、そうしたことを特集の読み物などで紹介したいし、主流メディアでほんの数行でしか語られない、（エスニック集団に関する）興味深いストーリーを、十分な長さで書きたいのだ。*Hawaii Herald* はそうした欲求を満たしてくれる。

　さらに、主流メディアの短所は、マイノリテイの視点が欠けていることだ。

New York Times にしろ *Los Angeles Times* にしろ、白人のエリートが書いていることが多く、たとえば日系人の記事を書くことがあっても、その知識が不足している。アングルが決まりきっていて、しかも内容が浅薄である。主流メディアは毎年その時期になると真珠湾の特集を組む。だが、日系人の強制収容については毎年特集を組むことはない。われわれ日系二世以降もアメリカ人である。それなのに1942年、アメリカ政府はアメリカ市民である人間までその権利を剥奪し、強制収容をした。このことはアメリカの歴史上とても大事な出来事で、人びとが知っていなければならないことなのに、主流メディアが正面から取り上げることは稀である。

　エスニック・メディアは主流メディアとは異なる視点からの情報をつたえるべきである。*New York Times* や *Los Angeles Times*、*Honolulu Advertiser*、*Honolulu Star Bulletin* などの主流メディアが、日系人について、短い表面的な報道をするなら、*Hawaii Herald* は幅広く、深く掘り下げた記事を載せるべきである。毎年2月には、私は大統領によって下された日系人の強制収容に関する特集を書いてきた。それは真珠湾より、日系アメリカ人、アジア系アメリカ人にとってむしろ重要だからだ。

　（なお、*Honolulu Advertiser* と *Honolulu Star Bulletin* は2010年に統合されて *Honolulu Star Advertiser* となった）

（3）エスニック・メディアと主流メデイア

1. 視点の違い

　私は今年、オキナワン・フェスティバルのパブリシティ担当として、同じ量の情報を *Honolulu Sar Bulletin* と *Hawaii Herald* に送った。結果 *Honolulu Star Bulletin* は3分の1頁、*Hawaii Herald* は1頁を費やして報道してくれた。主流メディアとエスニック・メディアではこれだけの違いがある。この量でも *Honolulu Star Bulletin* としては異例の扱いである。大抵は写真だけとか、ほんの数行ということさえある。

　それに対して *Hawaii Herald* は、いつも（1頁もしくは数頁を割いて）、かなり大きく扱ってくれる。

　エスニック・メディアというのは、それが印刷メディアであれ、放送メディ

アであれ、ある特殊な関心を持っている人だけを相手にする、ニッチ・マーケティングである。日系メディアは日系社会がニッチである。主流メディアが扱えない事柄を大きく、深く扱うことができる。それは、いわゆる大ニュースではないかもしれない。「重要」なストーリーではないかもしれない。しかし、日系社会のなかで人びとのために尽くしている人、ハワイや日系社会の歴史上（たとえば第二次世界大戦などで）貢献した人で、主流メディアが取り上げない一般人のことを掘り起こしていく。日系社会は *Hawaii Herald* のような自分たちの声（voice）を持っているのはいいことである。これのおかげで、日系人やその歴史に関心のある他のエスニック集団、たとえば中国系、ハオレ（白人）などさまざまなエスニックが購読してくれて、日系人のことを知ることができる。

2. エスニック・メディアは歴史の証人

　日系人は数が多いので団体の数も多い。ハワイ日系人連合協会、ホノルル日本人商工会議所、ホノルル青年商工会議所、ハワイ沖縄連合会、ハワイ日系文化センター等々。それらはそれぞれ活動をしており、そのたびに記者招待がある。新年会、忘年会、年次総会、お祭り……などの年中行事もある。その多くに出かけていって、記事にする。その記事そのものは「重要」ではない、と思われるかも知れない。しかし、年月が経って、たとえば社会学者などが、日系人の足跡、歴史を知ろうという段になって頼りになるのが、*Hawaii Herald* のようなエスニック・メディアなのだ。2001年の日系社会はどんな様子だったのだろう、という事を知るには（これらの記事が）とてもよいきっかけをあたえてくれるはずだ。2001年はオキナワン・フェスティバルが19回目を迎えており、ゲストシンガーに沖縄から宮城まもるが来たんだ、といったことなどもわかる。

　また、日系社会が、その大社会（larger society）であるハワイ社会のなかに、どう溶け込んでいたか、ということも（主流メディアの同時代の報道と対照することによって）わかる。こういった「時代のドキュメント」という意味でもエスニック・メディアは重要な役割をもっているのだ。

　ハワイは異民族婚が進んでおり、日系人も若い世代の多くが混血である。さ

らに、ハワイはエスニック集団の数も増えている。アジア系だけでなく、太平洋諸島からの移民も加わっている。こうした時代にいつまでも日系人にこだわっている必要があるだろうか、という意見もある。たしかに、(アメリカ)本土あたりでは「アジア・太平洋系アメリカ人」という言い方もある。ただ、ハワイにおいては年輩の二世や壮年の三世が日系メディアを支持しており、「日系人の視点」からの報道にニーズがある。

ところで、もし、あなたがエスニック・メディアの記者になるなら、日系人のことだけを考えてはいけない。広汎なニュースの世界から日系人の視点(アングル)で報道すべきトピックを見つけるセンスを持つべきである。まだまだ、日系人の視点から料理すべき出来事は多いのだ。

たとえば、去年(2000年)、ハワイでは公立学校教員組合の大きなストライキがあった。興味深いことに、その時の組合の代表はカレン・ギノザという三世で、いっぽう州政府の代表(渉外担当)はデイビス・ヨギという三世だった(偶然にも両方とも沖縄系)。これは *Hawaii Herald* が扱うべきストーリーである、ということでかなり大きな特集を組んだ。このように政治がらみの問題であっても、*Hawaii Helald* は日系人の視点から取り上げる必要がある。その意味では、最近の(ウォーレン・イワサ編集長の)*Hawaii Herald* の政治の取り上げかたには批判があるのは確かだ(注 2001年9月3日の時点)。たくさんの政治関係の記事が載るようになったが、必ずしも日系人の視点からというものばかりではない。*Hawaii Herald* はエスニック・メディアのなかでも併読紙である。あくまで主流メディアの補助的役割しかない。しかし、独自の視点を持っているからお金を払ってくれているのだ。メイジャーな政治的ストーリーなら主流メディアを見ればよい。主流メディアは世界・アメリカ・ハワイで何が起こっているか、広く見渡していることが重要である。それに対し、エスニック・メディアはもっと身近な視点が必要である。*Hawaii Herald* の場合でいえば、たとえば日本で日系人がらみで何が起こっているかをカバーする必要がある。というのは、最近は若い四世、五世で日本や沖縄に興味をもつものがいる。かれらにとって、日本や沖縄は遠い存在だ。なぜかといえば、日本や沖縄を直接知る祖父母(一世)がもうこの世にいないからだ。三世までは、日本のこと、広島のこと、沖縄のことを直接祖父母に訊くことができた。いまの若い世代には

それができない。だから日本や沖縄に行きたいと思い、実際さまざまな奨学金などを取って出かけている。それだけ関心があるのだ。原宿というのは実際はどんなところだろうか、といった興味から、歴史の研究にいたるまで、日本に対するさまざまな関心を持っているのだ。

そうして自分とは何者だろう、日系アメリカ人、沖縄系アメリカ人とは何だろうということ（アイデンティティ）を考える「手掛り」とする。エスニック・メディアはそうしたニーズにも応えなければならないのだ。（なお、カーリーンは、イワサ編集長辞任後、再び編集長に返り咲き、以来今日まで続けている。）

（4）エスニック・メディアの役割
　　　——主流社会とエスニック・コミュニティを繋ぐ

アジア系アメリカ人ジャーナリスト協会が数年前にサンフランシスコを本部として組織された。その会議で出た話だが、自分たち（エスニック・メディアのリポーター）の利点は草の根の情報に通暁していること。だから、主流メディアのリポーターが気が付かないような出来事もいち早くキャッチすることが必要である。こうしたエスニック・メディアの利点を知っているからこそ、主流メディアのリポーターたちは、しばしば自分たち（エスニック・メディアのリポーター）に、こうした話を訊くのはだれがいいか、こうした事柄を知っているのはだれか、といった相談をもちかけるのである。実際、自分もチャンネル2だの8だのといった（主流の）テレビ局や、*Honolulu Advertiser*、*Honolulu Star Bulletin* といった主流メディアのリポーターから、インフォーマント（情報提供者）の紹介を頼まれる。主流メディアにも特徴がある。*Honolulu Advertiser* はどちらかというとお高くとまっているところがある。白人の男性優位の社会を代表するような態度が見られる。だからエスニック・コミュニティについても冷淡だし、エスニック・コミュニティについては表面的な報道が大半である。ただし、先住ハワイアンに関する記事だけは別格である。先住ハワイアンは事ある毎に声をあげるし、行動に移すことが多い。（しかも政治に関わる行動が多いので）*Honolulu Advertiser* といえどもカバーすることが多いのだ。

いっぽう、*Honolulu Star Bulletin* は、主流メディアとして長い歴史を誇る夕刊紙だが、経営が悪化し、潰れそうになった。このため方針を大きく変化さ

せ、よりコミュニティにコミットしたスタンスをとるようになった。

　一般的にいって、主流メディアは文化関連のカバーが表面的で浅薄である。たとえば、オキナワン・フェスティバルを見てみるとよい。1982年以来連綿と続いているこの祭だが、大抵、若い子たちの出演するカラフルなシーンの写真を1、2枚載せるだけである。しかし、ちょっとでも、深く掘り下げようと思えば、いくらでも興味深いストーリーは見いだせるはずだ。たとえば、カラフルな表舞台の裏では、数千人のボランティアが、それこそただ働きで支えている。どのようなシステムで祭が動いているのか。県人会の資金集めのため、70歳を超えた人までが各支部のテントで野菜を刻んだり、ドーナツ（サーターアンダーギー）を揚げている。なぜそのような努力をするのか。かれらのプライドと祭はどのような関係があるのか……じつに興味深い記事の材料がいくらでもあるのに、カラフルなパレードや踊りの写真を数枚撮ってお茶をにごしている。

　（主流紙は一般に、このような限界をもっている。翻って考えれば、だからこそ、エスニック・メディアのような「ニッチ・メディア」のマーケットが見いだせるともいえるだろう）

結語　引き継がれる伝統

　以上がカーリーンの語りである。ところで、なぜ、オキナワン・フェスティバルがこれほど成功しているのか、その秘密はなにか。カーリーンによれば、「その秘密は、みんなが力を合わせること。ハワイ沖縄連合会では会長であっても率先して働くから、みんなが付いてくる。ナイチの県人会とはそこが異なる。それに、関心を持つ人ならだれでも仲間に入れる。拒まない。たとえば沖縄出身でもない白水センセイも宜野湾市入会のメンバーになっている。それはオキナワンから見れば拡大家族の一員のようなもので、ハワイアンのいうオハナ（Ohana）である。」

　力を合わせる（相互扶助）という慣習は、じつは一世がハワイに渡ってくる以前、すでに沖縄時代に培われたものである。各シマ（部落）で、かれらはなにかにつけて協力しあうということを身につけていた。それをハワイでも継続して行った。さらに、「日本本土」出身者（ナイチ）に差別されたウチナーンチュ

(オキナワン）は、対抗上も、力を合わせてことを成し遂げなければならなかった。そうした姿勢が二世、三世に引き継がれているのであろう。

注
(1) インタビューの方式としては、ほかには、基本的な質問項目だけメモしておき、できるだけインタビュー相手のペースに合わせるという方式の「非構造化インタビュー」と、それとは逆の、原則的に変更不可の質問文と選択肢からなる「構造化インタビュー」がある。なお、構造化インタビューは新聞社等の世論調査など大量調査に用いられることが多い。それに対し、半構造化インタビューと非構造化インタビューの二つは質的調査に用いられることが多い。
(2) 1909年の第一次オアフ大ストライキは日系人だけ、それが1920年の第二次オアフ大ストライキの時はフィリピン人労働者も日系人労働者同様立ち上がった。背景には労働運動の思想の浸透があると考えられる。
(3) 帰米（きべい）二世とは、アメリカ本土またはハワイに生まれた二世（したがってアメリカ市民権を持つ）のうち、養育もしくは教育のため日本（のなかでも父母の故郷が多い）に送られ、一定の年限の後、アメリカ本土またはハワイに戻ってきたものをいう。日本語を母語とするものが多い。
(4) 繋ぐ役割（リンカー）としての例：2001年8月末に起きた新宿のビル火災に関する「ローカルの反応」というNBC系ローカルニュースの報道もチネンの協力なしでは、制作できなかったであろう。リポーターはカーリーンに連絡を取り、オキナワン・フェスティバルの会場に行けばインフォーマントにふさわしい人が見つかるという助言を受けた。リポーターは会場でカーリーンに会い、彼女の導きで、フェスティバルを中継していた日本語放送のディレクター（東京出身）と、フェスティバルでボランティアとして働きながら調査をして武蔵大学の学生のうちの新宿出身の学生にインタビューすることに成功したのである。その取材結果は2001年9月2日の夕方6時のニュースで放送された。なお、夕刊紙 *Honolulu Star Bulletin* の8月29日号に、オキナワン・フェスティバルの前触れ記事が掲載されたが、そこに掲げられた白水の（アンダーギーを揚げている）カラー写真も、同紙の要求により、彼女が提供したものである。

　同様の役割は、日本のエスニック・メディアにも見ることができる。たとえば、1994年10月30日、東京入管の入国警備官が上海出身の女性を殴打した事件は、まず『留学生新聞』や『中文導報』など、中国語紙が連日写真入りで報じた。これが主流社会の「一般メディア」にも伝えられ、たとえば『朝日新聞』は同年12月5日付け夕刊で全国に報じた。この記事で、はじめて「一般の日本人」もこの事件を知ったのである。同様に阪神淡路大震災の直後の「外国人」の様子（日本人との助け合いや外国人の被害状況など）は、エスニック・メディアが伝えてくれなければ一般の耳目にふれることはなかったかもしれない。エスニック・メディアの、主流社会とエスニック・コミュニティを繋ぐ架け橋としての役割であり、エスニック・メディアのリポーターに即して言えば、リンカーとしての役割である（白水，2001）。

参考文献

白水繁彦（2001）「多文化状況とエスニック・メディアの送り手：ハワイの日系エスニック英語新聞『Hawaii Herald』をめぐって」『武蔵大学総合研究所紀要』No.11

白水繁彦（2004）『エスニック・メディア研究』明石書店

リーダー群像

第11章 ロドニー・コハグラ　Rodney Kohagura
［1946年生まれ　三世］
――エスニック・エージェント――

「人は自分の出自を知り、何が自分を助けるのかを知る必要がある」

　ロドニーはHUOAのメンバークラブ宜野湾市人会の会長やHUOAの会長を歴任しており、現在は系図研究会をリードしている。筆者と年齢が近く、宜野湾市人会のメンバーということもあり、長い付き合いである。もの静かで知的な働き者である彼に筆者のゼミ生がインタビューした。

インタビュー相手コハグラ氏プロフィール
職業　元会社員（運輸関係）
HUOA所属メンバークラブ　宜野湾市人会(元会長)、元HUOA会長(2005年)
出身　ハワイ、住所　ミリラニ
〈調査概要〉
　インタビュアー　金澤碧衣、内藤尋乃（当時駒澤大学2年生）
　2012年9月1日　ホノルル、カピオラニ公園オキナワン・フェスティバル会場にて
　使用言語　日本語

〈インタビュー結果〉
金澤・内藤（KN）：今まで何回オキナワン・フェスティバルに来ていますか？
ロドニー（R）：一度だけ来れない年があったけど、1982年以来全部来ている（29年間）。
KN：オキナワン・フェスティバルの何が楽しみですか？
R：オキナワン・フェスティバルでは、一緒に活動し、いろんな地域に住んでいる人たちに会える。ウチナーンチュが一度に大勢集るまたとない機会です

[**写真**-12] コハグラ家の家系図を示すロドニー・コハグラ氏　2016年10月29日　白水撮影＠那覇市

よね。

　KN：ウチナーンチュの文化のなかで最も重要なものというのはどんなものでしょう？

　R：ハワイには日々、様々な文化が成長している。その中に両親も含め私たちは住んでいる。オキナワンも同様。それは、たとえばオキナワンの活動を通して知る事ができる。私たちはハワイで育っているウチナーンチュに、自分は何なのか、誰なのかと問う事を勧めている。アメリカに住んでいる人々は、たくさんのバックグラウンドを持っているといってもよいと思います。ウチナーンチュも様々な文化を持っている。このことを大事にしたいと思います。

　KN：オキナワンはジャパニーズとは別のエスニック・グループに属すると思いますか？

　R：沖縄はユニークであり、彼らは独自の文化を持っている。日本本土の大阪や東京に住んでいる日本人（ナイチ）でも少しずつ違いがあると言われているが、ナイチとアイヌや沖縄には大きな違いがあると思う。

KN：ここのオキナワン・コミュニティで重要な問題点があるとすればどんな点だと思いますか？

R：私たちはそれぞれ関係を持っており、時には一緒になり、時によってはコミュニケーションを取ることが難しくなる。なぜなら、わたしたちは様々な気質や文化をもっているから。この国には様々なエスニック・グループの人びとがいる。例えば、フィリピン人、中国人、日系人、アメリカ人、メキシコ人。それらはすべて違ったグループである。それぞれプライドをもっている。それと同じようにオキナワンにもプライドがある。かれらはオキナワンを（ひとつのグループとして）認める必要がある。人は自分の出自を知り、何が自分を助けるのかを知る必要がある。そして、それぞれ団結することです。一緒に力を合わせることがだいじだと思います。

観察、感想（金澤、内藤）

このインタビューは私たちにとって最初ものでした。このかたのインタビューはカルチュラル・テントの入り口付近でしました。あとでわかったのですが、このかたはカルチュラル・テントの重要展示のひとつであるハワイ沖縄系図研究会の元会長でした。このインタビューは最初で、緊張していたこともあって、インタビューの質問の意味がどのようなものかと聞かれた際に、答えの例が挙げられなかったため、あまり深く訊けなかったのが反省点です。また、インタビューの録音を聞き返してみると、相手の答えの内容があまり理解できず、回答の中にある私たちへの問いかけを聞き逃す場面や一部の質問をし忘れる部分がありました。このかたは小学校の時に日本語を勉強したことがあるため、最初は日本語で話しかけてくれました。その後は英語になりましたが、一つひとつの質問に対して丁寧に応えていただいたのでとてもありがたいと思いました。このインタビューの答えの中で、オキナワンのコミュニティをこのかたが大切に思っていることや国の中にも様々なバックグラウンドを持っている人がいるということを認識することの大切さを感じることができました。そして、自分のナショナリティとエスニシティの違いを認識することが日本に住んでいては難しいのではないかと思っていた私は、その認識の浅さを改めて考えさせられました。

〈白水　補記〉

　オキナワン・フェスティバルの楽しみは「ウチナーンチュが一度に大勢集るまたとない機会」と回答していることから、ウチナーンチュの結束、紐帯の強化の重要性を認識し、またその過程を見ることが楽しいと感じているようだ。

　「自分は何なのか、誰なのかと問う事を勧めている」と語っていることから、ウチナーンチュの文化でだいじなものはウチナーンチュ・アイデンティティを持つことであると考えているようである。

　オキナワンはジャパニーズとは別のエスニック・グループかどうかについては明確な回答を避けているようにみえるが、沖縄やアイヌは、日本国内における地域差以上のものがあると回答していることから推すと、オキナワンはナイチ（ジャパニーズ）とは別のグループであるとの思いがあるのかもしれない。以上のことからも、ハワイのオキナワン・コミュニティのリーダーのひとりであるロドニーも民族文化主義（彼の場合ウチナー文化主義）を推し進めてきたといえそうである。

　ハワイにおけるオキナワン・コミュニティの問題については、自分たちの問題もさることながら、むしろオキナワンを取り囲む他のエスニック・グループや権力集団側の態度、処遇を問題にしているようにみえる。彼の語りは、エスニック・アイデンティティは自己規定と他者がどう見てくれるか（他者規定）との間（はざま）に存在するものでもあるということを改めて指摘しているようである。

リーダー群像

第12章 マイク・ホンド　Mike Hondo
［1943年生まれ　三世］
——マウイ沖縄県人会元会長——

> 「最初は会員の自覚さえあまりなかった。少しずつ役が与えられて責任感が芽生え、役が上になるにしたがい責任感も強くなっていった感じがする」

　マイクに初めて会ったのは2003年、マウイ沖縄県人会の75周年の時だった。その後筆者は真新しい県人会館（マウイ沖縄文化センター　Maui Okinawa Cultural Center）を何度か訪ねたが、そのたびに会館で掃除などしている、筆者よりやや年上という感じの人がいた。それがマイクであった。マウイ沖縄文化会館はロイ・ヨナハラ[(1)]が中心になって建設された、マウイにおける沖縄文化に関する活動の拠点である。ロイ亡き後、それを丁寧に磨き上げ、懸命に守り続けている姿は筆者の胸を打つものがあった。

　ここでマイクに登場願うのは、彼が、前述の「火の玉リーダーズ」とは異なるタイプのリーダーだからである。彼は第二次ウチナーンチュ・ムーブメントが終わってからようやく「自覚的な活動家」（エスニック・エージェント）になったし、むしろ火の玉リーダーに焚き付けられてそうなったところがある。すなわち、さほど劇的な体験がなくて活動家になった典型的なケースなのである。

　マイクは1943年マウイ生まれの三世。母が沖縄系二世（母の父つまり祖父は具志頭出身）。元美術教師。参加クラブはMaui Okinawa Kenjinkai（MOKKマウイ沖縄県人会。MOKKはHUOAハワイ沖縄連合会のメンバークラブのひとつ）。元MOKK会長。妻とともに、息子のジェイソン（Jason Hondo）もウチナーンチュ活動家という、文化継承の家系である。

　インタビューは筆者によって2012年3月14日、ワイルクのマウイ沖縄文化センター（現地ではカイカンと称されることが多い）で行われた。使用言語は英語である。

県人会参加の契機、家族的背景

白水（S）あなたはマウイ沖縄県人会（MOKK）で活動的な会員だとうかがっています。いつごろから活動に参加するようになったのですか？

マイク（M）クラブ（MOKK）そのものにはロイ・ヨナハラ Roy Yonahara に声をかけられ、1985年あたりから入っていたけど、ほんとうに責任ある仕事をするようになったのは1995年から。ロイはずっとMOKKの中心的メンバーで会長もしていた。ロイがぼくに声を掛けたのは、彼も同じ高校に勤めていたということもある。

S：ロイに声を掛けられたということはあなたは家系的に沖縄と関係があるということですか？

M：母方がオキナワン、父方はジャパニーズ、いわゆるナイチ系。母方はグシチャン（具志頭）の出身。といっても第5回世界のウチナーンチュ大会（2011年）に沖縄へ行った際に初めて具志頭を訪ねて親族の家に行ったけどね。沖縄自体にはその前に1度行ったことはあるけど具志頭は行ったことがなかった。2011年の訪問のときは祖父の甥と姪がいろいろなところへ連れて行ってくれた。祖父の一番下の弟が具志頭の家を継いだということになる。それ以外のすべての兄弟はハワイやブラジルへ行ったから。ぼくたちをいろいろと案内してくれた祖父の甥は、その時ですでに88か89歳だった。

S：父方は日本のどのあたりの出身ですか？

M：あまり詳しくは知らないけど、たぶん福島ではないかと思う。

S：ちなみにあなたの苗字のホンドというのはどんな漢字ですか？

M：わからない。

S：あなたのお祖父さんが福島から来たとして、あなたは父方の故郷へは行ったことがない？

M：日本に勉強に行ったけど、先祖の家には行かなかった。

S：ということは福島には親族などはいないということ？

M：親族がいるかどうかもわからない。全然連絡を取ったことがないから。

S：あなたは三世ですよね。ということはあなたのお父さんもその父親がどこから来たかとかその家族とかに関心がなかったのでしょうか？

M：うーん、それはわからないけど、ぼくらにはあまり話してくれなかった。

S：ということは、あなたに影響を与えたのはどちらかといえば母方のほうが大きいということ？
M：そう、その通りだと思う。といっても最初のうちは大して母方の文化にも関心があったわけではない。というより、自分以外にはあまり関心がなかったかも（笑）。
S：ところで以前あなたの奥さんに会って話していたら、自分はシラミズという苗字だったんだいっていたけど、こちらでも珍しい苗字ですか？
M：そうだね。あなたと同じ苗字だね。彼女の母親は中国系の男性と結婚したのでほんとうはラオというんだけど。
S：ということは奥さんは日系と中国系の背景があるわけですね。奥さんの先祖は日本のどこに住んでいたかわかりますか？
M：うーん、それがねー。じつは彼女の弟、つまりぼくの義理の弟になる人が最近退職してね、家系を調べ始めたんだけど、まず中国系のほうからやってるみたい。
S：中国のどのあたりから来たんでしょうね。
M：知らないなぁ

職業的背景

S：本格的に県人会活動に打ち込むようになった1995年の時点であなたは何歳だったのですか？
M：52歳だった。その年に教職、美術教師を辞めたので憶えている。早期退職だった。
S：なにか特典があったのですか？
M：その年に州政府が、25年以上の勤務実績があれば55歳以下でも退職してよいと決定した。それで早速それに応じたわけだ。それからはアート（マイクの場合、版画や彫刻など）で稼いで暮らそうと思ったわけ。実際はアートで稼ぐのはたいへんだったけどね。
S：美術の勉強はどこで？
M：オレゴン州立大学の美術学部。そこに日本からの二人の著名なアーティスト、萩原先生と関戸先生が客員教授として来ていた。二人とも木版画の泰斗だっ

た。とくに萩原先生に惹かれた。先生に付いて1971年日本へ行き、6ヵ月滞在した。萩原先生はワシントン大学でも教えた。とにかく当時は西海岸の大学は印刷美術とくに版画に逸材を揃えていたし、ワシントン大学は日本美術に造詣が深いスタッフが多かった。

　日本からの客員教授は学生たちに人気だった。自分はもともと数学教師になろうと思って大学に行った。だけど絵が好きだったので、美術の科目も履修していた。そして数学専攻で学部を卒業した後、さらにオレゴン大学の大学院で版画と彫刻を専攻して美術の修士号を取得した。そしてマウイへ帰ってきた。最初の年は公立の小学校の先生、それからずっと公立の高校と中学で教えた。それから退職したというわけ。

MOKKの幹部へ——ロイの目論み——

S：ロイさんがあなたに声をかけたということは、あなたの家族のこと、とくにお母さんのことを知っていたということ？

M：そうね。しかしそのこととは関係なく、ロイはいつも沖縄系の人を探していた。クラブ（MOKK）の活動に参加させようと目論んでいたんだね。ぼくの場合は1985年にはじめて彼に声を掛けられた。ともあれ、最初のうちは単なるスタッフだったし、大した責任も持たされなかった。

S：ロイがあなたに声を掛けた時、どんな仕事をしてくれといったんですか？

M：そうね、まず奨学金委員会。平の委員からスタートした。オキナワンの県人会はどこでも奨学金の制度を持っている。ここのMOKKもそう。奨学金の委員をしばらくしたら奨学金委員会の委員長をやることになった。委員長ということは幹部の一員ということになる。幹部会議に出席しているうちに副会長に推される。副会長は何年かすると今度は会長ということになる。

　とにかくわれわれのクラブMOKKやHUOA（MOKKの上部団体であるハワイ沖縄連合会）のやっているアクティビティを足してみると相当な数になるはず[2]。そんな中でだんだん責任ある地位に付けられていった。結局、自分がMOKKの会長になったのは1995年か1996年か・・・よく憶えていない。とにかくコーキさんの後だった。要するに、最初は会員の自覚さえあまりなかった。少しずつ役が与えられて責任感が芽生え、沖縄文化に対する興味も湧いて

くる。役が上になるにしたがい責任感も強くなっていった感じがする。
　ロイをはじめ、コーキさんなど県人会活動に熱心なひとがいて、この立派なカイカン（マウイ沖縄文化センター）ができたんだよね。このカイカンにはロイが収集した、たくさんの沖縄の芸術品が展示されているけど、もっといいものは彼が亡くなったあと奥さんが保存している。
Ｓ：あなたはまさにベトナム戦争世代だけど、軍隊には入らなかったの？
Ｍ：いや、行こうとしたけど、州の教育行政の人がいうには、いま貧困地域の小学校で教えるなら軍隊に入らなくていいと。それで小学校で教えることにしたわけ。1年教えた段階で徴兵制から選抜徴兵制に切り替わったので、結局、軍役には就かなかった。

日常生活のなかの県人会──担う役割、モットー──
Ｓ：この会館に来ればいつもあなたがいて、なにか仕事をしている感じだけど、ほとんどここに来ているのですか？
Ｍ：というのはぼくはいまこの会館の運営係だから。実際は掃除係のようなものだけどね。いつも来ているといってもボランティアだけをしているわけではないよ。週に2回はキックボールといってサッカーのようなものをやっているし、毎週土曜は古典太鼓をここで習っている。ま、なんだかんだで自分の時間の80パーセントくらいは県人会の活動に関係しているという感じかな。もっとも、一日何時間かは子守りもしているよ。息子と娘が本土から帰ってきてこちら（マウイ）で働くようになったから孫がいま4人いるからね。男児3人、女児ひとり。学校教師だった妻が引退してからは彼女も子守りをしている。いまは妻の子守りをぼくが手伝っている、という程度だけど。ともあれ、どこの家でも孫の子守りをするのはハワイでは普通のことだよ。だって生活費がとても高いからね。さらに子守りを雇ったりしたらとんでもない値段になる。少なくとも小学校に入るまではまず大抵の家では祖父母が孫の面倒を見ているよね。小学校へ行くようになったら車で送り迎えをするだけ。
Ｓ：子守りをしたり送り迎えをするということは、孫の幼少時にそれだけ祖父母が関わるということだから、結果的に孫に影響を及ぼすことも少なくないといえるかもしれませんね？

M：ま、そうだろうけど、ほんのちょっとだね。
S：話は変わりますが、あなたがリーダーをやっていたときにとくに気を付けていたことやモットーにしていたことなどありますか？
M：ぼくに限らず、沖縄文化の維持継承を心掛けてるよね。実際に沖縄文化をみんなに見える形で継承すること。芸能、美術……どんな形にしろ。とにかく若い連中、次の世代に沖縄文化、つまりカルチャーとアート、これを継承させる。そのための援助は惜しまない。残念ながらここマウイには沖縄伝統芸能の先生がいない。そこで月に1度、ホノルルから先生に来てもらっている。そうすると子どもたちやおとなたちが直接指導してもらえる。それ以外の時間は自分たちで練習しているというわけ。
S：ということは先生の飛行機代や授業料をなんとかしなければならないですよね？
M：そう、だからぼくらは寄金集めをするわけ。最大の寄金集めは9月のマウイ沖縄まつりだけど、ほかにも、臨済宗のお寺でお盆の祭をしてバザーなどを催すし、ほかにもいろいろやるけど、そうゴルフトーナメントもやる。エントリー費などのなかから寄付してもらうわけ。これはもう35年もやっている。日本文化祭の時はサーターアンダーギーを揚げて販売する。この日本文化祭は大きいよ。日本文化協会（Japanese Cultural Society）が主催するマウイの日系全体の祭りだからね。広い場所が必要だからハワイ大学マウイキャンパスを借りたりする。日系のさまざまなグループが芸を披露し、それを見にものすごく大勢の人が集まる。露店もたくさん出る。われわれはサーターアンダーギーを作って売り、太鼓を披露する。かつてはシニアの女性を中心にパーラーンクーも練習していて、この祭で披露していたんだけど、先ごろ指導役の女性が高齢で引退したので、祭では披露しなくなった。
S：日系やあなたたち沖縄系は祭を催すけど、ほかのエスニック集団はどうですか？マウイでイベントをやっていますか？
M：そうね。チャイニーズが最近やったね。とてもいい祭だった。それに、小規模だけどスパニッシュ／メキシカン祭もやった。やはり大きくて長い歴史をもつのはフィリピン系の祭だね。日系文化協会の祭よりずっと前からやっている。

リーダーの資質、役割について

S：話は変わりますが、ホノルルでは二世の先覚者、たとえばアキラ・サキマのような人たちが沖縄文化の素晴らしさを次の世代に理解してもらいたいと70年代の初めから働き始め、80年代、90年代になってそれが実を結び、いわゆるオキナワン・アイデンティティというものが普通にいわれるようになったと思います。マウイでもこのような立派な文化会館を自分たちの力で作るほどの結束力を示すまでになっています。こうした動きはホノルルの活動や雰囲気に影響を受けたということが大きいですか、それとも、それとは関係なく別個に生み出された活動なのでしょうか？

M：ぼくが思うに、その両方なのではないかな。ホノルルの影響もあるだろうし、ロイ・ヨナハラという人物がマウイにいたことも大きいと思う。二世のロイは、一世の苦労、オキナワンの苦労も知っていたし、自分たちがこれからどの方向に進むべきかもわかっていた。ぼくらはほんのちょっと若いだけで一世の苦労、たとえば母方の沖縄系の人びとがどれほど苦労したか知らなかった。だからロイのようなリーダーがいて、学ぶべきことを示してくれたおかげでわれわれはオキナワンの歴史を知ることができたし、沖縄文化の素晴らしさも知った。彼のように行くべき道を示せる人が必要で、そうした人は過去のことも知っていて、将来についても方向が示せることが必要だと思う。

　オアフ（のHUOA）ではサキマさんがそんな人だった気がする。ぼくはかつてHUOAのミーティングに出てサキマさんの隣に座ったことがあるが、素晴らしいリーダーだった。あまり冗舌な人ではないが、彼が一言発言するとほとんど全員が「Yes！」といっていたのを思い出す。

S：かつて、ジミー・イハがHUOAの会長だったころ（2001年）、「なぜ若い人たちにオキナワン・アイデンティティを刷り込まなければならないのか」と訊いたことがあります。するとジミーは、「いいですか、ハワイといえどもアメリカの一部です。子どもの成長の過程にはあらゆる障害や罠が待ち受けています。麻薬は簡単に手に入るし、少女は10代前半で妊娠する子も少なくない。本土ほどではないが銃まで手に入るのです。だから自分というものをしっかり持っていないと、もっといえば自分にプライドがないと、やすやすとそうした罠にはまってしまうのです。だから、われわれオキナワンは素晴らしい文化を

もった人間の子孫なのだ、誇るに足る人間なのだということを教えなければならないと思うのです」と答えてくれました。あなたは先生だったのですが、このジミーの考えかたをどう思いますか？

M：その通りだと思う。じっさい、小・中・高の教師には難題が待ち構えている。ぼくのころより今の息子の世代の教師はもっと苦労しているだろう。さまざまな背景を持った子どもたちの面倒をみなければならないのだから。マウイだからといって安全ではない。麻薬も危険だが、アルコールやタバコは子どもでも普通に中毒になる。

とにかく、古き良き時代は終わった。かつては、なにか悪いことをすればそれは家族に対して恥さらしだ、ということだった。親の顔に泥を塗ることはぜったいに許されなかった。そうやってぼくらやその前の世代は育った。それが、今はそうした規制が一切効かなくなった。だから別の価値観を示してあげる必要がある。

後継者たち

S：ところで、次の世代に伝統文化を引き継ぐ際にはそれなりのリーダーシップが必要になるわけですが、リーダーは育っていますか？ホノルルのHUOAのある幹部がいっていたのは、「若い」というのは年齢が若いという意味もあるけど、多少年齢が上でも今まで活動に参加していなかった人たちも経験が「若い」ということでリクルートする必要があると。面白い意見だと思いましたが、いかがですか？

M：われわれMOKKはホノルルに本部があるHUOAのマウイ支部、つまり約50あるメンバークラブのひとつということになっている。ほかの支部同様、アクティブな会員は年をとってきている。しばらく幹部を探すのに骨を折ったが、幸いなことに最近は我がクラブはなんとか若い幹部がやってくれている。ただ、長期的に見れば、ホノルル同様、若い幹部を獲得するのは難しいということに変わりはない。

S：でも、最近MOKKのニューズレターを読んでいたら、あなたの息子さん（次男）のジェイソン（Jason Hondo）の名前を見ましたよ。幹部として。

M：そうね。彼はいまMOKKの第2副会長だから次の次に会長になるはずだ

よね。

S：息子さんがアクティブな会員になったということはあなたの影響だと思いますか？

M：いやおそらく違うでしょう。彼は大学を終えたあと JET Program（外国語青年招致事業）で日本へ行くといいだした。それなら福島か沖縄に行ったらどうかといったら、彼は沖縄県を希望し、石川市（現うるま市の一部）へ行くことになった。石川市の小さな学校で英語助手として数年働いた。そこでとても仲のいい友達ができ、次第に沖縄文化にも馴染んでいったようだ。かれらと一緒に三線や空手を習い始めた。みんな若い先生たちで、とても仲がいい。世界のウチナーンチュ大会で沖縄に行ってもジェイソンだけは別行動で、このとき知り合った若い先生たちに会いに行くんだよね。彼がここ（マウイ）へ帰って来た時はまだ独身だったから時間があったので MOKK のこともいろいろと手伝ってくれた。その後もそこそこやってくれている。コンピューターに関することが得意だから今はニューズレターの係をやっている。

　ともあれ、今のところ、MOKK にはとてもいい若者がいる。ただ、もっといるといいのだけど……。それには若い人たちが魅力を感じるアクティビティが必要だと思う。ホノルルの HUOA はボウリングやバレーボール、ゴルフといったスポーツゲームなどを催している。われわれもそうしたイベントができればいいのだけど……。基本的には人手が足りないということ。若いリーダーたちはそれぞれ頑張ってはいる。たとえば次男のジェイソンなども若い人をリクルートしようと頑張っている。ただ、若い人でも家族を持ったばかりの人は難しい。とても時間的に余裕がない。ぼくの長男などもその典型的なケースで社会的な活動をする時間がない。

S：今日、ジェイソンなどのほかに特に目立った活動をしている若いリーダーはどんな人ですか。

M：そうね、我が家と似ている例といえば、シンサト家がある。彼ら夫婦はぼくらと同じように活動しているし、その娘たちは MOKK の活動に活発に参加している。とくに娘のひとりローリーは会長の秘書をしてくれているし、MOKK の沖縄まつりではジェイソンと共同代表として働いてくれている。

S：次男のジェイソンが近々幹部になりそうだし、さらに、あなたの奥さんも

よくこの会館で見かけますが。
M：幸いなことに彼女もオキナワンの活動に協力的で助かっている。彼女は（沖縄系ではなく）半分チャイニーズ、半分ナイチなのに、よくオキナワンの活動に参加している。最近はイチゴイチエ（一五一会）という楽器、三線とウクレレのコンビネーションのような楽器を練習している。先生はホノルルから来てくれるキース・ナカガネク。あのポリネシアンのような大きな若者、天才的な音楽家が教えに来てくれる。まず、三線を教え、そのあとイチゴイチエなどの楽器を教えてくれる。イチゴイチエは沖縄の有名なグループのBEGINがHUOAに寄付したもの。

　なぜビギンがハワイのオキナワンにイチゴイチエを寄付するかというと、戦後荒廃した沖縄を救おうとハワイのオキナワンが一致団結して沖縄に膨大な物資を送った。さらに豚550頭も自分たちで届けた。その話を聞いたBEGINはたいへん感動して、ではそのお返しに、BEGINが共同開発したイチゴイチエを550本ハワイに贈ろうということにした。すでに徐々に送られてきており、われわれのMOKKにも15本分けてもらった。1本700ドルするというからものすごい額になるよね。

高い学歴と安定した生活――ミドルクラスの家族――
S：ジェイソンは小学校の先生だと聞いたけど、あなたの家族は先生が多いですね。
M：自分と妻と長男ウェイン、そして次男のジェイソン、全部で4人が教師。教師でないのは娘だけ。彼女は会社員をしている。ウェインは結婚して子どももいるからクラブのことはあまり頼めない。時々来てもらう程度。娘はシアトルにいたけど1年前に夫といっしょに帰って来た。
S：あなたの息子さんや娘さんはとても優秀でみんな本土のいわゆる一流大学に行ったと聞いています。でもみんなマウイに戻ってきたのですね。
M：娘の夫はエンジニアでマイクロソフトやボーイングといった大きな会社に勤めていたけど、子どもができるとなかなか自由な時間が取れない。まず質のいい子守りを雇うのが難しい。さまざまな社会活動があっても参加できない。ところがこちらに住んでいれば通勤時間も短くて済むし、両親に子守りをして

もらえばレストランへ食事も行ける。親族みんなで食事を楽しむこともできる。ボランティアもできる。ただし、問題はいい仕事が田舎では見つけにくいということ。幸いなことに、マウイで新しいエネルギー企業が立ち上がることになり、夫がそれに応募したら採用されたので帰ってきたというわけ。娘は帰ってきてしばらくは子育てに専念していたけど物価が高いので働く必要を感じ始めた。そこで比較的よい会社の募集があったので応募したら採用された。彼女もボーイング社で働いていたからその履歴が評価されたんだよね、きっと。

　とにかく、子どもたちはみんな本土で生きていくだろうと思っていたので驚いている。そこで家も買っていたしね。でもみんなマウイに帰ってきた。

S：帰ってきてもそれぞれちゃんとした職に就けたのはあなたたち夫婦が子どもたちにとてもよい教育を授けたからですよね。

若い人たちのＵターンと地方経済

S：日本では地方では高学歴の人が能力を発揮できる職場が限られています。それもあって、なかなか故郷に戻らないということがあります。ここでも同じような状況ですか？

M：そうね、同じだね。ハワイ大学へ行ったり、ワシントンの大学やジェイソンのようにカリフォルニアの大学へ行くのもいるがなかなか帰ってこない。とはいえ、何人かは有望なビジネスがあると戻って来る。いずれにせよ、ハワイは物価が高いので給与がよくないと帰ってこれないという問題がある。

　ただ、まだ多くはないが、よりゆったりとした暮らしを求めて戻って来る若者もいる。ジェイソンもそのうちのひとりかもしれない。彼はスタンフォード大学へ行った。彼のクラスメートでは3人がいわゆる難関大学に入った。ということは両親はたいへん高い学費をはらったということ。そのうちのひとりの女性はカリフォルニアで有名企業に入り今もそこで働いているけど、もうひとりの女性はカリフォルニアの大学にいる間に太鼓に魅せられ、卒業後も太鼓を続けていて、時折グループを引き連れてマウイでも演奏している。マウイではけっこう大きな太鼓のイベントがあるからね。ジェイソンは帰って来て小学校の教師になったし、確かに親の世代とは異なる価値観を持っている若者が出て来たことは確かだろうね。われわれもジェイソンが戻って来た時には驚いたけ

ど沖縄文化に関心を持ってくれているし、それなりに学校の仕事も頑張っているようだし、結果的にはよかったと思うよね。
S：有能な若者が来てくれたり戻ってきたりするのは、地域にとってはいいことですよね。
M：確かに古い世代にはない新しい考え方を提供してくれるからね。
S：教育といえば、かつては日系を含めアジア系はとても教育熱心で、子どもたちをより上級の学校に入れようと頑張った。そして子どもたちもその期待によく応えたと言われますが、このあたりでもそうした傾向は見られますか？
M：そうね、そういう傾向はあったと思う。ただアジア系でもフィリピン系は少し傾向が違うかもしれない。かれらは確かによく働くし、子どもたちを学校に入れようとした。しかし、最近は、子どもたちは高校に入るくらいまでは比較的熱心に勉強するが、高校や中学を出ると多くが進学しない。仕事に就きたがる。そしていい車を買いたがる。どうしても一世はものすごく勤勉で、二世の子どもたちにも勉強をさせるという傾向があるが、子どもたちがその期待によく応えているとは思えない。
S：日系はどうですか。あなたの世代も勉強のことは強くいわれましたか？
M：そうね。一世はとくに進学するチャンスがなかったから、子どもたちにはよい教育をさせたいと努力したと思う。二世も子どもたちに対して、自分たちよりよい職業機会に恵まれるようにと願っていたと思う。だから、われわれ三世の日系は多くが大学に行った。ぼくは４人兄弟だった。女ふたりに男ふたり。全員大学へ行かせてもらった。とくに一番下の妹はずっと年が離れていることもあって自由に勉強させてもらって、結局、ノースウェスタン大学に行った。それ以外は州立大学で、学費は安かったけど生活費やさまざまな活動費は自分で稼がなければならなかったので、夏休みはアルバイトに追われた。だから家にも帰れなかった。
S：一番下の妹さんはずいぶん授業料の高い学校へ行きましたね。
M：そう。少しは奨学金をもらったようだけど、多くは自費だった。ただし、元は取ったよ。その大学で医療技師の資格を得た彼女は、結局医者と結婚したからね（笑）。その医者はホノルルの出身で、ふたりは大学で出会ったわけ。かれらは子どもたちも全員大学にやり、そのうちのひとりは外科医になった。

うまくやっていると思うよ。

　ぼくらは学生時代、クリスマスだからといって家に帰れなかった。でも一番下の妹は飛行機で帰ってきてぼくら上の兄弟をびっくりさせた。同じ兄弟でも年が違うとそうなんだよね。

　　＜考察＞
　　マイクは、どのような過程を経てリーダーになったか？彼はほとんど子ども時代のことを話さなかった。特に父方（ナイチ系）については出身地すら明確ではないようだ。しかし、母方については沖縄出身というだけでなく、村の名前まで知っている（具志頭）。ということは、新年会やピクニックには連れていかれたはずだ。傍証として、父方に比べ、母方の（文化的）影響は強かったといっていることがあげられる。このことの意味は大きい。より多くのイベントを催しているほうが強いのだ。それだけ子どもがその文化に接触するからだ。そうして母の味と同様、基本的な感覚として学習していく。しかし、幼少時の文化接触だけでは「アイデンティティ」は生まれない。無自覚だからだ。アイデンティティの確たる形成は自覚的な学習を必要とする。
　　マイクの場合、ウチナーンチュとしての自覚は大人になるまでなかったといってよい。大人どころか40歳過ぎまでなかった可能性がある。それが芽生えたのは、1985年、ロイによって、やや強引といってよいやりかたでMOKKに引き込まれたことを契機としている。平の会員から始めて、だんだんと役が与えられ、それを務めているうちにリーダーとしての自覚が芽生えてきた。強い責任感も芽生えてくる。それを見たロイたち幹部はマイクにさらに上位の役を振る。それをきちんとこなすうちにマイクのウチナーンチュとしての自覚は強くなり、リーダーとしての自覚も強固になっていく。このマイクのリーダーシップ形成過程は極めて示唆に富む。「役割が人をつくる」というのは社会心理学の知見のひとつであるが、マイクの事例もまさにこれに当てはまるといえよう。
　　マイクはMOKKの現役のリーダーだった頃、他のリーダー同様、

沖縄文化の維持継承を心掛けたといっている。注目すべきは、沖縄文化（カルチャーとアート）を「みんなに見える形で継承すること」という表現である。いかにも美術の先生らしい言い方である。ともあれ、マイクもウチナー文化主義の信奉者であるといってよいだろう。

マイクにとってリーダー修行の師匠はロイである。だからロイは、マイクにとってのエスニック・リーダーということになる。ロイがマイクにウチナーンチュとしての生き方を教え、リーダーたる人間の資質を伝授した。ただし、口に出して教えたわけではない。マイクが自ら時間をかけて感得したものである。マイクは言っている。「ロイのようなリーダーがいて、学ぶべきことを示してくれたおかげでわれわれはオキナワンの歴史を知ることができたし、沖縄文化の素晴らしさも知った。彼のように行くべき道を示せる人が必要で、そうした人は過去のことも知っていて、将来についても方向が示せることが必要だと思う」。これがマイクにとってのエスニック集団のリーダーのあるべき姿だと考えてよいだろう。

注

(1) 与那原家は、琉球王国時代に10名前後の三司官を輩出した首里の有力士族である。幸地朝常と一緒に東京に行った与那原親方良傑は、琉球処分期の三司官として、明治政府との交渉に当たった人物である。その父親の良恭もやはり三司官であった。（上里賢一「ハワイ大学ホーレー文庫に見る琉球関係漢籍資料」琉球大学法文学部『アメリカ統治と戦後沖縄：異文化の衝撃』2001-3, 187-196）。ロイはこの与那原家の血筋を引く家系の出身である。これまでの移民研究はほとんどが農民など一般庶民の国際移動を扱ってきたが、ロイの家系のように、高級士族の「移民」もおり、少数とはいえ、国域の政変による国際移動の形として今後研究の対象とすべきであろう。ロイは家伝のものも含め、沖縄の文物のうち高級品、歴史的な由緒のあるものを数多く収集しており、筆者にそれを長時間にわたり丁寧に説明してくれた。口に出してこそいわなかったが、そこには〝自分は単なる移民ではない〟という誇りと自負が感じられた。琉球漆器や三線、陶器に関心をもつ筆者は、彼の鑑識眼、的を射た解説に大きな驚きを感じた。そして彼のような階層の出身の移民がいるということをあらためて認識したのである。マウイ沖縄県人会の淵源は1928年に遡るが、今日のような大々的かつ質の高い沖縄文化を追求する集団になったのは実にロイの奮励に因るところが大きい。そのエネルギー源は自らの出身階層をたのみとする自負とプライドではないかと思わざるを得ない。

(2) 手許の2004年のマウイ沖縄県人会の年間イベント告知によると、ほとんど毎月の

ようにイベントが開催されていることがわかる。そして、その多くがマウイ沖縄文化センターで催されており、その活用ぶりと拠点としての重要性が見て取れる。

ここにはそれぞれのイベントの責任者（Chairperson）の名前が書かれているが、かれらの中から次代の会長が育っていくわけである。（下記は2004年MOKK Newsletter掲載の年間行事である）

1月
- Saturday, January 24, 2004 "Bentos to Mixed Plate" Family Fun Festival Maui Arts and Cultural Center 10:00 a.m. to 2:00 p.m. Chairpersons June Konno & Todd Hondo

2月
- Saturday-Sunday, February 14-15, 2004 26th Annual Maui State Okinawan Golf Tournament Waiehu Golf Course. Chairpersons Patrick Miyahira & Ronald Gibo
- Saturday, February 21, 2004 Aloha Reception for Honolulu Performers 4:30 p.m. Chairperson Koki Tamashiro

3月
- Saturday, March 6, 2004 Shinnen Enkai (New Year's Party) 5:00 p.m. Chairperson Joe Toma

5月
- Saturday, May 8, 2004 Bazaar. Chairpersons Dennis Shinsato & Helen Tamashiro
- Saturday, May 29, 2004 Maui Matsuri Main Street, Wailuku

6月
- Tuesday-Saturday, June 8-12, 2004 Youth Camp Chairperson Traci Villarosa

8月
- Sunday, August 8, 2004 Annual Picnic (location to be announced) Chairpersons Wendy Tamashiro & Charlene Gima
- Friday-Saturday, August 20-21, 2004 Obon Concession Paia Rinzai Zen Mission Chairperson Jana Yamashiro

10月
- Saturday, October 30, 2004 Youth Halloween Party Chairperson Traci Villarosa

11月
- Saturday, November 20, 2004 Bonen Kai (End of the Year Celebration) Chairpersons Todd Hondo & Linda Kiyabu

< Events held at the Maui Okinawa Cultural Center unless otherwise >

リーダー群像

第13章 シャーリー・タマシロ　Shari Tamashiro
［1972年生まれ　四世］
――四世の知性派活動家――

「ウチナーンチュ・アイデンティティはオキナワンに活力をもたらす」

　私がシャーリーの存在に気付いたのはもう10年以上前になる。オキナワン・フェスティバルの会場の一角に設けられたハワイ沖縄プラザ（HOP）建設募金本部のテントで、大きな声でビジターに対応している若い女性がいた。その頃は、ボランティアの女性のひとりだろうと思い、特段の注意は払わなかった。ところが、あれは確か2010年だから第28回目のオキナワン・フェスティバルの時であった。例によって、募金の進み具合はどうかな、という関心でテントを訪ねたら、なんと、場違いというか驚くべきというか、そこには太平洋戦争の写真、おそらく戦場カメラマンが撮ったとおぼしき太平洋を舞台とした戦場や将兵の写真パネルが何枚も掲げられているではないか。それを彼女が説明している。筆者はビジターのひとりとして説明を受けたが、はっきりとした物言いと深い知識に一種の感動すらおぼえた。

　次の年は、太平洋戦争中に日系人の一部（帰米二世など）が抑留されたオアフ島内のホノウリウリ（Honouliuli）収容所の写真パネルが展示されていた。若いこの女性はいったい何者なのか？さっそく声をかけた。すると彼女は、私の存在は知っていたようで、躊躇なく語り始めた。すなわち、彼女はＫＣＣ（カピオラニ・コミュニティ・カレッジ）で働いていること、ハワイの歴史や沖縄の歴史に関心を持ち勉強を続けていること、さらに沖縄と日本の関係の歴史にも関心が生じたこと、そうした勉強の過程で多くの歴史的な写真の数々に出会ったこと、それらの写真を広く人びとの目に触れさせたいという思いからウェブサイトで公開する作業を続けていること、写真の公開だけでなく、日系やオキナワンの二世からライフストーリーを聞きそれをウェブサイトで公開していることなどがわかった。

［写真-13］タケジロウ・ヒガとシャーリー　2015年9月6日ホノルルのオキナワン・フェスティバルにて（シャーリーより寄贈）

　そんな彼女がなぜ募金テントでボランティアをしているのか。彼女によれば父親はHUOAの2003年の会長だったジョージ・タマシロ（George Tamashiro）で、その後、彼は募金委員長をしていること、その父の助けになればと自分も募金テントでボランティアをしているという。それにしても、戦争史という特殊なテーマにしろ、こうした歴史に関する展示をなぜカルチュラル・テントではなくこの募金テントでやっているのか。この問に対しては、周りに多くの人がいたせいか、明確な回答はなかった。こうしたやりとりがあって、以来毎年、筆者はオキナワン・フェスティバルでシャーリーに会い、気軽に話をするようになった。そしてSNSでも繋がるようになった。彼女はオキナワン・フェスティ

バルについては無論のこと、ハワイのオキナワンの活動について得意のデジタル技術を駆使して夥しい量の情報を多数の人たちに送り続けている。

　2017年8月末、例によって筆者はハワイの友人たちに「今年もオキナワン・フェスティバルにサーターアンダーギーを揚げに行くよ」というメールを送った。するとシャーリーから「今年も来るんだね。楽しみにしているよ。ところでハワイ歴史協会の役員とバーバラ・カワカミ（Barbara Kawakami）に会わせる用意があるがどうする？」との返信が来た。時間がないから両方に会うことはできないが、バーバラには是非会いたい、と筆者は書き送った。バーバラはつい先日『写真花嫁ものがたり』（*Picture Bride Stories.* University of Hawai'i Press, 2016）を出版したばかりで、各所で高評価を得ている。筆者も会いたいと願っていたのだ。このようにシャーリーは細かな配慮をする人である。

　2017年度のオキナワン・フェスティバルが終了した翌日、9月4日、シャーリーは郊外のバーバラの家まで連れて行ってくれた。ワイキキから車で1時間ほどの行程である。その間、いろいろと語り合ったが、筆者は前から気になっていたことも訊いてみた。なぜ歴史的な写真パネルをカルチュラル・テントではなく募金テントで展示するのか。彼女は、るる説明してくれたが、筆者なりに要約すると、彼女自身カルチュラル・テントで展示したいと掛け合ったことはあるが、カルチュラル・テントの幹部によれば、そこは沖縄の伝統文化を中心に「非政治的」な文化アイテムを展示するところだから、太平洋戦争、日米戦争に関するようなことは馴染まないということでやんわりと断られた。しかし、シャーリーの考えでは、太平洋戦争はハワイ、沖縄、日本、そしてアメリカの現在を考えると、知らないでは済まない歴史である。オキナワン・フェスティバルに来るような人ならみんなが深く考えてみなければならない歴史的事実である。彼女は、だから、場違いな感じはするが、自分が働いているので展示しやすい募金テントでの公開に踏み切った、ということのようだ。

　このあとも彼女と意見の交換をした。そして筆者は帰国後も彼女とメールをとおしてQ&Aを繰り返した（2017年9月25日〜10月11日）。

　以下、それらのやりとりの主要部分である。

　　記号説明　Sは筆者、Tはシャーリー・タマシロ、〈　〉は筆者による補足

１．世代、出自など社会的属性

S：わたしは20年余り前からオキナワン・フェスティバルで多くのボランティアの人たちと働いてきましたが、かれらと付き合えば付き合うほど、その情熱に強い感動をおぼえるようになりました。そして、いつ、どのような経緯でこうした活動に参加するようになったのか、活動の過程でどのようなことを考えるようになったのか、などいろいろと知りたいと思うようになりました。シャーリーさん、あなたもたいへん熱心にオキナワンのための活動をしています。あなたの活躍ぶりはオキナワンの若い世代のなかでは際立っています。是非ご意見をうかがわせてください。

　少し立ち入ったことをお伺いすることになるかもしれませんが、率直にお答えくだされば幸いです。

　まず、生まれた場所や生年、職業などを教えてください。

T：生まれはハワイ州のホノルル。1972年生まれ。四世、厳密にいえば3.5世ね。

S：ということは？

T：母方からみれば四世、ジャパニーズ。父方からみれば三世、こちらはオキナワンね。

S：もう少し詳しくいうと？

T：父方の祖父母は糸満市の真栄里地区（旧高嶺村真栄里）の出身、母方の曽祖父母は広島県の出身。〈母方の先祖については詳しくは調べていないらしい〉

S：失礼ですがお子さんはいらっしゃいますか。

T：いない。

S：つぎに、お仕事について教えてください。あなたはずっとハワイ大学の短大（カピオラニ・コミュニティ・カレッジ）で働いていますよね。どんな職種なのですか。

T：サイブラリアン（Cybrarian）として働いているわ。サイバー・ライブラリアンのことね。〈情報科学の知識をもって、デジタルコンテンツを活用することができる図書館司書〉。実際の仕事の内容は、私が関係しているウェブサイトを見てもらえばわかると思うわ。

http://nisei.hawaii.edu/page/home　にアクセスしてみて。

S：たしかあなたは米本土の著名大学の出身だと記憶していますが、さらに大

学院も出ていますね。
T：そう。図書館学の修士課程を修了しています。

2．村人会や県人会（HUOA）のこと
S：ところで、HUOA 傘下のクラブ〈村人会など〉に所属していますか。
T：糸満市人会、ワヒアワ郷友会(きょうゆうかい)、フイ・オ・ラウリマの三つね。
S：村人会といえば、夏にピクニック、年が明けてからは新年会を催すのが習わしとなっていますが、あなたは参加しましたか。
T：幼稚園から小学校にかけてタカミネ・クラブ〈現在の糸満市高嶺地区かつての高嶺村人会〉のピクニックや新年宴会（Shinnenenkai）に出席したけど、クラブが解散しちゃったから、それからは行ってないわ。私が大学を卒業してハワイに帰って来てから、いま住んでいる地域のウチナーンチュで組織されているワヒアワ郷友会に参加した。そしてその後、糸満市人会に参加したのね。それで、ピクニックや新年宴会に再び行くようになったわけ。
S：村人会やHUOAでの役職経験を教えてください。
T：村人会（糸満市人会）やHUOAでの公的な役職には就いていない。でも個人的にいろいろなプロジェトに参加してきた。それもどちらかというとアカデミックなプロジェクトね。それとFacebookのオキナワン・フェスティバルのページを運営しているし、HOP（ハワイ沖縄プラザ）建設募金テントで働いているわ。

3．沖縄文化とのつながり
S：話は変わりますが、ウチナーグチで好きな言葉や語句はありますか。
T：そうね、ユイマール、イチャリバチョーディ、チバリヨーあたりかな。これらの言葉に込められている寓意や価値観が気に入っているわ。とくにユイマールが好きね。
S：では、沖縄文化でこれまでに勉強したり習ったりしたことはありますか。
T：ウチナーグチと沖縄の歴史を学んだわ。特に第二次世界大戦に関する歴史は熱心に学んだし、いまでも勉強している。それに、二世たちのストーリー〈ライフストーリー〉がとても興味深いわ。彼らのストーリーを聞くと、さらに沖

縄の歴史や言葉（ウチナーグチや日本語）に興味が湧いてくるといった感じね。
S：日本語や日本の歴史はどう？
T：そうね、高校や大学のときに日本語や日本史のコースを取ったわ。とくに歴史は面白いわよね。
S：話は少し変わりますが、「もしあなたが沖縄系の子孫だったら、沖縄文化や歴史を学ぶべきだ」という意見があるとします。あなたはこの意見に賛成ですか。
T：もちろん賛成。だれでも自分に関係する歴史や文化は知っておく必要があると思うわ。でないと、われわれが今日享受している様々な権利や特典がどこから来たか知らないで過ごすことになるでしょ。前の世代の人びとのどのような犠牲や献身的なサポートがあったかをよく知っていないといけないと思うわ。

4．エスニック・アイデンティティをめぐって
S：では、「沖縄系の子孫なら沖縄人としてのアイデンティティやプライドを持つべきだ」という意見に対してはどうですか。
T：もちろん賛成。アイデンティティやプライドは人びとに活力をもたらす（精神的エネルギーが湧いてくる empowering）と思うわ。
S：次に、「村人会などのピクニックや新年会に参加すればするほどウチナーンチュ・アイデンティティが涵養される」という意見に対してはどう思いますか。
T：そうは思わないわ。だって、ほとんどのピクニックや新年宴会は、「なぜ」みんなで集まる必要があるかということを説明しないもの。次の世代に対してわれわれの歴史やコミュニティの成り立ちについてほとんど説明しないでしょ。だから多くの人にとってピクニックや新年会に行くことはあまり意味がないと思う。
S：あなたのアイデンティティは、つぎのうちどれが最初に来ますか。ジャパニーズ？オキナワン？ローカル？ハワイアン？
T：オキナワンね。それもハワイのオキナワン。ハワイアン・オキナワンとは違うからね、間違えないで。
S：もう少し詳しく説明してください。

T：ハワイで生まれ育ったからといってハワイアン（ハワイ系）とはいえない。ハワイアンというのは先住ハワイアン、そうポリネシア系の人びとのこと。だから私は自分のことをハワイの沖縄系アメリカ人（Hawaii Okinawan American）というべきで、ハワイ系沖縄系アメリカ人（Hawaiian Okinawan American）とはいえない。もし私にハワイ系の先祖がいたらハワイアン・オキナワンといえるけどね。

S：オキナワン・アイデンティティに目覚めたきっかけがあったらおしえてください。

T：いろいろあると思うけど、やはり、タケジロウ・ヒガのことを調べたのが大きいわね。彼のストーリーを聞き、彼の沖縄戦での功績〈米軍の通訳兵（MIS）として活動。その過程でウチナーグチと日本語で多くの沖縄県民を救った〉を知ってから私はずいぶん変わったと思う。＜写真-13 参照＞

　それと、「海からやってきた豚」〈戦後ハワイの沖縄系の人びとが、荒廃した沖縄を救うためアメリカから550頭の豚を船に乗せて運んだ話〉を調べたことも大きいと思う。

S：次に、オキナワン・フェスティバルについて伺いますが、この30年以上も続いているビッグ・イベントに改善すべきことはありますか。

T：教育、これね。というのも、このフェスティバルに来る人の中には沖縄がどこにあるかさえ知らない人がいる。単にいくつかのアンダーギーを買い、ちょっとだけエンターテイメントに接して帰るだけ。それではピクニックや新年会とひとつも変わらない。われわれは「なぜ」このイベントに集まる必要があるのか、「なぜ」このオキナワン・コミュニティが特別なのか、人びとがこのイベントに参加し歴史や文化を学ぶには「どうすれば」いいのか、もっと適切に人びとに説明する必要があると思うわ。

S：話題は少し変わりますが、日米関係、日沖関係、米沖関係、ハワイと沖縄との関係について思うところをお話しください。

T：まず米沖関係だと、米軍基地の存在と占領が問題ね。ハワイと沖縄との関係だと、多くの共有する歴史や繋がりがある。沖縄と日本との関係については、日本は沖縄とその人びとを二級市民として扱っている。

S：最後に、オキナワンや沖縄、日本についてのご意見を自由に述べていただ

けますか。

T：われわれはハワイに住んでいてとても運がいいと思う。それに私はハワイの沖縄系アメリカ人であることに誇りを持っているわ。というのは、本当に必要な時に互いに助け合うユイマール〈相互扶助〉精神に代表されるようなとても力強い文化遺産をもっているから。そうしたことが自分は沖縄系アメリカ人なのだと気付かせてくれる。もちろん私は〈他の人と同じように〉アイデンティティとしてさまざまな側面をもっている。オキナワンであると同時にジャパニーズでもある。アメリカ人でもある。例えばアメリカ人ははっきりと口に出していうところがあるよね。私もアメリカ人の女性として、沖縄や日本の女性よりはっきりものをいう人間であることは自覚している。私はここハワイで、沖縄では得られないはずのさまざまな教育の機会を得ることができるし、責任ある地位に就くこともできる。こうしたことは糸満にいる従妹たちの観察を通して得た見解だけどね。

　そういえば、面白い話があるわ。私はかつて女性で初めての世界エイサー競技会の審判に選ばれたし、いま女性初の世界エイサー親善大使を務めているのよ。これなどは私が外国人だから起こり得たことよね。

S：貴重なお話をたくさんにありがとうございました。

　　〈考察〉
　　シャーリーとのインタビューで強く印象に残ったのは、やはり、「沖縄系の子孫なら沖縄人としてのアイデンティティやプライドを持つべきだ」という考え方（民族文化主義）に対して同感しており、「アイデンティティやプライドは人びとに活力をもたらす（精神的エネルギーが湧いてくる empowering）」といっているところである。empowering という語をこういう場面で聞くのは珍しいので特に印象深い。
　　また、「村人会などのピクニックや新年会に参加すればするほどウチナーンチュ・アイデンティティが涵養される」（筆者の「村人会インキュベーター説」）に不同意を示している点も興味深い。理由は、ほとんどのピクニックや新年宴会は、「なぜ」みんなで集まる必要があるかということを説明しないし、次の世代に対してわれわれの歴史やコ

ミュニティの成り立ちについてほとんど説明しないから、という。だから「多くの人にとってピクニックや新年会に行くことはあまり意味がない」とさえいう。筆者の考えでは、ピクニックや新年会は年中行事的エンターテイメントであるからいちいち趣旨説明をしないのが一般的である。それより、もの心つく前から「同胞」および「同胞文化」に接触する（曝される）ことに意味がある。エスニック文化の無自覚的伝承の時期だからである。この時期を体験していれば、次の段階であるエスニック文化の自覚的学習への道がスムーズである、というのが筆者がこれまでの調査によって得てきた知見である。むろん、時機をとらえて、親たちにわかりやすくピクニックや新年会の意味を説明するのは悪くはないだろう。

　シャーリーは自らのアイデンティティを「オキナワン」であると明言している。それもハワイのオキナワンであると念を押している。沖縄戦の写真展をオキナワン・フェスティバルでやろうと提案するほどの革新的な人物である彼女がジャパニーズではなく「オキナワン」であるという。しかも、母親はナイチ系である。

　シャーリーはまた、米軍基地の過度の集中を放置している日本本土の日本人は沖縄県民を二級市民扱いしている、という。これは筆者の胸に刺さった。筆者も、ヤマトゥンチュながら、基地の過度の集中は不合理だと感じていたからだ。

　シャーリーはハワイのオキナワン・コミュニティの中では典型的なエスニック・エージェントであるが、いっぽうでウェブサイト等を通してハワイ全体の人びとに日本と沖縄との関係、ハワイや南北米のウチナーンチュについて情報を発信し、啓蒙をはかっている。すなわちハワイのオキナワン・コミュニティという枠を超えた活動もしている。その意味でスケールの大きな変容エージェントというにふさわしい側面も持っている。今後も、エスニック・エージェント、変容エージェントとしてのシャーリーから目が離せない。

アメリカ南加地域の沖縄系社会の活動家

第14章 北米沖縄県人会の概略

アメリカ南加地域の沖縄系社会の活動家

1．出会い

　筆者は1990年代の初頭から北米の沖縄系社会にも友人、知己を得てきた。特にOAA（Okinawa Association of America, Inc.北米沖縄県人会 本部ロサンジェルスに隣接するガーデナ市）には歓待していただき、たびたびお邪魔することになった。2000年代に入ると会員にもしていただき、当時の比嘉会長ら幹部諸氏とさらに深く交流するようになった。そのきめ細かなお心遣いにはいつも感動し、感謝の念を深くした。

　2006年から2010年にかけて、筆者は海外日系エスニック・メディアの送り手調査を行っており、ロサンジェルスでも、当時、日本語ラジオや日本語新聞で活躍していた比嘉氏や当銘氏にメディアの送り手として質問に答えていただいた。本稿では、その折の質問に加えて、それから10年経過した2017年、あらためて所信、所感を述べていただいた。また、2017年1月までOAA会長を務められた國吉氏にも無理をいって、お考えを吐露していただいた。

　特に1990年代以降そのプレゼンスを大きくしてきたロサンジェルスの沖縄系社会の中核的組織を支えた歴代OAA会長3氏に所信や現在の心境等を述べていただくことができたのは本書にとって、まことにありがたいことである。

　ここで、筆者がどういうかたがたとお付き合いしたかを明らかにするために、OAAの近年の会長を見てみよう。

　　　2002〜2004年　3年　比嘉朝儀氏
　　　2005〜2006年　2年　当銘貞夫氏
　　　2007〜2008年　2年　Kenneth Kamiya氏
　　　2009〜2010年　2年　比嘉朝儀氏

2011〜2012年　2年　呉屋君子氏
2013〜2016年　4年　國吉信義氏
2017〜　　　　　　　Eddie Kamiya氏

（注）國吉信義氏は以前にも2年間（1997〜1998年）会長を務めている。

　注目すべきは、OAAの場合15年間のうち13年間を戦後の移住者が占めていることである。彼らは戦前の「移民」とは異なり、いずれも高等教育を受けて、初代にしてミドルクラスとなっている。英語も当然達者で、非日本語使用者が加入しやすいようにOAAの会合も基本的に英語で行っている。いままで見てきたように、ハワイのリーダーたちもエスニック・コミュニティの捉え方やアイデンティティのあり方などに共通点と相違点があった。ハワイのリーダーとは世代が異なるだけで、比較的似たバックグラウンドをもつOAAのリーダーたちはどうであろうか。

　3人の会長経験者の意見に耳を傾ける前に、OAAがどのような規模を要しているか、どのような経緯をたどって今日に至っているか、同会のウェブサイトや日系エスニック・メディアを参照しながら、概略を把握してみたい。

　直近のOAAの活動について、ロサンジェルスの日系新聞『羅府新報』は次のように報じている。

北米沖縄県人会　630人集結しピクニック

　北米沖縄県人会（國吉信義会長）は17日、サウスエルモンテ市のウィティアナロウ・レクリエーションパークで毎年恒例のサマーピクニックを開催した。琉球民謡や舞踊が披露され伝統芸能を楽しむとともに、奨学金の授与式も行われ、若きウチナーンチュの門出を祝福し、会員同士の親睦を深めた。（2016年7月23日付）

三世カミヤ新会長が就任：琉球の芸能文化で盛り上げる

　南加で活動する県人会の中で最大規模を誇る北米沖縄県人会（約1080世帯、約3000会員）は、新年親睦会を15日、モンテベロのクワイエットキャノンで開催し、日系三世のエディー・カミヤ新会長が就任した。琉球民謡

や舞踊、獅子舞、太鼓演奏など郷里の芸能文化を披露し、参加者約550人が新年と新会長をはじめとする新役員の門出を盛大に祝った。(2017年1月28日付)

　これらの記事によって大体1000世帯余り、約3000人の会員を擁しており、南加県人会で最大規模であることがわかる。そしてハワイのオキナワン・コミュニティ同様、新年会や夏のピクニックを催しており、それには500人から600人の参加者があることがわかる。会員の約2割前後が参加するということになる。むろん、年によって増減はあるだろう。そしてその機能として新年会ではOAAの新役員が決定されること、ピクニックでは奨学金の授与などが行われることがわかる。むろん、その余興として伝統芸能が披露される。こうした有様はハワイの新年会やピクニックとよく似ているが、ハワイの場合その主催者が村人会等のローカリティ・クラブであるのに対し、南加の場合県人会であるOAAが主催しているという点が異なる。むろん、コミュニティの規模が異なるので（県人会のレベルではHUOAはOAAの10倍近いと思われる）一概に比較はできないし、南加の場合でも同郷の村や親族単位でイベントを楽しんでいるケースもあるだろう。

2．OAA概略史

　次に、OAAへ至る道程を見てみよう。

　『北米沖縄人史』によれば、1889年、那覇出身河津恵三がカナダのバンクーバーを経てカリフォルニアへ入って以来、少しずつ沖縄県人が米国に入って来ていたという。最初は日本人や中国人が多く住むサンフランシスコおよびその周辺に住む者が多かったようで、1892年約50名の県人が集って北米最初の沖縄県人会ができたという（北米沖縄人史編集委員会, 1981, 50）。

　カリフォルニアの人口分布が大きく変わるのは1906年のサンフランシスコ大地震を契機とする。被災した人をはじめ、多くの人たちが南加を目指した。その中には10数人の沖縄県人も交じっていた。目指した先はロサンジェルスである。いっぽう、メキシコ経由でアメリカに入国した県人もロサンジェルス

を目指した。こうしてロサンゼルスにはサンフランシスコ組とメキシコ組が混在することになった。この両者は差別意識もからんで暫く抗争を続けるが、有力な仲介者が現れて和解、1908 年、南加沖縄県人会を組織する（北米沖縄人史編集委員会，1981，59）。

　これが、今日の OAA の淵源であるということになる。南加沖縄県人会はその後時代に応じて名前を変え、体質も変わり、そして建物も購入した。しかし第二次世界大戦が勃発し大部分の会員は強制立ちのきとなり収容所に抑留され、この団体は自然解消となった。

　戦後、収容所から帰還してロサンゼルス市方面に移住した沖縄系人は自分の生活復興に力を注ぐばかりでなく戦争で被害にあった沖縄県への救援にも当たった。一世は母県沖縄の復興の為に他州とも連絡、復興救援団体を結成し救助活動を行い物質や金銭面で援助をした。1945 年から 1953 年にかけて、沖縄への復興が非常に献身的に行われた。1954 年、この団体は「北米沖縄クラブ」と命名された。さらに、1986 年、「北米沖縄県人会」に改名し沖縄県との絆が深まる時点で、1994 年、再びＯＡＡと改名した（日本語名称は北米沖縄県人会）。

　OAA はその目的として、「会員相互の親睦融和と福祉増進を高め、教育、地域社会そして海外との文化交流を通して沖縄の文化を保存、継承し又、永久に存続する」こととしている（OAA ウェブサイト）[注]。

　次章から、OAA の最近のリーダーのインタビュー記録及びその主張を紹介する。いずれも一家言をお持ちのかたがたである。筆者のコメントは極力排し、生の声を、それぞれの言葉で語っていただこう。

注
　　北米沖縄県人会は英語名を OKINAWA ASSOCIATION OF AMERICA, INC.（OAA）
　　（aka 北米沖縄県人会）と称し、税法 501（c）(3)条に該当する非営利団体である。
　　その事務所を日系人の多いガーデナ市に置いている。
　16500 South Western Avenue, Suite 203, Gardena, CA. 90247
　OAA website: www.oaamensore.org.
　(310)532-1929 Fax: (310)808-9280
　Email: oaacentennial@gmail.com

第14章　北米沖縄県人会の概略　　209

参考文献

北米沖縄人史編集委員会（1981）『北米沖縄人史』北米沖縄クラブ

第15章 比嘉朝儀氏　Chogi Higa

アメリカ南加地域の沖縄系社会の活動家

――アイディアと行動のエスニック・リーダー――

メディアを用いるエスニック・リーダーである比嘉氏へのインタビューは2007年9月7日、ロサンジェルスで行った（写真-14）。その時の聞書きを本書に収録するにあたり補正及び追加調査を依頼したところ快諾を得た（2017年4月22日電子メール着信）。

Ⅰ．2007年調査

1．インタビュー相手　比嘉朝儀氏プロフィール

生年：1940年

出身地：沖縄県中城村

渡米年：1960年

日本における教育：普天間高等学校卒

米国における教育：

イーストロサンジェルス・ジュニア・カレッジ卒（二年）、ウッドベリー商業大学卒（四年）、国際貿易専攻

職業：2001年12月31日に定年退職したが、それまでアルバートソンストア株式会社（従業員33万人のアメリカで最大のスーパーチェーン）に21年間勤務した。

現在関わっているメディア（2007年の時点）：

Team Japanese Station Inc.（24時間日本語放送）、「ハイサイ　ウチナー」（こんにちは沖縄）」担当。

当該メディアの概略　リスナー合計約10000人余。そのメディアで「ハイサイ　ウチナー」を開始した年　2003年10月から。

上記以外で関わってきたメディア：

① RPJ（Radio Pacific Japan）　日本語放送、「ニフェーデービル守礼の邦」

[写真-14] Chogi Higa 比嘉朝議氏（2007年9月7日＠LA 白水撮影）

を担当、沖縄を紹介（2000年4月～2002年11月）。
②北米沖縄県人会のニュースレターへの記事（約1035世帯と沖縄県国際推進課へ配付）。
③南加県人会協議会（加盟41都道府県の現会長と会長歴任者の会）の会報担当（160世帯へ配付）。

コミュニティ活動
北米沖縄県人会元会長 OKINAWA ASSOCIATION OF AMERICA, INC.
南加県人会協議会元会長　Japanese Prefectural Association of Southern California
副会長・理事　日系パイオニアセンター　Japanese Community Pioneer Center
理事・ボランティア　南加日系商工会議所　Japanese Chamber of Commerce of Southern California

2．メディアに関する教育訓練

とくにフォーマルな訓練を受けたことはない。ただ、後述のように芸能一家に生まれたので、幼少時より人前で話すことは慣れていたし好きだった。渡

米後、結果的に自分で訓練したとおもわれるのはつぎのようなケースである。
① 沖縄県人会の恒例のピクニックや新年宴会、バザール、芸能部の発表会、沖縄からの北米親善公演など、いろいろなイベントの司会や文化講演を通して話す楽しさを学んだ。特に沖縄の文化紹介では、ウチナーグチ（沖縄語）を首里の言葉に近い発音にするよう心掛けている。
② ラジオで話すときには相手を立てるために、間の取り方やお互いの声の高さ、そしてバックミュージックの音の高さなどにも気を配っている。また、形容詞をなるべく多く使用し、リスナーの皆さんを魅了することに務めている。
③ 多くのメディア（報道機関）のアナウンサーたちやシンガー＆ライターたちとの接触、触れ合い、交流も自己研鑽に大きく役立っていると思う。

なお、沖縄に帰る時は、琉球放送株式会社のＲＢＣｉラジオの歌謡番組「三田りょうのＲＵＮ　ＲＵＮ　タイム」に、三田りょう歌手と稲嶺香織アナウンサー、具志堅明美ディレクターとともに出演させていただいている。その経験もラジオの番組出演制作のうえで大いに役立っていると思う。さらに、多くのメディア関係者とのボランティアの仕事も大事にしている。

3．メディア活動を始めたきっかけ、理由、または事情

① いつかは沖縄紹介の番組を持ちたいと思っていた矢先に、2000年4月に開局したRadio Pacific Japanから声がかかり、「ニフェーデービル守礼の邦」のタイトルでデビューし、2002年11月まで番組を担当し沖縄を紹介した。
② 2003年10月8日にＴＪＳ24時間日本語放送会社が放送を開始、山川恒平社長の依頼で、私の監修のもと、「ハイサイ　ウチナー」、週2回30分番組を2011年11月末まで担当してきた。ＲＰＪで放送開始以来、今年で11年間が経過し現在に至っている。

4．今日メディア活動にはいるような素地をつくってくれた人、出来事、影響

父は沖縄の歌・三線の指導者でいろんな芸能イベントで地謡（じうた）を担当、兄（吉乃浦朝治・芸名）は沖縄演劇の芝居役者でテレビやラジオに出

演していた。私は父と兄の芸能生活を見て育った。抵抗なく自然にメディアの世界に入ることが出来たことは、父と兄の影響が大きかったと思う。

　私の次男のB.H.はカリフォルニア州立大学ロサンゼルス校でジャーナリズムを専攻し、卒業後はフリーランスとして、アメリカの雑誌などに記事を掲載している。また、ロサンゼルスの都市計画のために姿を消していく地域をフィルムに納めＬＡ博物館で6ヶ月間上映したこともある。ほかに本も執筆しアメリカの本屋で売られている。こうした息子の活動を見ると我が家の血を感じることがある。

5．メディアを通して最も伝えたいこと

　ローカル・コミュニティの活性化と発展のために、諸イベントの紹介や、琉球の歴史や文化、芸能やウチナーグチ（沖縄語）なども継続して放送し、更に、文化講演も続けて行く予定である。

　文化講演：　第1回文化講演　「琉球の歴史101」、中学生、大学生、一般の大人約100人を対象に「琉球の独自性」のタイトルで、2006年に行った。第2回目は出身地の中城中学校で三年生197名を対象にアメリカの文化、移住者の歴史、カリフォルニアの日系人、ウチナーンチュなどについて語った（2006年10月18日）。第3回目は日本人学校あさひ学園オレンジ校で「沖縄戦と世界平和」と題して2007年3月10日に。第4回目は南カリフォルニア地域の仏教会ダーマ教師連盟の招きでサンデースクールティチャー約60人を対象に「琉球の歴史、沖縄語」について行なった（2007年3月24日）。

　今後も、リスナーの要望に応えて、ラジオ放送、文化講演を行う予定。メディアを通して沖縄に対する理解と沖縄のイメージアップ、そして次世代を担う若者の育成に役立てば幸いである。

6．その他の活動

1）第3回世界のウチナーンチュ大会で開催された「語やびらうちなぁぐち大会」に出演し、シマクトゥバが芸能に大きく役立っていることを強調した（2001年11月3日）。
2）第6回世界のウチナーンチュ大会の「シマクトゥバ世界大会」に出演し、

しまくとぅばの関心を高め、沖縄文化を世界にアピールした（2016年10月28日）。
3）同じく第6回世界のウチナーンチュ大会で、琉球大学、沖縄県立芸術大学、名桜大学の共催で催された「世界のウチナーンチュ～しまくとぅばの現状と課題」にパネリストとして出演した（2016年10月29日）。
4）同大会のクロージングセレモニーでOTVのベテラン前原信一アナウンサー、米吉奈々子アナウンサーと共に実況放送に出演した。

7．メディア活動のなかで感じること

① 積極的な側面（嬉しいこと、充実感をおぼえることなど）
　リスナーの皆さんからの評価や批判の電話・手紙があるときや、プログラムのリサーチや放送が終了した時など、嬉しさや充実感をおぼえる。
② どちらかといえば辛いこと、思うようにならないこと、不安になることなど：
　次の放送日も近づいているのに、トピックがまだ定まらないときは不安になることが多い。話すトピックの選択は流す音楽の選択にも影響するので非常に大事である。トピックが決まった時点からリサーチがはじまる。また放送中は、限られた時間内で終了しなければならないので、いつも時間を気にしている。時間との戦いだといってよい。

8．メディアに関わってきて感じること

　ラジオ放送に関わって今年で11年になる。沖縄の歴史、文化、沖縄語、伝統芸能や、各県人会や南加県人会協議会、日系社会の諸行事や活動などを放送してきた。インタビューやリサーチのために、いろいろな分野の人たちと接する機会を得て、多種多様なことを学ぶことができ、自己研鑽にも大きく役立っていると思う。また人脈がふえたことは私の人的財産だと考えている。メディアを通してローカル・コミュニティや日系社会の活性化や発展の一助ともなれば幸いである。今後も健康に留意しながらメディア活動を継続していきたいと思っている。

Ⅱ. 2017年調査　所信、現在の心境など

　2017年4月、比嘉氏に追加の質問をさせていただいた。以下はそれへの文書による回答（2017年4月22日、電子メール着信）である。

1．県人会の活動を通して最も伝えたかったこと。活動の目的など

　沖縄県人会も他の38県人会も多くの先達たちが今まで時間をかけて土台を築いてくれたから今日まで続いているのです。それを維持して少しでも大きくしようという気持ちが大切です。沖縄県人会の現在の会員には五世もいて、日本語がわからない人が増えています。沖縄県人会は英語を公用語として会を運営し、会員も増加しています。何百人かいる一世のために、日本語の記事もニュースレターに掲載しています。少数を無視するのではなく、お互いに尊敬しながら時代にマッチした県人会活動をしていくことが組織を継続していくための秘訣だと考えます。

　代表的な庶民料理にゴーヤーチャンプルーがありますが、〝チャンプルー〟とは、ミックスする即ち〝かき混ぜる〟という意味です。沖縄文化は中国・朝鮮や東南アジア、大和（日本）の文化がミックスされて編み出されてきました。先祖から伝わってきた伝統文化を大事にしながら、新しい文化の良い部分も取り入れて、新しい文化を編み出すことも大事です。

　文化と同様に、県人会も他の日系団体も先人たちが残してくれた偉大な日本文化遺産を正しく守り、時代に逆らうことなく、その時代に合った活動をすることで次世代への継承に繋げていって欲しい。結びに、「故キヲ温ネテ新シキオ知る」即ち、古典や伝統の中から新しい価値や意義を発見し県人会活動に役立てることを望んでやみません。

2．海外に住むウチナーンチュとして思うこと

　北米沖縄県人会には、25の芸能研究所で構成されている「芸能部」の芸能活動があり隔年毎に「謡やびら踊やびら＝歌いましょう、踊りましょう」をテーマとして沖縄舞踊と民謡の公演が行われている。21世紀の今日、ロサンゼルスと沖縄の距離は短く、沖縄舞踊と民謡を見る観客の目も肥えており、郷土芸

能にふるさとの懐かしさを求めるだけでなく、芸としてのレベルの高い舞台を鑑賞したいという人が増えていることは確かである。沖縄県立芸術大学に芸を習得するために、一年間の短期留学をする若者が増えていることは、将来に希望が持てると言える。一年間の本場での修業によって、海外で育ったパフォーマーたちの芸は、確かに技術的に成長して、芸の基礎といえるものができる。しかし、これは至芸に近づく第一歩を踏み出したにすぎない。

　沖縄芸能で使用される歌・三線はすべてウチナーグチ（沖縄語）で表現されているため、沖縄語を理解してはじめて芸に〝思い入れ〟を入れることができ、至芸に一歩一歩近づくことができると思う。沖縄でも若者がウチナーグチを話さなくなっており、またロサンゼルスの県人会でもウチナーグチを話す一世が亡くなっていくのを見ていて、ふるさとの言葉を後世へ残す必要性を痛感している。

　このままでは、本当にウチナーグチが沖縄や海外の県人会や沖縄コミュニティーから消えていくのではと、危惧している。言葉は一度失ったら二度と戻ってこない。絶やしてはいけない。

　世界に散在するウチナーンチュが、もっとシマクトゥバを大切にし、お互いに言葉を通して連携を強化していくことが、これからの海外に住むウチナーンチュのやるべきことではないかと思う。そして県人会は沖縄文化に興味のある人たちの集合体であり、その組織を次世代に継承していくことが現在、活躍している会員の任務であり、債務であると考えます。

3．これからの世代に願うこと

　沖縄は、もともと琉球王国とよばれる独立国であった。1609 年に薩摩藩が琉球に侵攻し、琉球を弾圧しました。1879 年（明治 13 年）4 月 4 日に、明治政府によって琉球藩が廃せられて、沖縄県が置かれる廃藩置県が行われ、琉球藩から沖縄県へ生まれ変わります。これは琉球処分とも呼ばれています。沖縄語も廃止され、日本語教育に変わって来ました。それでも文化の独自性は、日本とは異なる部分が現在でも残っています。ハワイでの日系移民の歴史のなかでも、沖縄出身者は日本語が話せない野蛮人だと差別された時代もあったとのことです。

わたくしが子供のころ、学校でウチナーグチを使うと、「方言札」というのを首にぶら下げられ、教室に授業が終わるまで立たされました。わたくしがウチナーグチ講座をラジオで2002年に始めたころは、県人会の先輩諸兄のなかに、「恥ずかしいからやめてくれ」という声がありました。自分たちの言葉や文化を恥じなければならない辛い歴史が沖縄にはあったんです。わたしは、「沖縄文化の基礎をなす沖縄語は恥じるのではなく、世界に誇るべきものだ」と次世代を担っていく若者たちに、今まで通り伝えて行くつもりです。そして彼らがウチナーグチを次の世代へと継承していくことを願ってやみません。
　むすびに、これからの世代への贈り物としての提言を記しておきたい、「一度きめたことは何があっても徹底的に続けること。そして、これだと思ったことは、徹底してやれ。途中で絶対に放り出すな。一旦始めたら、何があっても最後までやり通せ。そして忍耐強く続けていけば、必ずいつか成功に繋がる」と、わたくしは信じて今日まで生きてきました。

4．その他（例えば、日本と沖縄との関係についての所感など）

(1) 沖縄は、1972年5月15日に日本への復帰を果たしものの、依然として米軍の基地の問題や、基地周辺での米兵による犯罪が多発し、日本政府ともギクシャクしている現状である。日本にある米国の軍事基地の74パーセントが小さい島、沖縄に集中していることは確かである。基地の縮小や米兵による犯罪を無くし、さらには基地の負担過重を減少しない限り、反米日感情はおさまらないし、沖縄の戦後は終わらない。

(2) 沖縄の歴史を振り返ってみますと、1609年に薩摩が琉球に侵攻し占領され、琉球王国は薩摩の支配下に置かれ、彼らの監視のもとで生活をしなければならなかった悲惨な時代があった。

　現在の沖縄を見た場合、那覇市の奇跡の1マイルの国際通りに立ち並ぶ多くの商店のオーナーは本土出身者で占められている。沖縄料理店、民謡クラブ、カラオケボックス、土産品店など、また、琉球バス株式会社、沖縄バス株式会社、タクシー株式会社などはオーナーの福岡産業のマークがついている。さらにはゴルフ場の経営者は熊本オーシャン・キャッスルゴルフコース株式会社である。今の沖縄の本土からの企業の進出状況は、1609年の薩摩藩

の琉球への侵攻に似ているのではないかと思う。現在の沖縄の個人所得は日本全国で最下位で、その次に鹿児島である。教育レベルも全国で最も低い。さらには離婚率も全国一と統計に出ています。

　これらの日本と沖縄との関係を是正するには、沖縄住民の知識の開発をなす教育のレベルアップが最優先課題であると思う。

(3) 明治期の佐賀と沖縄の良好な関係を未来へ繋いで行こう。

　1979年の廃藩置県に際し、佐賀の旧鹿島藩主になるべき人物であつた鍋島直彬は旧鹿島藩士30名余とともに沖縄に渡り、初代沖縄県令に政府の命令で赴任しました。県政上の最優先課題として、沖縄住民の教育を上げ、17の小学校、中学校、師範学校を建て、教師は佐賀市の蓮池町出身者を呼び寄せた。明治期に100人以上の佐賀出身者が沖縄県庁に勤めていたと県庁職員録に記載されているそうです。

　現在、佐賀県出身の男子学生が琉球大学にも在籍しており、沖縄出身の女子学生が佐賀県の高等学校に通っています。このように次世代を担う若者が過去の良好な関係を〝もちつもたれつ〟の精神で、未来へ向けて繋いでいってもらいたいと願うものです。

(4) 我われ日本人（沖縄の人を含めて）は、どこで暮らそうとも、日本の伝統文化や言語、また精神文化である〝日本の心〟を忘れてはなりません。アメリカに住む日本人は、アメリカナイズされてアメリカ社会に溶け込むのではなく、日本人としてのアイデンティティを持って良きアメリカ市民として、アメリカ社会に同化していけば、なにも恐れるものはありません。私たちの体には日本の血が流れています。〝血は水よりも濃し〟である。

5．表彰関連

　　〈比嘉氏は内外の団体から数々の表彰を受けている。ここでは本書の
　　趣旨にそったもののみを紹介する。〉

◎外務大臣表彰（『羅府新報』2015年10月6日）

　在ロサンゼルス総領事館管轄区域在住者で、北米沖縄県人会顧問の比嘉朝儀氏への外務大臣表彰式が9月25日、ハンコックパーク地区にある在ロサンゼルス日本国総領事公邸で行われた。日系社会における日本語教育と日本文化の

継承と発展に貢献したことが認められ、堀之内秀久・在ロサンゼルス日本国総領事から表彰状が手渡され、同席した家族や日系社会の代表者らから祝福を受けた。

◎総領事表彰（『羅府新報』2013年12月4日）

　在ロサンゼルス日本総領事館は、日本語学校「羅府上町第二学園」の元理事長で、沖縄民間大使と沖縄語講師としても活躍する比嘉朝儀さんに対する総領事表彰を11月26日、総領事公邸で行った。比嘉さんは、日本文化および沖縄言語を含む沖縄文化の普及と伝承に熱心に取り組み、日本の多文化性を示す重要な役割を果たしたことが認められた。

◎日系パイオニア賞　2013年8月11日

　二世財団は毎年、ロサンゼルス地区の日系コミュニティーはもとより、全米各地で有意義な働きをしている日本人、日系人を二世ウイークのパイオニアとして二世週祭日本祭りで表彰している。今年は比嘉朝儀氏が栄誉のパイオニアに輝いた。

◎功労賞　2011年10月11日

　第5回世界のウチナーンチュ大会に於いて、「長年にわたり在住沖縄県出身者及び日本国との友好親善に寄与し、さらには、その子弟の社会的地位向上と県人社会の発展に尽力された個人に贈られる功労賞」が仲井眞沖縄県知事より比嘉朝儀氏に贈呈された。

◎日系スピリット賞　2010年1月24日

　南カリフォルニア日系社会の中枢団体である南加日系商工会議所は、「日系社会の発展に多大な貢献をした個人に贈られる日系パイオニア賞」を比嘉朝儀氏に贈呈した。

◎功労賞　2005年11月26日

　野村流古典音楽保存会・沖縄本部は当会北米支部の書記や支部長を勤めた比嘉朝儀氏に、「30年余にわたり会員の指導育成並びに会員拡大に寄与し、アメリカの地域社会への古典音楽の普及発展に尽力された」と、創立50周年式典で表彰した（その他、他団体から2017年4月現在までに63の表彰状が贈呈された）。

◎功労賞　カリフォルニア州政府知事　2006年8月15日

　1970年以来、理事、諸役員及び会長として沖縄コミュニティの発展への多

大な貢献に対して。

〈その他、アメリカ政府、加州政府、加州各市からも膨大な数の表彰を比嘉氏は受けている。このことからわかることは、氏がオキナワン・コミュニティを対象とするエスニック・リーダーであるだけでなく、広くホスト社会の文化や福祉の改革にも寄与する変容エージェントであるということである。〉

第16章 アメリカ南加地域の沖縄系社会の活動家

当銘貞夫氏　Sadao Tome

――生涯現役エスニック・ジャーナリスト――

　メディアを用いるエスニック・リーダーである当銘氏へのインタビューは2007年9月9日、ロサンジェルスで行った。本書には収録するにあたり補正及び追加調査を依頼したところ快諾を得た（2017年4月16日電子メール着信）。

Ⅰ．2007年調査

1．インタビュー相手　当銘貞夫氏　プロフィール

生年：1941年

出身地：沖縄県本部町

渡米年：1969年

日本における教育：短大卒（東京）

米国における教育：Glendale College（2年）Cal. State University 4年中退

現職：琉球新報アメリカ通信員

元職：ストア・オーナー

現在関わっているメディア：琉球新報（那覇市）、羅府新報（ロサンジェルス）

　当該メディアの概略　そのメディアの発行部数　琉球新報：25万部、羅府新報：2万部（公称）。ちなみに、羅府新報は1903年創刊の在米日本語新聞の雄である。大判日刊（日英両語）。これらメディアに関わった年：琉球新報は1990年代後半、羅府新報は1990年代前半から。

　なお、現在、日本ペンクラブ会員

コミュニティ活動

　北米沖縄県人会（OKINAWA ASSOCIATION OF AMERICA, INC.）元会長（2005-2006年）

　南加県人会協議会（Japanese Prefectural Association of Southern

California) 元会長

2．メディアに関する教育訓練
① 日本の大学教授の通信教育で文章の添削
② 飯沼信子（日本ペンクラブ会員、野口英世の妻などの著者）に学ぶ。

3．メディア活動を始めたきっかけ、理由、または事情
　小さい頃からジャーナリストになりたかった。アメリカの大学での専攻はジャーナリズムにした。大学のアドバイザーは外国人がジャーナリズムを専攻しても雇ってくれるところはないから会計や経営などにしたらどうか、と言ってくれたが、憧れが強かったので曲げなかった。結局ジャーナリズム界に入れなかったのでガーデニングの仕事をしながら、日本語メディアに入れる機会を待った。なお、メディア活動にはいるような影響をあたえてくれた人はいない。

4．メディアを通して最も伝えたいこと
① ロサンゼルス方面のウチナーンチュの活躍情報の提供
② アメリカで経験したユニークな出来事の情報発信（コラムの執筆）

5．メディア活動のなかで感じること
①嬉しいこと、充実感をおぼえることなど
いろいろな人に会って情報を得る、人間関係が豊富になる。苦労して得た情報が入手でき、それが大きく掲載されたとき。
②辛いこと、思うようにならないこと、不安になることなど
記事になるソースが多すぎてどちらを優先しなければならないかを決定しなければならないとき。

6．メディアに関わってきて感じること
　私は出来るだけ若い世代の研究者の記事を主に対象にしていくようにしている。積極的なアプローチを試み、いい記事が出来掲載されたときの喜びは

ひとしおである。おかげで自分の年齢よりずっと若い気持ちを保持できるようになったと思う。若い世代の友人が沢山いるのが嬉しいことである。プライバシーは厳守するということである、そのためには私は必ず記事掲載前に本人に確認をとっている。

Ⅱ．2017年調査　所信、現在の心境など

　2017年4月、当銘氏に追加の質問をさせていただいた。以下はそれへの文書による回答（2017年4月16日、電子メール着信）である。

１．県人会の活動を通して最も伝えたかったこと。活動の目的など
　海外に移住して同じアイデンティティーを持つもの同士励まし合って生きていきたい。

２．現在の心境
　①　海外に住むウチナーンチュとして思うこと。
　　人間はもともと孤独で生きることはできない存在。文化・芸能の共有をすることによって明日への励ましとなるのだろう。
　②　これからの世代に願うこと。
　　現代にまで継続されていることなのだが、沖縄県人会を中心として、母県とも連絡を密にしてウチナーンチュとしての誇りを堅持してほしい。
　③　その他（例えば、日本と沖縄との関係についての所感など）。
　　日本政府は沖縄にだけ米軍基地を強いることをしないで、他府県にも基地負担を同様にシェアーできるよう配慮すべき、と考える。

第17章 國吉信義氏　Shingi Kuniyoshi

アメリカ南加地域の沖縄系社会の活動家

——科学者エスニック・リーダー——

博士号をもつ理系のエスニック・リーダーである國吉氏へは2017年4月、電子メールによって回答を依頼した。筆者の調査意図等について詳しく説明した結果、調査に応じていただいた（2017年5月1日、および5月12日電子メール着信）。

Ⅰ．國吉信義氏プロフィール

生年：1936年
出身地：那覇市
渡米年：1962年
日本における教育：小、中、高校、大学教育
米国における教育：UCLA 大学院修了（博士号取得）
職歴：琉球政府、米国エンジニア会社、米国連邦政府（1976-2007）
コミュニティ活動
　北米沖縄県人会（OKINAWA ASSOCIATION OF AMERICA, INC.）会長（1997-1998、2013-2016、計6年）、理事のほか渉外、会報、奨学資金、歴史、100周年記念祭などの委員を歴任。

Ⅱ．県人会の活動を通して最も伝えたかったこと。活動の目的など

　活動の目的は会の憲章や会則に掲げているミッションを遂行すること。すなわち、会員の親睦と相互扶助、沖縄文化の継承と普及、文化活動を通して地域社会へ貢献すること。会員に最も伝えたかったこと：県人会活動を通してユニークな沖縄文化を体験する、人生を豊かにする、社会の多様性に貢献する。

Ⅲ．所信、現在の心境など

1．ご自分を Japanese American ではなく Okinawan American であると思う理由 and/or その経緯

　私は Japanese とか Okinawan というより American という意識が強い。西欧人と日本人（沖縄人）とは決定的な違いがある。ヨーロッパでは 16 世紀から啓蒙運動（Enlightenment）が起こって理性で物事を判断するようになった（ルソーやデカルトやスピノザたちがリーダーだった）。日本では明治になってから、西欧の考えが入ってきた。Democracy, Equality, Liberty, Human Rights というコンセプトがなかった。明治の人たちは民主主義、平等、自由、人権など新しい日本語をつくって西欧の考えを取り入れた。日本人は万葉の時代から感情や感傷を重んじる。理性的に議論する習慣がなかった。物事の善悪を判断する絶対的な基準もなかった。相対的になる。同じ行為でもよい時も悪い時もある。現代はグローバル時代といわれている。理性的な考えを持たないと西欧人とコミュニケーションできなくなる。

　私は沖縄で生まれ、日本でも教育を受けたが、日本本土で就職して社会生活を経験したことはない。私は沖縄がアメリカ統治の頃、民政府（US Civil Administration of the Ryukyu Islands）のパスポートで留学目的で渡米した。学校でも「君は琉球」と日本人やカナダ人と区別された。日本のことをよく知っていないので "I am Japanese" といいにくかった。日本の競争社会、出世、学歴、利潤優先社会にはなじめない。Japanese American という英語は定着している。相当する "日系" という日本語もある。Okinawan American という言葉は聞きなれないが、Japanese と区別するため、あえて使うようにしている。あと 50 年もすれば、圧倒的な日本文化に吸収されて、沖縄の「色」は薄くなっていくでしょう。

2．これからの世代に願うこと

　これからの世代とはロスに住んでいる県人会員の子弟のことでしょうか。現代は忙しく、いろんなイベントやプログラムがあって時間の配分に苦労します。アメリカ本国で沖縄の文化を組織として本格的に維持普及しているのは県人会

だけだから、県人会にきて沖縄文化を経験してほしいです。それだけ、人生が豊かになり、社会の見方も違ってくるでしょう。

3．日本と沖縄との関係の現状についての率直な感想もしくはご意見

　歴史的な経緯があって現状がある。歴史を無視して現状は語れない。薩摩の侵略、明治の強制併合、太平洋戦の捨て石作戦、戦後の沖縄切り捨て、27年間の米軍支配、現在の基地の過重負担などは事実です。しかし、被害者意識だけでは進歩はない。日本国もアメリカ軍も沖縄のインフラ整備、経済援助、教育文化奨励などよいこともした。沖縄県民は日本国民として日本国憲法の下で生きている。憲法で保障されている基本的人権や平等は沖縄にも通用する。米軍基地の過重負担はどう見ても、不公平です。抑止力や北朝鮮の問題ではない。人権の問題です。日沖関係を考えるとき、いつも怒りに思うのは日本国民の無知と教育者の怠慢です。地位協定は日本にも沖縄にも不公平であることを知ること、知らせることが第一です。国民が動くと、政治家や外交官も動く。安保10条には一方が破棄すると言えば、一年以内に破棄できると書いてある。日本人は民主主義の基本から勉強する必要があると思います。

Ⅳ．沖縄県選任の民間大使として

　　〈國吉氏は第6回世界のウチナーンチュ大会（2016年10月27日～30日）において、県選任の民間大使として出席。民間大使会議において以下のような発言をした。國吉氏の了承を得て、紹介する〉

　まず、この会議を企画し、実現させてくださった方々に感謝いたします。
　私は北米県人会の会長です。北米県人会といっても、アメリカ本土にある48の県人会を代表する団体ではありません。私たちはロサンゼルスを中心としたローカルの団体です。ここで述べるのは、私の個人的な意見で、県人会理事を代表する意見ではありません。

テーマ1.「ウチナーネットワークの継承と発展」

　まず、ネットワークとは何か。網の目のように全体がつながっているというイメージをしますが、果たして、世界のウチなーンチュをつなぐ網（ネット）があるのか。私たちの県人会と持続的に交流しているのは一番近くの San Diego 県人会だけです。2時間くらいで行けます。毎年の新年会にお互いに招待し合っています。他の県人会とは飛行機で行く距離です。会報を交換している県人会もあります。県人会の創立20年とか30周年記念の祝賀会に招待されて出席したり、祝辞を記念誌に載せたりします。アメリカの県人会をつないでいる組織はありません。

　県人会は、同郷から来た人たちの親睦や相互扶助を目的に自然発生的にできました。私たちの県人会は100年以上の歴史がありますが、今でも会員同士の親睦は県人会の大きな役割です。1990年代初期に非営利社会奉仕団体としてカルフォルニア州と連邦政府に登録したので、親睦以外での活動を重視しています。沖縄文化を継承・普及し地域会社へ奉仕するとか、沖縄の歴史や文化を地域の人たちに教えることも私たちのミッションです。現在、1080の所帯が会員として県人会に登録しています。大世帯ですから、行事やイベントが多く、その準備のためのミーティングも毎週あります。それで、私たちの行事や事務に追われて、他県人会との直接の交流はあまりありません。

　ロサンゼルスには県人会協議会とか日商とか日本文化協会とかの市民団体がいくつもあって私たちと常時交流しています。アメリカ本土で県人会事務所をもって従業員を雇っているのは私たちだけです。それで、他の県人会や沖縄の団体や個人からの問い合わせの対応もします。県庁の交流推進課と人材育成交流財団とは、県人子弟留学プログラムやジュニアスタディツアーなどで毎年公式に交際しています。今年になって、ウチナーンチュ大会事務局と密接に交流するようになっています。

　さて、「継承し発展させたいウチナーネットワーク」とは何か。今や、インターネットの普及で、個人やグループが世界中の人たちと自由に交信できる時代です。県人会はローカルから飛びぬけて、世界と直接つながれます。世界のニュースをどこにいても知ることができます。メールで即座に誰とも交信できます。個人単位で情報を入手、発信できる時代です。ウチナーネットワークといって

も、組織としてつながっているのではなく、沖縄に興味のある人たちのルーズな集まりと見ています。

　北米県人会はインターネットを使って、会員やメディアへイベントの情報を知らせています。とくに、Facebookのサイトを数日おきに更新しており、このサイトには常時1300名の人がアクセスしています。新聞に広告を出さなくても、Facebookで知らせたら、イベントに人が集まります。

　しかし、インターネットはヴァーチャルの世界で現実とは違います。この大会のように、ウチナーンチュが集まって顔を見て話し合うのがリアルの世界です。お互いに理解し合うには、インターネットと実際に会って話し会うこと両方が必要です。

　問題は何が私たちウチナーンチュを結び付けているのか。ただ、沖縄の家族、友人、食べ物、芸能、観光だけか。「ウチナー」という普遍的な価値があるのか。ウチナーというIdentityはどれほど強いのか、人によって違うと思う。同じ人でも、状況によってIdentityを使い分ける。人は家族、社会、団体などの一員です。アメリカの場合、ウチナーンチュというIdentityのほか、米国民としてのIdentityも持っています。アメリカは理想を追及する国です。沖縄のウチナーンチュとは違います。私はOkinawan Americanとよんでいます。沖縄の人たちが思っているほど、私たちは沖縄を理解していません。私たちは，アメリカ人として、アメリカの普遍的価値観をもって生きています。アメリカ生まれの人はI am Americanといいます。

　前大会の最終日に仲井眞前知事は「皆さんは沖縄の宝です」「万国津梁基金をつくって、千名単位で外国と沖縄の交換留学制度をつくる」とおっしゃって、私たちを興奮させました。ウチナーンチュ大会で興奮して騒ぐのもよいが、感情だけでは継続しない。理性的に普遍的な沖縄の価値を見つけたいです。

テーマ2．沖縄のソフトパワー（文化、自然、伝統、歴史、言語など）をどう発信するか

　沖縄のソフトパワーとは沖縄の芸能とか自然美をいうのでしょうか。確かに沖縄には人を感動させる文化や自然があります。感動は力となって人を動かします。北米県人会の芸能部には20の舞踊、三線、太鼓、エイサー隊などの研

究所や道場が所属しています。沖縄芸能は言葉や人種の壁を越えて人々を引き付ける。沖縄芸能が好きで県人会に入ってくる若者もいる。芸能部は二年に一度、500名入りの劇場で公演を行います。これは会員だけでなく、コミュニティーの人たちにも人気があります。県人会の各種のイベント、新年会、ピクニック、バザー、敬老会などにも芸能はつきものです。県人会のイベントだけでなく、コミュニティーのイベントにも芸能部は積極的に参加しています。日系最大の夏祭り「二世ウィーク」のパレードに参加したり、カーニバルや盆踊りに出て沖縄芸能を披露しています。

　今年（2016年）5月に翁長知事を隊長としたウチナーンチュ大会PRキャラバン隊がロサンゼルスに来た時、ドジャース球場で琉球国祭り太鼓グループがエイサーを演舞して、大観衆を感動させました。球場の大きなスクリーンには沖縄の観光PRの動画も映しだされた。ドジャースのマネージャーのデーブ・ロバーツ監督は沖縄生まれで、ウチナー民間大使でもある。メッツとの試合前の始球式で知事がキャッチャーのロバーツ監督に第一球を投げた。ドジャース球団と県人会とは友好な関係があるから、これからも毎年オキナワナイトをして、沖縄宣伝をしたらどうでしょうか。

　沖縄のソフトパワーといえばチムグクル、イチャリバチョーデー、スローライフ、長寿県、チャンプルー文化などが考えられる。こんなソフト文化は沖縄内では皆実感しているようだが、沖縄以外でも理解されているでしょうか。アメリカには自由、平等、人権、社会正義、博愛、環境保全など国民共通の価値観がある。歴史や環境からくる違いで、両者の生き方や価値観に溝があるように見える。しかし、両者の間には共通の価値観もあるから、同じ目線で話し合えば、お互いに助け会えると思う。沖縄の人のやさしさや自然を愛する気持ちはどこでも通用する。沖縄の現在の政治問題も正義（Social/Environmental Justice）や人権（Human Rights/Dignity）の立場で議論すれば、アメリカ人も納得する。アメリカに住むウチナーンチュは少数だが、アメリカは多様性（Diversity）を尊ぶ社会だから、沖縄のユニークな文化を紹介してアメリカ社会の多様性に貢献できる。

　ウチナーンチュ大会のように、世界中から人が集まって交流すれば、お互いを理解し、その国や人をもっと知りたくなる。知識が増えると、相手を愛する

ようになる。

テーマ3. 民間大使について

新ウチナー民間大使は2012年に制定されて以来251名が世界から任命されている。しかし、その目的、募集要項、選考方法、定員、任期、義務、現状、恩典、効果などはっきりと理解されていないようだ。県庁は世界のウチナーンチュに説明してほしいです。

特別収録．『五大洲』編集長　金城武男氏への謝辞

金城武男さん、ご苦労さま
——『五大洲』696号でストップ——
國吉信義

毎月楽しみに読んでいる『五大洲』の696号に「本号で『五大洲』は最終号となります。私は94歳になりますからリタイヤメントを楽しみたいと思います。」という金城武男さんのコメントが載っている。やがて700号になるから、お祝いしてあげたいと思っていたところだ。毎月発行しているから、58年間続けたことになる。庭師をしながら、自分一人でニュースを集め、執筆、印刷、発送し続けた。最終号に「『五大洲』の精神は沖縄県民と海外在住の我々うちなーんちゅの血を受けた人達と永遠に結ばれることであります。」と書いてある。金城（かねしろ）さんはこの精神を創刊号から貫いた。今でこそ、ウチナーネットワークとか国際交流など流行語となっているが、インターネットができる以前から金城さんは海外のウチナーンチュの活躍や沖縄のニュースを世界へ発信し続けた。米国内、ハワイ、南米、東京の県人会の会報を取り寄せ、ウチナーンチュの活躍を伝えた。『五大洲』を読めば、世界のウチナーンチュの動向がわかる。愛読者からの私信も載せるから、ウチナーンチュの親しみや連帯感を感じる。

金城さんは几帳面で正義感の強い人です。毎月の新聞に、印刷代、切手代、残金など詳しく会計報告をする。購読料はとらない。切手代を出す人にはどこ

でも送る。A3用紙（42 cm × 28 cm）の裏表をぎっしり字で埋める（レターサイズ8頁分）。寄付は受け取らず、貯まったら国際交流財団に寄付する。10月に＄1000ドル寄付した。これまで、5回合計＄5500を財団へ寄付した。『五大洲』には必ず手書きのコメントがあり、ガリ版時代の雰囲気をもつ。読者の中には手書きでないと読まないという人もいるらしい。上手な字とは言えないが、金城さんのまじめな人柄を感じさせる。金城さんは金武の小学校しか出ていないそうだが、世界情勢に精通した一流の知識人です。政治問題にも意見をだす。時々、英語のコメントもあるが、分かりやすい素晴らしい英文です。たまにはウチナーグチの記事も出す。

　金城さんは1990年前後に北米県人会の会長だった。4、5年前までは奥様も一緒にバザーや新年会などにおいでになっていたが、最近は会のイベントでは見かけない。北米だけでなく、各地の県人会の会報を読んでおり、県人の活躍を『五大洲』で伝えている。金城さんは表彰されるのを嫌う人。奥さんが反対するからという。素晴らしい家庭だと思う。娘はカルフォルニア大学教授、息子二人はエール大学卒で建築家と演劇家として活躍している。

　最終号に「長い年月『五大洲』をサポートして読んで下さった読者皆様に感謝しています。皆さんご元気で頑張ってください。さようなら。金城武男」と書いている。

　武男さん、長い間、本当にご苦労さまでした。どうぞ、リタイアメント生活を楽しんでください。

〈白水　付記〉
筆者はロサンジェルスでは、OAAの元会長の金城武男氏（Takeo Kaneshiro）にもお世話になった（写真-15）。何度も何度も空港まで送り迎えしていただいた。それは、氏が老齢のため車の運転ができなくなるまで続いた。いくら深謝してもしきれないくらいだ。もちろん、ご自宅にも招いていただいた。金城氏は帰米二世で、戦時中は内陸部の強制収容所に収容されていた。筆者が第2回世界のウチナーンチュ大会（1995年）に参加した時、あるセッションで内外のウチナーンチュの代表（パネリスト）たちに向かってとてもユニークな発言をする年

[**写真-15**] Takeo Kaneshiro 金城武男氏（2009年8月27日＠LA 白水撮影）

配の人がいた。「あなたがたは、ウチナーンチュはウチナー魂を持たなければならないというが、これから若い人は世界中の人と付き合っていかなければならないのに、ウチナー、ウチナーとだけいっていればいいのか。ウチナー魂を持ちながら世界でどう生きていくか、ということも考えなければならないのではないか」という意味の発言だった。早速お声をかけてお付き合いが始まった。その時金城氏はすでに70代半ばであったが矍鑠としておられた。氏は世界のウチナーンチュの動向を知らせるべく手書き新聞『五大洲』を60年近く出し続けたという偉大なかたである。氏に会うのもロサンジェルスへ行く楽しみだった。金城氏は近年696号でついに筆を擱いた。その労を多として國吉氏が感動的な文章を書いておられるので、お許しを得て紹介した次第である。

おわりに

　筆者はここ10年ほど、地域コミュニティやエスニック・コミュニティの文化変容を自覚的に目指す人びとを「変容エージェント」と呼び、その活動の実態をフィールドワークによって明らかにしてきた。変容エージェントのエスニック・コミュニティ版が「エスニック・エージェント」であり、中でも一定の追随者、支持者がいる人びとを「エスニック・リーダー」と呼んできた。本書でいう「ウチナーンチュ活動家」とはウチナーンチュのエスニック・エージェントやエスニック・リーダーのことである。

　本書の活動家たちのなかには、何人か、子ども時代から細かく成長の過程を語ってもらったケースがある。これは調査の方法でいえばライフストーリー法にあたるが、無自覚的なウチナーンチュが自覚的なウチナーンチュになるきっかけや、その後のリーダーとしての成長の過程をかなり深く読み取ることができるだろう。

　同じウチナーンチュの活動家といっても、ハワイとロサンジェルスでは自然環境も社会環境も異なるので、仔細に見ればいろいろと違いがあり、それ自体ひとつの研究対象になるが、とりあえず本書の目的はそのエスニック・エージェントとしての志向はどうかという点である。すなわち、かれらは「何を」同胞社会や大社会に広めようとしているのか。変容エージェントは人びとに「アイディア」を伝え、広めることが大きな任務のひとつである。コミュニケーション過程でいえば「メッセージ」である。そのアイディアとは何なのか。彼や彼女は、それをどのように獲得し、どのように広めようとしているのか。筆者が本書で明らかにしたかったことのひとつはエスニック・コミュニティの活動家の「アイディア」とその獲得の過程、実践の実態であった。

　そうした目論見もあって、本書はこれまで発表してきた論考のなかでも、できるだけ本人の生（なま）の声が聞けるものを選んだし、生の声をより多く反映するように、フィールドノートを読み返し、旧作に加筆修正をほどこした。また、書き下ろしの部分もできるだけ本人の言い回しを生かすべく努めた（例えばロサ

ンジェルスのリーダーの章など)。

　そうした本人たちの語りからわかるように、ウチナーンチュ活動家の多くが、人生のある時期に自覚的なウチナーンチュになり、内的・外的な契機からリーダーシップを取るようになっていった。かれらのほとんどが、同胞にもウチナーンチュであることの「自覚」を求め、さらにウチナー文化の「維持・継承」を訴えていた。要するに、エスニック・アイデンティティの確立とエスニック文化の維持・発展を求めていた。つまるところ、これこそがウチナーンチュ活動家の訴えたいこと、広めたいアイディアではないか。こうしたアイディアを筆者はウチナー文化主義と呼ぶ。筆者はこれを敷衍して、より一般的な概念である「民族文化主義」(エスノカルチュラリズム) を提唱してきた。そうすることで一般化、そして理論化への道が開けるからである。なお、ウチナー文化主義や民族文化主義という概念は本書のいわばキーコンセプトなので、本文中で詳しく述べておいた。

　ウチナーンチュ活動家の多くが民族文化主義 (かれらの場合はウチナー文化主義) を標榜しているとして、では、自らのエスニック・アイデンティティをどう説明するのか。この「自己規定」の問題も筆者が関心を抱いてきたところである (白水編『ハワイにおけるアイデンティティ表象』参照)。自分はジャパニーズなのか、それともウチナーンチュ (オキナワン) なのか。この点は本書に登場した活動家だけでもじつに様々な言い方で答えが返ってきている。

　それでも、大きく分類すると、まず、ウチナーンチュもジャパニーズ (日本人) の一部であるとする考え方がある。「ジャパニーズとしてのウチナーンチュ論」である。今日、この考えの人がマジョリティを占めるのではないか。実際、ハワイのHUOAもロサンジェルスのOAAも「組織としては」ジャパニーズとしてのウチナーンチュ論の立場をとっていると思われる。両者とも日系社会全体をカバーする県人会の連合体 (広島県人会や福岡県人会など多数の県人会を傘下におさめる団体) の一員になっていることにもそれが表れている。そして興味深いことに、近年はハワイでもロサンジェルスでもその会長に就任するようになった。ナイチによる差別があった時代には考えられない事態である。それだけ近年はそのプレゼンスの大きさに差が出て来たということであろう (どこに行っても沖縄県人会の活動が目立つのだ)。

いっぽうで、海外のウチナーンチュのあいだで90年代以降増加していると思われるのが「自分はジャパニーズではない、あくまでウチナーンチュである」という自己規定である。本書に登場するリーダーのなかにも何人かこの考えかたの人がいる。この現象の行方にも注目したい。

　ひとりの人間でも、人生の過程でどのようなアイデンティティをもつか変化することも多々みられることである。「母県」沖縄の立場や扱われ方次第ではリーダーの自己規定の変化が起こることも十分考えられる。筆者は日本に住む日本人の一員として、沖縄のあり方について当事者意識をもって臨むべきであると考えている。

　じつは、本書に掲載を予定していながら、紙幅の都合で割愛した部分がある。エージェントやリーダー層ではない人びとへのインタビューの記録である。2012年、カピオラニ公園でのオキナワン・フェスティバルの会場でボランティアに参加している人を中心に40名ほどのウチナーンチュに対し、筆者のゼミ生が非構造化インタビュー（回答欄の多くが自由回答のかたちの質問紙を使用）を実施した。かれらはスノーボールメソッド（芋づる式抽出法）を用いてインタビュー相手を求めたが、その中にふたり、著名なリーダーが含まれていた。かれらについては、特に取り出して、本書に収めている（第9章のジョイスと第11章のロドニー）。こられの章を見るとわかるように、ウチナーンチュ・スピリットや自己規定についても問うている。この興味深い調査結果については、下記の紀要（駒澤大学GMS学部発行）に発表することになっている。本書との姉妹編であるこの論考に関心のあるかたはメールにてご連絡いただければ幸いである。　shiramizus@gmail.com

　白水繁彦著「ウチナーンチュ・ボランティアの意識と民族文化主義」『Journal of Global Media Studies』2018年、Vol.22 （2018年9月には発行される予定である）。

　ここで、本書所収の論考の初出を示しておこう。これまでもしばしば言及したように、旧作の事実誤認を改め、新しいデータを加えるなど、いずれも大幅にリニューアルした。

　各章のタイトルは旧題である。

総論　書き下ろし

第1章「ハワイのウチナーンチュと沖縄：持ちつ持たれつの関係」『琉球新報』連載（2006年4月27日〜6月15日）を加筆修正

第2章「エスニック文化主義をめざして：オキナワンの覚醒運動」白水著『エスニック文化の社会学』（日本評論社、1998年）を大幅に加除修正

第3章「変容エージェントによる文化の創出：ハワイ沖縄系コミュニティにおける事例研究〜」白水編『移動する人びと、変容する文化』（御茶の水書房、2008年）を加筆修正

第4章「エスニック文化とエスニック・アイデンティティの世代間継承：ハワイ沖縄系コミュニティにおける事例研究」『移民研究年報』（第10号、2004年）を大幅に加除修正

第5章「ウチナンチュ・スピリットのゆくえ：エスニシティで繋がる世界」『コミュニケーション科学』（東京経済大学　24号、2006年3月）を加筆修正

第6章　書き下ろし

第7章　書き下ろし

第8章「エスニック・ジャーナリストの誕生：ハワイ沖縄系社会におけるビデオ制作者のメディアグラフィー」『成城文藝』（240号、2017年6月）に大幅加筆

第9章　書き下ろし

第10章「ハワイ日系英語新聞の送り手：日系「ネオネイディブ」世代向け新聞 Hawaii Herald をめぐって」（『エスニック・メディア研究』明石書店、2004年）を大幅に修正

第11章　書き下ろし

第12章　書き下ろし

第13章　書き下ろし

第14章　書き下ろし

第15章「コミュニティ・ジャーナリストの志向と役割：ディアスポラ変容エージェントのメディアグラフィー」『ソシオロジスト』（武蔵社会学会、No.10、2008年）を大幅に加筆修正

第16章　同上

第17章　書き下ろし

謝辞
Acknowledgements for Interviewees and informants

ハワイで40年、北米で20年以上におよぶフィールドワークの過程で、数え切れないほどの人びとに出会い、お世話になりました。ほんとうにありがたく存じております。そのかたがた全員のお名前を記して御礼を述べるべきですが、紙幅の都合でそれも叶いません。ここには、インタビューに応えてくださったかた、何度もご教示くださったかた、長い間親切にお付き合いくださったかたがたのお名前を記させていただきます。なかには鬼籍に入ったかたもおられますが、生前のご厚意に深謝し、区別しないで認めさせていただきます。

This book was made possible with the generous cooperation and patience of people especially who gave me and my students the opportunities to interview with and supported for long time, to whom I express my sincere appreciation.

Those who are interested in my work, please refer the following essay.

Shigehiko Shiramizu "The Creation of Ethnicity: Hawaii's Okinawan Community", in '*Japan Social Innovation Journal*', 2013. Vol.3, No.1.

Oahu

June Arakawa, George Bartels Jr., Joyce Chinen, Karleen Chinen, Sandra Chong, Ann Kondo Corum, Ellen Higa, Larry and Margaret Higa, Takejiro Higa, Will Hokama, Carole Hayashino, James Iha, Donna Isara, Henry and Evelyn Isara, Eugene Kaneshiro, Roy Kaneshiro, Barbara Kawakami, Yukiko Kimura, Rodney Kohagura, Edward Kuba, Barbara Kuba, Masaji Marumoto, Gary Mijo, Wayne Miyahira, Albert Doc Miyasato, Bonnie Miyashiro, Grant Sandaa Murata, Tsuruko Ohye, Akira and Jane Sakima, Jane Serikaku, Betty Shimabukuro, Stanley Takamine, Howard Takara, George Tamashiro, Shari Tamashiro, Chokatsu and Tomoko Tamayose, John Tasato, Dexter Teruya,

Ella Teruya, James Toyama, Amy Oyakawa Tsuru, Paul and Misa Uehara, Wesley Ueunten, Maurice Yamasato, Yoshiko Yamauchi.

Stanley and Chris Higa, Robert and Betsy Miyahira, Pat and Nona Miyashiro, Larry and Alice Morisako, Carl and Jane Nakamura, Sandy Nishimoto, Tom and Wilma Ogimi, Tom Tasato, Roberta Umeno.

Maui

Mike Hondo, Janet Miyahira, Henry and Betty Yamashiro, Roy Yonahara.

LA

Chogi Higa, Takeo Kaneshiro, Shingi Kuniyoshi, Helene Shimane, Sadao Tome, Shigeko Yamauchi.

Japanese Media

Kazuo Nakamine（仲嶺和男氏）, Kei Suzuki（鈴木啓氏）, Jack Tasaka（田坂養民氏）, Keiko Ura（宇良啓子氏）, Reizo Watanabe（渡辺礼三氏）, Paul Yempuku（円福昭道氏）.

University of Hawaii, Manoa

Calvin Endo, George Ikeda, Kiyoshi Ikeda, Gerald Kato, Roberto Masui（松井正人氏）, Franklin Odo.

沖縄

石川友紀氏、大城眞幸氏、高山朝光氏、前原信一氏、真喜屋明氏、山城興勝氏

ハワイ調査の仲間

桑江友博氏、佐藤万里江氏、城田愛氏、中野克彦氏、野入直美氏、山下靖子氏、李里花氏

一緒にフィールドワークに従事してくれた武蔵大学、駒澤大学のゼミ生諸君、そしてかれらとともに学び、かれらを啓発してくれた畏友小此木孝史氏

沖縄、ハワイへのきっかけを作ってくれたお二人。1972年3月、筆者を沖縄調査に連れて行ってくれた文化人類学者・野口武徳・元成城大学教授。そして、Graceland University Professor Les Gardner who introduced me to Akira and Jane Sakima in March, 1978.

最後に、田村紀雄・東京経済大学名誉教授。田村博士は筆者をコミュニティ・メディア、日系メディア、海外日系人研究への道に導いてくださった。

　なお、先ごろ出版された、三木健著『空白の移民史――ニューカレドニアと沖縄――』（シネマ沖縄、2017年）は、筆者の蒙を啓いてくれた良書である。ニューカレドニアに移民が行ったのは知っていたが、その沖縄系の子孫がかくも大勢いたとは・・・。三木氏が紹介してくれたおかげで新たな移民の物語にふれることができた。三木氏の労を多としたい。

　この本は、これまで同様、御茶の水書房の全面的なご協力により世に出ることができました。とりわけ編集部の小堺章夫氏にはお世話になりました。小堺氏のチムググルに心からの御礼を申します。

　本書は平成29年度の駒澤大学特別出版助成に選定されました。ご配慮くださった関係諸氏に厚く御礼申し上げます。

大学生活最後の春に
白水繁彦
Shigehiko Shiramizu

人名索引

あ行

アサト，サダオ（Sadao Asato） 102
アラカキ，デニス（Dennis Arakaki） 108
アラカワ，ジューン（June Arakawa 新川ジューン洋子） 22、25、44、90
飯沼信子 223
イゲ，デービッド（David Ige） 124
イサラ，エヴェリン（Evelyn Isara） 126、149
イサラ，ダナ（Donna Isara） 126、140
イサラ，ヘンリー（Henry Isara） 126
イハ，ジミー（James Iha） 187
宇良啓子（Keiko Ura） 90
オオシロ，ケネス（Kenneth Oshiro） 147、149、151
大城眞幸 97
オガワ，バイオレット（Violet Ogawa） 140

か行

カトウ，ジェラルド（Gerald Kato） 166
カネシロ，ジェーン（Jane Kaneshiro） 133
カネシロ，ジーン（Eugine Kaneshiro） 19、63
カネシロ，タケオ（Takeo Kaneshiro 金城武男） 231、232
カネシロ，ロイ（Roy Kaneshiro） 24、60、64、146
カミヤ，エディ（Eddie Kamiya） 207
カミヤ，ケネス（Kenneth Kamiya） 206
カワカミ，バーバラ（Barbara Kawakami） 198
キング，マーティン・ルーサー（Martin Luther King, Jr.） 166
キンジョウ，キヨシ（Kiyoshi Kinjo） 146、149、151
クバ，エド（Edward Kuba） 25、44、76、84、90、**114**、173、146、157
クバ，ボビー（Barbara Kuba） 114
國吉信義（Shingi Kuniyoshi） 207、225
ゴトウ，バロン（Baron Goto） 105
コハグラ，ロドニー（Rodney Kohagura） 177
呉屋君子（Kimiko Goya） 207
コルム，アン・コンドー（Ann Kondo Corum） 70

さ行

サキマ，アキラ（Akira Sakima 佐喜眞彰） 16、23、25、44、89、**96**、156、187
サキマ，ジェーン（Jane Sakima） 96、100、106、107、**110**
シロマ，デレック（Derrich Shiroma） 133

た行

タカミネ，スタンレー（Stanley Takamine） 25、60、64、123
高山朝光 29、97、121
タカラ，ハワード（Howard Takara） 63
タサト，ジョン（John Tasato） 84、90、142

243

タマシロ, シャーリー（Shari Tamashiro）28、**196**
タマシロ, ジョージ（George Tamashiro）28、197
チネン, カーリーン（Karleen Chinen）110、**162**
チネン, ジョイス（Joyce Chinen）157
トウマ, トミー（Tommy Toma）112
当銘貞夫（Sadao Tome）206、222

な行

仲井眞弘多　229
ナカソネ, ボブ（Robert Nakasone）83、91、122、140、157
仲村亀助　99、121
鍋島直彬　219
西銘順二　25、43、108
野口武徳　82

は行

ヒガ, ウォーレン（Warren Higa）130、151、155
ヒガ, エレン（Ellen Higa）113
ヒガ, タケジロウ（Takejiro Higa 比嘉武二郎）102、202
ヒガ, タロウ（Taro Higa 比嘉太郎）20、102
比嘉朝儀（Chogi Higa）206、**211**
ホカマ, アイザック（Issac Hokama）145
ホンド, ジェイソン（Jason Hondo）188
ホンド, マイク（Mike Hondo）181

ま行

前原信一　86、215
真喜屋明　22、**88**、97、99

松岡政保　88、108
ミジョウ, ゲイリー（Gary Mijo）24、40、46、47、146
ミヤヒラ, ウェイン（Wayne Miyahira）51
ムラタ, グラント・サンダー（Grant Sandaa Murata）123、133
モリヤマ, ショウエイ（Shoei Moriyama）147、149、151

や行

ヤマサト, モーリス（Morris Yamasato）118
ヤマシロ, シューエイ（Shuei Yamashiro）20、103
ヤマシロ, ミサ（Misa Yamashiro）103、106
ヨナハラ, ロイ（Roy Yonahara）182、187、193
吉乃浦朝治　213

ら行

リチャーズ, セオドア（Theodore Richards）102
ロバーツ, デーブ（Dave Roberts）230

わ行

ワイヘエ, ジョン（John Waihee Ⅲ）122

事項索引

あ行

アイデンティティ　153、201
アイデンティティ・クライシス（危機）　153
アイデンティティ・プロブレム　145、152
アイヌ　178、180
アーカイブ　134
字（あざ）　143
字人意識（あざじんいしき）　6
アジア・太平洋系アメリカ人　172
足てぃびち（豚足スープ）　37
アメリカ市民権　165
アメリカ人（American）　226
『アロハ年鑑』（ハワイ報知社刊）　155
アンダーギー（サーターアンダーギー）　37、39、66、186
EM 農法　88
石川市（現うるま市）　189
イーストウェスト・センター（東西研究所）　140
イチゴイチエ（一五一会）　190
イチャリバチョーディ　80、109、118、167、200
イデオロギー　162
糸満市人会　200
移民新聞　162
異民族婚（intermarriage）　30、89、128、171
癒しのたべもの　56
インキュベーター（孵化器）　135、203
ウチナーグチ（沖縄語）　36、79、137、165、217
ウチナー性（エスニシティとしての）　8

ウチナーンチュ　2、14、34、59、97
Uchinanchu（HUOA 機関紙）　28、55、69、76、147
ウチナーンチュ・アイデンティティ　201
ウチナーンチュ・アット・ハート　51
ウチナーンチュ活動家　2、235
ウチナーンチュ・コミュニティ　149
ウチナーンチュ・スピリット（精神）　79、159
ウチナーンチュ・ネットワーク　82、228
ウチナーンチュ・ムーブメント　6、92
ウチナー文化主義　4、32、47、50、152、181、195、236
内輪（の文化）　8、36、39、40、65
「海からやってきた豚」　202
うるま会　19
HUOA（ハワイ沖縄連合会 Hawaii United Okinawa Association）　6、21、155、157
英語移行（県人会の公用語の）　131
英語族　130、162
エスニシティ　30
エスニシティ覚醒運動　31
エスニック・アイデンティティ　24、58、116、144、153
エスニック・エージェント　3、4、150、235
エスニック・コミュニティ　3、49
エスニック・ジャーナリスト　3、127、151、163
エスニック・スタディーズ　49、163、164、167
エスニック・マイノリティ　167

エスニック・フード　72
エスニック・フード形成運動　72
Ethnic Food of Hawaii　71
エスニック文化　31
エスニック文化主義　32
エスニック文化の自覚的学習　31
エスニック文化の無自覚的継承　31
エスニック・メディア　3、170、175、206
エスニック・ライフストーリー　126
エスニック・リーダー　3、34、235
エディティング（ビデオの編集作業）　139
エリート　114
遠隔地愛国者　48
おかげさまで　45
小笠原返還　88
沖縄移民90周年（ハワイの）　123
沖縄救済厚生会　21
沖縄キリスト教学院大学　122
沖縄系アメリカ人（Okinawan American）　202、203
沖縄研究センター（ハワイ大学の）　157
沖縄県立看護大学　122
沖縄県立芸術大学　215
沖縄女子短期大学　122
沖縄ハワイ協会　22、29
沖縄ブーム　89
沖縄返還（日本へ）　88
オキナワ料理　55
オキナワン（Okinawan）　34、59、159
オキナワン・アイデンティティ　56、187
Okinawan-at-heart（心はオキナワン）　167
オキナワン・コミュニティ　30
オキナワン・ジュビリー（沖縄文化祭）　63
Okinawan Mix Plate（沖縄文化と料理の本）　69

オキナワン・フェスティバル　14、25、30、36、54
オキナワン・フード（沖縄食）　54、70
オキナワン・ルネサンス　15、107
オハナ（Ohana）　174
オリオンビール　119
オレゴン州立大学　183
オレロ（Olelo パブリックアクセス）　139、151、156
小禄（小禄出身者）　18

か行

海外ウチナーンチュ　62
海外オキナワン（Okinawan Diaspora）　157
戒厳令（ハワイの）　20
華僑　85、87
架橋的変容エージェント　71
架橋的エスニック・エージェント　73
可視的文化（ビジブルな文化）　65
カタヤビラ ウチナーグチ教室　10
カチャーシー　130、146、155
嘉手納　124
カピオラニ公園　25
ガマ（洞窟）　102
空手　88
カリヒ地区（カリヒバレー）　100、103、111、128、151
カルチュラル・ジュビリー（沖縄文化祭）　107
カルチュラル・テント　38、198
カリフォルニア大学バークリー校　115
官約移民　17
基金集め（募金）　41
基地反対運動（米軍の）　124
強制併合　227
ギリシャ祭　145
金武村（町）　14
金武村（町）人会　17

金門クラブ　103
記号的オキナワ・コミュニティ　61
帰属意識　39、58
宜野湾市人会（Ginowan Shijin Kai）　16、38
帰米二世　22、130、155、165、**175**
凝集性　39
強制収容（日系人の）　167、170
グシチャン（具志頭）　128、181、182
クーポン券　63
KCC（カピオラニ・コミュニティ・カレッジ）　196
KZOO（日本語放送局）　90
系図研究会（ハワイ沖縄系図研究会）　142、177、179
クーブイリチー（昆布炒め）　112
ケーブル（テレビ）チャンネル　139
研究所（沖縄芸能の）　140
構造化インタビュー　175
公民権運動　166
公用語（HUOAの）　151
公民権運動　7、23
跨境的ネットワーク　73
国民　150
国立民族学博物館　169
心はウチナーンチュ（Uchinanchu-at-heart）　38
コチンダ（東風平）　128
東風平村人会（東風平町人会）　130、155
国家主義　150
『五大洲』　231
コトヅケ（言付け）　104
駒澤大学（ゼミ生）　157
ゴミ組（ごみ拾い担当）　114
コミュニティ・エージェント　3
コミュニティ・ジャーナリスト　3
ゴーヤーチャンプルー　216
コリア系　120
コリアン祭　145

コンフリクト（アイデンティティの）　153

さ行

サイブラリアン（サイバー・ライブラリアン）　199
桜まつり（日系）　156
サーターアンダーギー（アンダーギー）　37
薩摩侵攻（琉球王国への）　218、227
砂糖プランテーション（砂糖きび耕地）　17、164
サンシン（三線）　92
JET Program　189
自覚的なウチナーンチュ　109
自覚的な学習（文化の）　194、204
シケヤチョーディ　80
市町村人会（同郷団体）　43
実体のあるオキナワ・コミュニティ　61
下染め（理論）　150、**156**
シマクトゥバ　217
シマンチュ　102
社会化　150
社会的機能　39
写真花嫁（写真結婚）　17
ジャーナリスト　163
ジャーナリズム　163
Japanese（ジャパニーズ）　144、159、201
主流言語　162
主流新聞　162
主流メディア　168、170
準拠枠　151
小コミュニティ　62
叙勲（日本政府からの）　109
新年会（新年宴会）　133
水仙まつり（中国系）　156
スタンフォード大学　191

捨て石作戦　227
世界エイサー親善大使　203
世界のウチナーンチュ大会　83、85、144、156
セブンスデー・アドベンチスト教会　104
センサス（国勢調査）　35、145
全米日系人博物館　169
創造された伝統（伝統の創造）　42
相対的優位性　162
ソウルフード（魂のたべもの）　56、68
「祖国」巡礼　48
ソフトパワー（沖縄の）　229

た行

第一次ウチナーンチュ・ムーブメント　15、32、60
第一次オアフ大ストライキ　175
第一次集団　150
大コミュニティ　62
第三次ウチナーンチュ・ムーブメント　28、33、52、60
大社会（larger society）　171
第二次オアフ大ストライキ　175
第二次ウチナーンチュ・ムーブメント　15、32、60、181
第二次集団　150
第二次世界大戦　19
第二のふるさと　101、108
第二のムラ　19
太平洋戦争　20
脱脂粉乳　46
高嶺村人会（現糸満市人会）　200
多文化主義　81
魂のたべもの（ソウルフード）　56
地位協定（日米安保）　227
チバヤビラ　80
チバリヨー　80、118、200
チムグクル（ちむぐくる　胆心）　29、90、92、101、109、118
Chimugukuru（沖縄文化と料理の本）　70
チャンプルー文化　230
通訳兵（日系の）（MIS）　202
創られた伝統　61
でいご会　19
適性語　138
適性国民　96
テルヤ・パビリオン　42
伝承的家庭料理　56、67
伝統の創造（創造された伝統）　42、59、61
同郷団体　17
篤農青年計画　104
トマススクエア　36

な行

ナイチ、ナイチャー（内地人、ヤマトゥンチュ）　17、30、36、59、178
中城中学校　214
ナショナリズム（民族主義）　4
ナショナル・アイデンティティ　153
「夏の家」（なつのや、老舗料亭）　133
那覇市　225
那覇まつり（大綱挽）　47、61、66、136
南加沖縄県人会　209
南加県人会協議会　212
南加日系商工会議所　212
二級市民　166、202、204
日系人（Japanese）　30
日系アメリカ人（Japanese American）　226
日系人部隊（442連隊、第100大隊）　167、169
日系パイオニアセンター　212
ニッチ・マーケッティング　171
「ニフェーデービル守礼の邦」（ラジオ番組）　211、213

日本語（標準語）　137
日本国憲法　227
日本語新聞　20、206
日本語族　131
日本語放送（ラジオ）　20、206
日本復帰（沖縄の）　107、218
日本文化祭（マウイ）　186
日本ペンクラブ　222
人間国宝　80
ヌチドゥタカラ（命は宝）　160
ネイティブ・ハワイアン（先住ハワイアン）　164
ネットワーク（ハブ型、分散型）　87
ノースウェスタン大学　192

は行

「ハイサイ　ウチナー」（ラジオ番組）　211、213
パイナップル生産の父（沖縄の）　105
廃藩置県　217
ハオレ（白人）　97
バブル景気　118
パーランクー　16、112
ハワイアン（先住ハワイアン系）　97
ハワイアン・ルネサンス　61
ハワイ（沖縄）移民80周年　156
ハワイ沖縄センター　14、25、30、**42**、98、117、123、146
Hawaii Okinawa Today（HUOA制作テレビ番組）　126、139、**156**
ハワイ沖縄連合会（HUOA）　21、171
ハワイ沖縄プラザ（HOP）　15、28、44、196、200
ハワイ・コンベンションセンター　36、120
ハワイ州（人口）　36
ハワイ州下院議員　111
ハワイ大学　106、116、158
ハワイ日系人連合協会　171

ハワイ日系文化センター　171
Hawaii Herald　162、169、172
『ハワイ報知』　162
ハワイ報知社　155
半構造的（半構造化）インタビュー　57、163、175
万国津梁基金　229
非エリート　154
BEGIN　190
ピクニック　132
ビッグアイランド（ハワイ島）　129
ビデオ（制作）チーム（HUOAの）　127、138
美東同志会（Bito Doshikai）　158
火の玉リーダーズ　34、39、47、48、181
標準語（theme、HUOA会長の）　22、76、118
広島県　199
ファーム・フェア（ハワイ州農業振興祭）　66
フイ・オ・ラウリマ（Hui O Laulima）　23、25、34、49、**55**、61、66、69、106、107、111、114
フイ・マカアラ　61
フィリピン系　120
Facebook　229
孵化器（インキュベーター）　27、154
福岡（県）　117
複合文化社会　54
豚（種豚）　20、104
豚輸送　104
豚小屋（フール）　20
復興救済活動（沖縄の）　14、21、209
普天間高等学校　211
プライド　201
フリーランス・ライター　168
文化運動推進装置　36、45
分割統治　17、164
文化的適合性　79

文化変容　2
米軍基地　123、202、224、227
米軍支配　227
平和の礎　160
ベトナム戦争　166
辺野古　123
「弁当からミックスプレートへ」（展示）　169
変容エージェント　2、54、58、236
ボーイスカウト　144
方言札　164、218
北米沖縄県人会（OAA）　206
北米沖縄クラブ　209
『北米沖縄人史』　208
ボストン大学　116
ホノウリウリ収容所　196
Honolulu Advertiser　173
Honolulu Star Advertiser　170
Honolulu Star Bulletin　173
ホノルル青年商工会議所　171
ホノルル日本人商工会議所　171
ボランティア　38、62
本質主義（essentialism）　52

ま行

前売りのクーポン券　41
マウイ　165
マウイ沖縄県人会（MOKK）　181
マウイ沖縄文化センター　123、181
マウイ沖縄まつり　186
真栄里地区（旧高嶺村、現糸満市）　199
マッコイパビリオン　25、36
マジョリティ（主流社会）　31
ミドルクラス（中流）　23、81
民間大使（沖縄県選任の）　84、121、227
民族文化主義（エスノカルチュラリズム）　4、31、45、58、80、152、162、180、203、236

ムエー（模合、頼母子講）　16、18
無形の推進装置（沖縄文化発展の）　25、42、59
武蔵大学（ゼミ生）　163
無自覚的ウチナーンチュ　109
無自覚的伝承　204
村人根性（むらびとこんじょう）　6
名桜大学　122、215
メンバークラブ（HUOAの）　38

や行

ヤエセチョウ（八重瀬町）　128、154
ヤギ（搾乳用）　20
ヤギ輸送　100、104
屋号（やごう）　143
ヤーニンジュ　80
屋根ふき職人（ハワイ沖縄センターの）　98
ヤマトゥンチュ（大和人、ナイチ）　16、36
ヤマトグチ（日本語）　79
ヤング・オキナワンズ・オブ・ハワイ（YOH）　46、51、156
ユイマール（結まーる）　80、159、200、203
UOA（沖縄人連合会）　6、21
UCLA（カリフォルニア大学ロサンジェルス校）　225
有形の推進装置（沖縄文化発展の）　28、42、59
呼寄せ一世　22

ら行

ライフストーリー　127、196、235
『羅府新報』　207、222
リクルーター（ボランティアの）　50
リサーチクエスチョン　126
リーダーシップツアー（研修旅行）　24、

46、59、136
琉球王国　92、217
琉球処分　217
琉球新報賞　110
琉球大学　21、103、106、122、215
琉僑　85
臨済宗　186
ルナ（現場監督）　164
レイ外交　9、124
レガシーアワード（HUOAの文化功労賞）　126、147
レストラン（小禄出身者）　18

『連合会ニュース』　76
ローカル・コミュニティ　3
ロコボーイ　150

わ行

ワシントン大学　184
WUB（世界ウチナーンチュ・ビジネス・ネットワーク）7、28、82、**83**、114、157

著者紹介

白水繁彦（しらみず・しげひこ）

駒澤大学大学院グローバル・メディア研究科教授。武蔵大学名誉教授。社会学博士（立教大学）。成城大学大学院日本常民文化専攻修了。これまでに，武蔵大学教授，高千穂大学教授，東京大学客員教授，「CNN デイブレイク」キャスター，神奈川県広報ビデオ審査委員，放送番組国際交流センター委員などを務める。台湾，韓国，沖縄，東南アジア，ハワイ，アメリカ，カナダ，ブラジル，オーストラリアおよび日本国内で文化変容とメディアに関する調査に従事。主要著作：『ハワイ日系社会ものがたり――ある帰米二世ジャーナリストの証言――』（共編，御茶の水書房，2016）『ハワイにおけるアイデンティティ表象』（編著，御茶の水書房，2015）『多文化社会ハワイのリアリティー』（編著，御茶の水書房，2011），『イノベーション社会学』（御茶の水書房，2011），『移動する人びと，変容する文化』（編著，御茶の水書房，2008），『現代地域メディア論』（共編著，日本評論社，2007），『エスニック・メディア研究』（明石書店，2004），『エスニック文化の社会学』（日本評論社，1998）など。shiramizus@gmail.com

---

海外ウチナーンチュ活動家の誕生
民族文化主義の実践

発行日
2018 年 3 月 28 日　第 1 版第 1 刷発行

著者
白水繁彦

発行者
橋本盛作

発行所
株式会社 御茶の水書房
〒113-0033　東京都文京区本郷 5-30-20
電話　03-5684-0751
hppt://rr2.ochanomizushobo.co.jp/

組版・印刷／製本
東港出版印刷㈱

ISBN 978-4-275-02091-8 C3036
© 2018 SHIRAMIZU Shigehiko
Printed in Japan

ハワイ日系社会ものがたり——ある帰米二世ジャーナリストの証言	白水繁彦・鈴木啓 編	A5判・二八六頁 価格二八〇〇円
ハワイにおけるアイデンティティ表象——多文化社会の語り・踊り・祭り	白水繁彦 編	A5判・二四四頁 価格二二〇〇円
多文化社会ハワイのリアリティ——民族間交渉と文化創生	白水繁彦 編	A5判・二三〇頁 価格二二〇〇円
移動する人びと、変容する文化——グローバリゼーションとアイデンティティ	白水繁彦 編	A5判・一九四頁 価格二四〇〇円
イノベーション社会学——普及論の概念と応用	白水繁彦 編	A5判・二三〇頁 価格二二〇〇円
風狂の記者——ブラジルの新聞人 三浦鑿の生涯	白水繁彦 著	A5判変・三四七頁 価格三二〇〇円
異文化接触とアイデンティティ——ブラジル社会と日系人	前山隆 著	A5判・二五〇頁 価格二二〇〇円
市民一三六六〇号——日系女性画家による戦時強制収容所の記録	前山隆 著	A5判・一八〇頁 価格二五〇〇円
ミネ・オーク ボ 画・文	前山隆 訳	B5判変・二三〇頁 価格二二〇〇円
境界線上の市民権——日米戦争と日系アメリカ人	村川庸子 著	菊判・四五〇頁 価格七二〇〇円
石をもて追わるるごとく——日系カナダ人社会史	新保満 著	A5判・三五〇頁 価格三五〇〇円

御茶の水書房
（価格は消費税抜き）